Garry Disher

Hope Hill Drive

Garry Disher

# Hope Hill Drive

Kriminalroman

Aus dem Englischen
von Peter Torberg

Unionsverlag

Die Originalausgabe erschien 2019
bei The Text Publishing Company, Melbourne.
Deutsche Erstausgabe

*Im Internet*
Aktuelle Informationen, Dokumente und Materialien
zu Garry Disher und diesem Buch
*www.unionsverlag.com*


Originaltitel: Peace

Neptunstrasse 20, CH-8032 Zürich
Telefon +41 44 283 20 00
mail@unionsverlag.ch

Umschlagfoto: Miller Shani (Alamy Stock Photo)
Umschlaggestaltung: Peter Löffelholz
Lektorat: Anne-Catherine Eigner
Satz: Greiner & Reichel, Köln
Druck und Bindung: GGP Media GmbH, Pößneck
ISBN 978-3-293-00563-1

Der Unionsverlag wird vom Bundesamt für Kultur mit einem
Verlagsförderungs-Strukturbeitrag für die Jahre 2016–2020 unterstützt.

Auch als E-Book erhältlich

*Für Karin Pennartz*

# I

So kurz vor Weihnachten hatte die winterliche Sonne ordentlich Kraft, und Ziegelwände, Blechdächer, Asphalt und das roterdige Flachland strahlten die aufgestaute Hitze all der heißen Tage ab. An diesem Donnerstagvormittag kam obendrein noch ein Grasfeuer dazu.

Hirsch stupste mit dem Schuh einen dicken Wurm aus weichem Teer am Rande des Barrier Highway an und schaute den Löscharbeiten zu. Feuerwehrfahrzeuge aus Tiverton, Redruth und Mount Bryan waren am Werk. Eines davon am Brandherd hinter einem alten Farmhaus abseits der Straße, ein weiteres kümmerte sich um Brandnester, und die Einheit aus Tiverton patrouillierte am Zaun entlang. Kein lodernder Brand – die Flammen fraßen sich langsam durch die schütteren Weizenstoppeln voran. Auch kein großes Feuer – nur eine Ecke der Zypressenhecke des Farmhauses und die Wiese an der Straße. Es war windstill. Wolkenlos, reglos wie auf einem Gemälde.

Ein verdächtiges Feuer.

»Inwiefern verdächtig?«, fragte Hirsch.

Sein Allrad-Dienstfahrzeug der South Australia Police berührte praktisch die Aufschrift *Tiverton Electrics* auf der Hecktür von Bob Muirs Nutzfahrzeug. Wenn Hirsch einen Freund in der Gegend hatte, dann Muir. Ein sanfter, gelassener Mann, aber durchaus kompetent und entscheidungsfreudig, wann immer er Hand anlegte oder seinen Verstand gebrauchte. Er war in der Gegend so etwas wie der Feuerwehrkommandant.

»Kein Feuerteufel, falls du das denkst«, sagte Muir. »Ich zeigs dir, wenn wir das Okay kriegen.«

Alles, was Hirsch im Augenblick erkennen konnte, war ein

Wellblechdach, an dem sich noch ein Rest der roten Farmhausfarbe fand, und eine turmhohe Palme.

Die Einheit aus Tiverton kam näher, am Steuer Kev Henry, der Gastwirt. Zwei Männer hinten, die die Zaunpfosten abspritzten: Wayne Flann und ein Mann, den Hirsch nicht erkannte. Ein Schafscherer? Ein Arbeiter vom Windpark? Nicht wichtig. Flann war wichtiger, zumindest in gewisser Hinsicht. Mitte zwanzig, Schlafzimmerblick, geschmeidige Bewegungen, fast gut aussehend. Stets wirkte er so, als würde er sich amüsieren und sei der Welt einen Schritt voraus. Dieses Feuer machte ihm Spaß. Als er Hirsch sah, machte er eine kurze Handbewegung und spritzte ihm die Dienstschuhe nass.

»Lass das, Wayne«, sagte Muir.

Der Feuerwehrwagen zuckelte weiter, dann knisterte ein Funkgerät. Bob Muir lauschte, sagte: »In Ordnung«, und machte eine Kopfbewegung. »Hier entlang, Constable Hirschhausen.«

Eine lange, ausgefahrene Zufahrt brachte sie zu einer Lücke in der Hecke und zu dem Haus und den Schuppen dahinter. Das Haus war seit Jahren unbewohnt, die Steinwände ergaben sich dem Staub, den Felsen und dem toten Gras. Wo früher Rasen und Blumenbeete gewesen waren, wimmelte es nur so vor Ameisen. Ein Kinderwagen ohne Räder neben einem verbogenen Gartenwasseranschluss; eine bis auf drei, vier Sprossen ruinierte Leiter ans Wassertankgerüst gelehnt. Nichts schien noch heil zu sein. Kaputte Fensterscheiben, Gras in den rostigen und durchhängenden Regenrinnen. Nur die Palme wirkte noch prächtig, und der Boden rings umher war mit trockenen Palmwedeln bedeckt.

Hirsch hielt hinter Muir auf dem Hof neben dem Haus und stieg aus. Hier war der Rauch beißender – verbrannte Vegetation mit einer Spur verbranntem Gummi? Auch die Sonne wirkte seltsam, wie sie verschwommen durch die ausgefransten Palmwedel zwinkerte und wirre Schatten auf den Boden warf.

Hirsch blickte auf und sagte: »Diese alten Anwesen mit ihren Palmen.«

Muir brummte. »Hier rüber.«

Er führte Hirsch an der Seite des Hauses entlang um das Tankgerüst zum Hinterhof. Die Zypressenhecke umgab das Haus von drei Seiten, wie Hirsch erkannte. Das Feuer hatte wohl in einer Ecke angefangen und das Gras verkohlt sowie ein spinnwebenhaftes Durcheinander aus geschwärzten blattlosen Zweigen hinterlassen, bevor es sich auf der Suche nach Brennstoff auf der anderen Seite – die Weizenstoppeln – durch die Hecke gefressen hatte.

»Was hältst du davon?«, fragte Muir und wies auf den schwarzen Staub.

Hirsch sah nach unten. Er hatte Asche auf den Schuhspitzen, nicht nur Staub. Er fühlte sich verschwitzt und klebrig und hatte das Gefühl, als hätte er Grieß zwischen den Zähnen. Dabei war es noch früh am Tag. »Kinder, die mit Streichhölzern spielen?«

Muir war enttäuscht von ihm. »Der Draht, Mann.«

Zusammengerollt in der Asche am Fuß der Hecke lag ein Stück Kabel. Jetzt begriff Hirsch, warum der Qualm so beißend roch: brennendes Plastik. Dann fiel sein Blick auf einen Streifen glänzendes Kupfer. »Ah.«

»Ganz genau«, sagte Muir und breitete die Arme aus. »Wozu sich die Mühe machen und die Isolierung mit dem Messer abtrennen, wenn man sie einfach abbrennen kann? Netter heißer Sommertag, überall trockenes Gras …«

Hirsch grinste. »Vielleicht dachten sie, sie seien hier besser versteckt.«

Muir zeigte auf den trockenen Boden zwischen Haus und Schuppen. »Da drüben wären sie von der Straße aus auch nicht gesehen worden.«

»Wer hat das Feuer gemeldet?«

»Deine Freundin.«

Hirsch konnte es sich bildlich vorstellen. Wendy Street fuhr um sieben Uhr dreißig los, um pünktlich um acht Uhr in Redruth in der Highschool zu sein, so wie immer. Sie sah das Feuer, rief Bob an und wusste, dass Bob bei Hirsch anrufen würde.

»Ziemlich früh für einen hundsgewöhnlichen Kupferdieb«, sagte Hirsch. »Liegt vielleicht an der Landluft.«

Damals, als er in der Stadt noch Detective beim CIB gewesen war, hatte er sich darauf verlassen können, dass die bösen Buben bis mittags schliefen. Er schaute misstrauisch zu dem alten Haus hinüber. »Die haben doch sicherlich nicht die Bruchbude ausgeräumt, oder?«

»Nein. Zu viel Mühe. Das hier ist ihr Stützpunkt. In der Scheune steht eine große Mulde voller Kupfer.«

Hirsch sah hinaus über einen Streifen Ödland, das nur von einer verrosteten Egge, einem löchrigen Ölfass und einem silbrigen Eukalyptus belebt wurde. Eine Scheune, daneben ein offener Unterstand, der an einem Ende eingesunken war wie ein starres Grinsen. »Die sind also schon eine Weile dabei.«

»Würd ich mal schätzen«, sagte Muir.

Hirsch fiel ein Rundbrief ein: Zweitausend gemeldete Diebstähle von Halbedelmetallen in South Australia in diesem Jahr, geschätzter Wert zweieinhalb Millionen australische Dollar. Meistens Kupfer, meistens von Baustellen; daneben auch von Stromtrassen, Eisenbahnstrecken und aus Lagerhäusern. Elektrokabel, Antennenkabel, Transformatoren, Heißwasserrohre. Die Polizei wurde gebeten, die Augen offen zu halten, was ungewöhnliche Aktivitäten oder Hinweise anging, welche allenfalls bla, bla, bla …

Hirsch ging im Geiste den Bezirk durch, Tausende Quadratkilometer, die er zu patrouillieren hatte. In Redruth wurden ein paar Häuser gebaut, aber das war das Problem des Sergeants, nicht von ihm. Hier und da wurden Küchen modernisiert. Die schon lange stillgelegte Eisenbahnstrecke. Da war nicht viel zu holen. Vielleicht wurde das Zeug aus der ganzen Gegend hergeschleppt, um es hier abzuisolieren, zu lagern und abzutransportieren. Hirsch wusste gar nicht, wo er anfangen sollte. Manchmal kam es ihm – dem Neuling im Busch – so vor, als würde es in seinem Job ebenso darum gehen, die Landschaft zu erforschen wie die Umstände der Verbrechen, die in ihr begangen wurden.

»Abdrücke«, murmelte er, dachte an den vor ihm liegenden Papierkram und fragte sich, wie wahrscheinlich es war, so kurz vor Weihnachten noch einen Trupp Kriminaltechniker herholen zu können.

Hirsch fotografierte den Draht in der Asche, das verkohlte Gras ringsherum und die mit geklautem, großteils schon oxidiertem Kupfer gefüllte Mulde. Dann spannte er Absperrband vor den Eingang des Schuppens und rief seinen Sergeant an, die wenig begeistert klang, aber versprach, das CIB in Port Pirie zu benachrichtigen.

Schließlich wägte Hirsch den vor ihm liegenden Tag ab. Donnerstags machte er einen Abstecher in das Hinterland südlich und westlich von Tiverton, montags nördlich und östlich. Hunderte Kilometer die Woche an Kontrollfahrten. Ein älterer Viehzüchter hier, eine Witwe mit einem schizophrenen Sohn da. Polizeipräsenz – das bedeutete eine Tasse Tee, ein Schwatz, eine Nachsorge. Tut mir leid, aber Ihr Wagen ist ausgebrannt unten in Salisbury aufgefunden worden. Ihr Nachbar beschwert sich, dass Ihre Hunde seine Schafe belästigen. Ich bin dazu verpflichtet nachzuschauen, dass Ihr Gewehr und Ihre Schrotflinte ordnungsgemäß eingeschlossen sind. Und haben Sie den rätselhaften Laster wiedergesehen, den Sie letzte Woche gemeldet haben?

Einige der Personen, die er aufsuchte, waren einsam, andere verletzlich. Manche gerieten durch mangelnde Voraussicht in Schwierigkeiten; eine Handvoll war schlichtweg zwielichtig. Aber genau das genoss Hirsch an diesen Patrouillenfahrten donnerstags und montags: die Vielfalt an Menschen und Erfahrungen. Er machte sich gern früh um sieben Uhr auf den Weg, doch heute war es schon fast neun, und er war immer noch erst ein paar Kilometer südlich von Tiverton. Er würde ein paar Abkürzungen nehmen müssen, um die Zeit wieder reinzuholen. Ein paar Leute anrufen, statt bei ihnen vorbeizuschauen.

»Musst du los?«, fragte Muir.

»Ja.«

Muir machte ein unschuldiges Gesicht – Hirsch war sofort auf der Hut – und sagte: »Alles klar für morgen Abend?«

In einem Augenblick der Schwäche, die er sich als Aufbau guter Beziehungen in der Gemeinde schönredete, hatte Hirsch eingewilligt, dieses Jahr in Tiverton Santa Claus zu spielen. Er würde auf der Nebenstraße von Ed Tennants Laden Geschenke an die Dorf- und Farmkinder verteilen, dann den Gewinner der besten Weihnachtsbeleuchtung im Ort bekanntgeben und sich in einem muffigen roten Kostüm lächerlich machen.

»Hau ab, Bob.«

»Das ist die richtige Einstellung«, sagte Muir und klopfte ihm auf den Rücken.

Hirsch fuhr südwärts über den Barrier Highway. Er hatte das Seitenfenster offen, im CD-Schlitz steckte Emmylou Harris, eine schroffe Country-Klage, die zu seiner Stimmung passte – der Einsamkeit, den Strauchdiebereien, denen er manchmal begegnete. Er durchfuhr das flache Tal, zu beiden Seiten niedrige trockene Hügel, graubraun, durchsetzt mit dunkleren Flecken aus Schatten oder Bäumen, die sich in den steinigen Grund krallten. Steinerne Ruinen an der Straße, weiter entfernt die Dächer von Farmhäusern, eine Reihe von Windturbinen entlang eines näher gelegenen Kamms – die Siedlerjahre, die Mühen der Gegenwart und die Zukunft, alles in einem. Auf halber Strecke eine Hügelflanke hinauf stand eine reglose Staubwolke. Ein Fahrzeug auf einer Schotterpiste? Ein Staubteufel? Schwer auszumachen, in einer Welt, die handeln wollte, aber nicht konnte. Hirsch war nun seit einem Jahr Polizist in Tiverton und wartete darauf, aufgenommen zu werden, doch der Ort hielt ihn auf Armeslänge von sich. Wenn das Leben darin bestand, nach einem wirklichen Zuhause zu suchen – ein Ort, an dem man willkommen war, eine feste Liebe, Seelenruhe –, dann war er noch immer auf der Suche.

In gewisser Hinsicht. Wendy war in sein Leben getreten. In

den Augen der Bewohner im Bezirk »gingen sie miteinander«, und Hirsch hatte nichts dagegen. Und er hatte sich mit ihrer pfiffigen, lustigen Tochter Katie angefreundet, die ihm letztes Jahr das Leben gerettet hatte. Es gab eine Menge, für das er dankbar sein konnte.

Hirsch bog nach Westen auf die Menin Road, die die Grenze zwischen den Patrouillengebieten der Polizei von Tiverton und Redruth bildete. Hier oben hatten die Ortsnamen noch Bedeutungen, anders als in der Stadt, fand er. Menin Road, Lone Pine Hill, Mischance Creek, Tar Barrel Corner, Mundjapi – all dies legte Bedeutung und Sinn über die Landschaft. Die Menin Road brachte ihn in besseres Weizenland. Westlich des Barrier Highway regnete es öfter als östlich davon. »Barrier«, Grenze: Noch so eine Bedeutung. Bessere Ernten, Einzäunungen, Straßen, kürzere Entfernungen von einer Farm zur nächsten. Dennoch fuhr Hirsch weitere zwanzig Minuten lang, ohne einer Menschenseele zu begegnen.

Dann entdeckte er Kip.

Er war schon an dem Hund vorbei, bevor er ihn erkannt hatte, also trat er auf die Bremse und bewarf das arme Tier mit Schotter und Staub. Hirsch stieg aus, kauerte sich hin und hielt ihm die offene Handfläche hin. Der Kelpie, der nur noch aus Haut und Knochen, Rippen und Schwanz zu bestehen schien, blieb stehen. Er keuchte zutiefst erschöpft. Ein dumpfes Knurren entfuhr seiner Kehle – es schien ihm unwillkürlich zu entweichen, bevor er es wie aus Scham verschluckte.

»Kip«, sagte Hirsch. »Kippy. Na, komm her, Junge.«

Die Welt blieb stehen. Kein Windhauch und kein Geräusch, bis auf die Rosenkakadus, die in den Eukalyptusbäumen neben einem trockenen Lehmdamm lärmten, und das Ticken des Motors. Kip wedelte langsam mit dem Schwanz.

»Du hast Durst, hm?«, sagte Hirsch.

Er hatte immer genügend Wasser dabei. Im Frachtraum des Toyota, in dem er manchmal Gefangene transportieren musste, gab es ein verschlossenes Metallfach für Handschellen, Fackeln,

Seile, Taschenlampe, Beweisbeutel und ein paar Tupperbehälter. Hirsch goss einen kleinen Schluck Wasser in einen dieser Behälter und stellte ihn mitten auf die Straße, auf halber Strecke zwischen Fahrertür und Hund.

Kip ließ sich auf den Bauch fallen, streckte sich und schnüffelte. Dann stand er auf, humpelte voran und ließ sich wieder fallen. Nach einer Weile gelangte er so bis ans Wasser und prüfte es. Dann schlappte er, Tropfen schleudernd, alles auf einmal hinunter, schaute Hirsch an und wartete auf mehr.

»Noch nicht, Junge. Zu viel, zu schnell, ist nicht gut für dich.«

Hirsch kam näher, streckte eine Hand nach dem knochigen Kopf aus und kraulte den Hund zwischen den Augen. Kip drehte sich um, leckte ihm die Hand und ließ sich am Halsband auf den Beifahrersitz lotsen, wo er sich zwei Mal um sich selbst drehte, bevor er sich zusammenrollte, so als würde er endlich wieder auf seiner Lieblingsdecke liegen. Mit der Schnauze auf den Pfoten achtete er genau auf Hirschs Bewegungen, wirkte aber zutraulich. Er traute Hirsch zu, den Heimweg zu kennen.

»Armer Kerl«, sagte Hirsch und tätschelte noch einmal den Hund, bevor er den Schlüssel umdrehte. »Du hast kämpfen müssen, hm?«

Wunden, Blutflecken, ein zerrupftes Ohr, das lohfarbene Fell ohne jeden Glanz.

Hirsch schaute auf die Uhr und ging noch mal alles im Kopf durch. Er würde noch mehr Zeit dabei verlieren, Kip seinen Besitzern zurückzubringen. Er schaute auf sein Handy – kein Empfang.

Einen halben Kilometer weiter, während er mit der rechten Hand lenkte, ein Auge auf der Straße behielt und mit dem anderen auf sein Handy schaute, hatte er plötzlich zwei Balken. Er hielt an, stieg aus, schaute in seinem Notizbuch nach und führte vier Telefonate mit weniger wichtigen Klienten. Es würde nichts ausmachen, wenn er ihnen diesmal keinen Besuch abstattete.

Als Erstes Rex und Eleanor Dunner. Eleanor hob ab. Es täte

ihm leid, aber er hätte keine Spuren zu dem Graffitikünstler, der ihren unter Denkmalschutz stehenden Schafscherschuppen besprayt hatte.

»Das ist sehr enttäuschend, Paul.«

Hirsch nahm das gelassen hin. Immer wieder musste er jemanden enttäuschen.

Als Nächstes klärte er Drew Maguire fernmündlich auf, dass es keine Angelegenheit der Polizei sei, wenn die Schafe seines Nachbarn durch ein Loch im Zaun auf das Grundstück von Maguire gerieten.

»Und wenn ich eins niederstrecke?«

»Dann wird das eine Angelegenheit der Polizei.«

Dann ein Anruf bei dem Besitzer einer Brieftasche, die abgegeben worden war. Kein Bargeld und keine Karten mehr drin; er würde sie nächsten Donnerstag vorbeibringen. Schließlich rief er noch bei Jill Kramer an, einer alleinerziehenden Mutter, die von ihrer Ice-süchtigen Tochter ausgeraubt und krankenhausreif geschlagen worden war.

»Sie ist im Entzug.«

»Und geht es ihr gut?«

»Na, den Umständen entsprechend.«

Das war so ein Mantra im Buschland. Hirsch bekam den Satz mindestens ein- oder zweimal die Woche zu hören. Man nahm es hin, wie es war, und traute sich nicht, auf bessere Zeiten zu hoffen. »Wird sie wieder nach Hause kommen, wenn sie rauskommt?«

»Wohin soll sie denn sonst gehen?«

»Sagen Sie mir Bescheid, wenn es so weit ist«, sagte Hirsch … und ich schaue öfter vorbei als nur einmal die Woche.

Dann fuhr er weiter, vorbei an einem Haus mit einem Windsack neben einer Landebahn, immer weiter alte, erodierte Einschnitte in den Erdfalten hinunter, hinein und wieder hinaus. Dann nahm er einen Hohlweg zwischen Hügeln voller Quarzadern und durchquerte das Booborowie Valley, ein Flickenteppich aus Weizenstoppeln, Feldern, die noch auf die Erntemaschinen warteten, und dunkler, grünschwarzer Luzerne – dunkler dort, wo computergesteuerte Sprenkler über den Boden krochen.

Endlich ging es hinauf, über Munduney Hill und auf eine Seitenstraße – und nun bemerkte Kip, dass sein Zuhause näher kam. Er richtete sich auf, steckte seine Schnauze in den Wind und bellte.

»Aber sicher«, sagte Hirsch.

Er bremste vor dem Viehrost am Vordertor – nicht, dass die Fullers noch Vieh gehabt hätten. Dann ging es auf einen Pfad, der an Flockenblumen und Natternköpfen vorbei zu einem aufgebockten, transportablen Haus führte. Hier gab es kein Unkraut. Es war, als habe man einen Schalter umgelegt: frische Queckengraswiesen, Rosensträucher und einheimisches Buschwerk. Graham Fullers alter Land Rover stand nicht im Carport, aber – perfektes Timing – Monica hob gerade ihre Einkäufe aus der offenen Heckklappe ihres Corolla. Sie drehte sich mit einem erwartungsvollen Lächeln um, eine einsame Landfrau, die nicht allzu viel Besuch bekommt, und das Lächeln wich der Neugier, als sie sah, dass die Polizei vor ihrer Tür stand.

Dann entdeckte sie Hirschs Beifahrer, und schiere Freude ließ ihr Gesicht aufleuchten. Sie ließ die Einkaufstüten los, wischte sich die Handflächen an der Hose ab, kam angerannt und riss die Beifahrertür auf. »Sie haben ihn gefunden!«

Kip winselte und sabberte, und sein Schwanz peitschte den Beifahrersitz.

»Wo bist du gewesen, du Ungeheuer? Du armes Ding, du bist ja ganz dreckig.« Sie warf Hirsch einen Blick zu, so als sei sie unsicher, was sich jetzt gehörte. »Darf ich?«

Hirsch grinste. »Er ist nicht verhaftet worden, falls Sie das meinen.«

Monica Fuller lachte und half dem Kelpie zu Boden. »Vielen, vielen Dank. Wo um alles in der Welt haben Sie ihn gefunden?«

Hirsch erklärte es, und Monica hielt den Kopf schief, so als wolle sie im Geiste eine Route zeichnen. »Er war also mehr oder weniger auf dem Heimweg«, sagte sie. »Gott weiß, wo er sich herumgetrieben hat. Kommen Sie herein und trinken Sie einen Tee. Ich schicke Graham eine SMS, er wird ja so was von aus dem Häuschen sein.«

Aus reinem Spannungsabbau schnatterte sie weiter. Nach ein paar Minuten hatte sie Kip mit einem Knochen auf die Veranda gesetzt, damit er was zu kauen hatte, hatte Dosen und Päckchen in Speisekammer und Kühlschrank verstaut und einen Becher Tee und ein Stück Weihnachtskuchen vor Hirsch gestellt. Eine verwohnte Küche, hier und da noch eine Spur vom Orange der Siebzigerjahre, Resopal und beschichtete Spanplatte. Ein Haus, bei dem die Modernisierung der Küche auf der Wunschliste stand, das Geld aber knapp war. Spärlich fiel ein wenig Licht durch das Fenster über der Spüle, etwas mehr drang durch die Fliegengittertür zur Veranda. Hirsch konnte auf dem Hinterhof Tomatenpflanzen an Stecken erkennen, ein altes, steinernes Plumpsklo und einen Geräteschuppen. Heutzutage gab es keine landwirtschaftlichen Geräte mehr, nur noch rostige Pflugscharen, vergammeltes Heu und leere Getreidesäcke.

Monicas Handy pingte. Sie hatte ein rundes Gesicht, eine zufriedene Ausstrahlung und drahtiges schwarzes, silbern durchzogenes Haar. Etwa vierzig, ein Allerweltsgesicht, aber Hirsch ahnte ihre Cleverness, ihre Fähigkeit, zu beobachten und abzuwarten. Sie las die Nachricht auf dem Handy und lächelte ihn fröhlich an.

»Graham meint, er schuldet Ihnen ein Bier.« Dann runzelte sie die Stirn. »Ist das überhaupt erlaubt?«

»Ich bin durchaus auch mal *nicht* im Dienst.«

Wieder lächelte sie. »Das habe ich gehört. Mrs Street, Wendy, ist die Lehrerin meiner Jüngsten.«

In der Highschool wird über mich gesprochen?, wunderte sich Hirsch. »Ich hänge die Fahndungsfotos ab, wenn ich zurückfahre.«

»Fahndungsfotos«, lachte sie.

Graham Fuller war Montagmorgen auf dem Weg zur Arbeit auf dem Revier vorbeigekommen und hatte ein Dutzend

DIN-A4-Ausdrucke mitgebracht: ein Foto von Kip, wie er auf den Hinterläufen sitzt und den Fotografen mustert. *Haben Sie Kip gesehen? Belohnung* in großen schwarzen Buchstaben. Hirsch hatte einen Ausdruck an die Wand neben das Drahtgitter mit all den Hinweisen der Polizei, des Bezirks und des Gesundheitsamts gepinnt, und die ganze Woche lang hatte er Kips Bild überall in der Stadt gesehen: an Strommasten, Zaunpfosten, Schaufenstern. Insgeheim hatte er das für einen hoffnungslosen Fall gehalten. Kip war von einer Schlange gebissen, vom Nachbarn erschossen oder geklaut worden. Oder er war, im schlimmsten Fall, weggelaufen, weil er einmal zu oft geschlagen worden war.

Jetzt fragte sich Hirsch, ob der Hund der Fullers vielleicht geklaut worden war. Er trank einen Schluck Tee. »Wenn ich recht verstehe, hat Kip in seinen besten Zeiten ein paar Preise gewonnen.«

Monica winkte bescheiden ab. »Vier Jahre hintereinander bester Schäferhund bei der Schau in Redruth, damals, als wir noch Schafe hatten.«

Die übliche Geschichte. Die Familienfarm konnte keine Familie mehr ernähren. Entweder verkaufte man an einen reicheren Nachbarn oder an eine Agrofirma in chinesischer Hand, oder man suchte sich andere Arbeit und blieb. Graham Fuller betreute jetzt Windräder; Monica arbeitete zwei Tage die Woche im Krankenhaus in Clare. Das bedeutete viel Fahrerei.

»All diese Preise«, sagte Hirsch. »Wie haben das die anderen Hundebesitzer aufgenommen? Hat das vielleicht jemand in den falschen Hals gekriegt?«

Monica befeuchtete sich eine Fingerspitze, tupfte die Krümel auf ihrem Teller auf und sah ihn zweifelnd an. »Also wirklich … die Schau in Redruth? Das ist doch Kleinkram und schon ewig her.«

»Menschen sind nachtragend.«

Monica schüttelte den Kopf. »Ich frage mich, ob das was mit damals zu tun haben könnte, als die Telefonleitung durchtrennt worden ist – aber eigentlich wüsste ich nicht wie.«

Es war eines Abends im letzten Januar gewesen. Monica und Graham waren gerade zu Bett gegangen, als sie Lärm auf dem Hof hörten und jemand an die Haustür klopfte. Kip hatte gebellt und so lange an seiner Kette gezerrt, bis sie riss – Graham hatte gerade noch sehen können, wie er in der Dunkelheit verschwand –, und Monica hatte versucht, die Polizei anzurufen, und festgestellt, dass die Leitung tot war. Kip war wieder aufgetaucht. Graham hatte entdeckt, dass die Telefonleitung mit einem sauberen Schnitt durchtrennt worden war und ein paar Gartengeräte fehlten.

Kupfer schon wieder. Allerdings nicht viel Kupfer, außerdem war es nur durchtrennt, nicht gestohlen worden. »Weit hergeholt«, meinte Hirsch.

Monica winkte ab, so als wolle sie ihre eigene Idee abtun. »Ich weiß, ich weiß; schwer vorzustellen, dass sie den Zwinger gesehen und sich gedacht haben, ach, ein Hund, da kommen wir am Jahresende noch mal wieder und klauen den Köter.«

»Na, jedenfalls ist er wieder da, das ist die Hauptsache.«

Trotzdem, zwei Zwischenfälle innerhalb eines Jahres, von denen die Polizei wusste. Das war weit über dem Durchschnitt für diese Gegend. Hirsch stand auf, reckte sich und meinte, er müsse dann mal los. Durch die kleine Rundtür, die verriet, wie alt das Haus schon war, sah er ein Wohnzimmer mit einem kleinen, überladenen Tannenbaum, Weihnachtskarten, die an einer Schnur unter dem Kaminsims über einem gasbetriebenen Kunstfeuer baumelten, dazu Girlanden aus rotem, grünem und silbernem Lametta. »Schöne Feiertage«, sagte er, »und danke für den Kuchen.«

»Ihnen auch schöne Feiertage. Und tausend Dank, dass Sie Kip nach Hause gebracht haben«, sagte Monica.

Sie brachte ihn hinaus und schaute zu, wie er sich vorbeugte und dem Hund den Kopf tätschelte. »Diese Wunden – jemand hat ihn verprügelt.«

Das war eine Möglichkeit, fand Hirsch. »Vielleicht hat er sich auch mit einem anderen Hund angelegt.«

»Nein, das war ein Knüppel«, entgegnete Monica Fuller.

Sie ging mit Hirsch zu seinem Allrad. »Ich möchte Ihnen ja nicht noch mehr Arbeit aufhalsen, Paul, aber im Ort hat es ein ziemliches Durcheinander gegeben, als ich einkaufen war.«

Hirsch wusste von nichts. Vielleicht hatte er gerade kein Signal gehabt. »Will ich es wissen?«

»Brenda Flann.«

»Ich will es nicht wissen«, sagte Hirsch.

# 2

Jeder Vorort, jedes Kaff im Busch hat seine Flanns. Sie wohnen in heruntergekommenen Häusern; Schrottkarren und uralte Waschmaschinen rosten auf überwucherten Brachflächen vor sich hin. Im Staub spielen räudige Köter und kleine Rotznasen. Es ist nicht erkennbar, womit sie ihr Geld verdienen, doch davon scheint es immer gerade genug zu geben. Stets sitzen ein paar Familienangehörige im Gefängnis oder sind »polizeibekannt«. Wutausbrüche im Pub, bei der Arbeit, auf dem Schulhof, beim Australian Football. Einem Flann kommt man besser nicht schräg.

Brenda Flann und ihre Sippe wohnten östlich von Tiverton, draußen auf dem Land, das im Regenschatten lag und wohin sich die frühen Siedler von einem ganzen Jahr nahezu ununterbrochener Regenfälle hatten locken lassen, nur um dann von jahrzehntelanger Dürre geplagt zu werden. Stu, ihr Mann, saß wegen Raub fünf Jahre ab; ihre Söhne schlugen denselben Weg ein. Brenda selbst war kein Langfinger – zumindest war sie noch nicht geschnappt worden –, aber sie hatte einen Bleifuß. Sie sammelte Strafzettel und Fahrverbote wie andere Frauen Handtaschen.

An diesem Morgen – laut Monica Fuller vor nicht mal einer Stunde – hatte Brenda versucht, das Pub in Tiverton zu betreten, ohne daran zu denken, vorher aus dem Wagen zu steigen.

»Es hat einen Mordskrach gegeben, ich bin aus dem Laden gerannt, und da steckte sie schon unter der Veranda fest.«

»Ist sie verletzt?«

»Ach, die hat doch neun Leben«, sagte Monica. »Aber sie hat einen der Stützpfeiler umgefahren, und ein Teil des Dachs ist auf ihrem Wagen gelandet.«

»Wieder mal betrunken«, murmelte Hirsch.

»Na, ob die jemals nüchtern ist? Jedenfalls saß sie da und versuchte, rückwärts von der Veranda zu fahren. Aber sie ist nicht sehr weit gekommen, Ed und Martin haben sie aus dem Wagen gezogen und den Schlüssel kassiert.«

Ed Tennant war der lokale Ladenbesitzer; Martin Gwynne war der lokale Besserwisser. Als Hirsch an den Papierkram dachte, der auf ihn wartete, schloss er kurz die Augen. Jedermann-Arrest, falls es sich überhaupt darum handelte. Verhaftung durch die Polizei. Schadensaufnahme, Zeugenaussagen, der ganze Rattenschwanz ... außerdem nahm er lieber eine Speichelprobe von einem hungrigen Pitbull, als Brenda Flann ins Röhrchen pusten zu lassen.

»Wo ist sie jetzt?«, fragte er und grübelte darüber nach, dass er einen ziemlich breiten Streifen juristischen Treibsands überqueren musste, falls Ed und Martin sie eingesperrt hatten.

»Sie haben sie in ihrem Wagen nach Hause gefahren.« Und so, als könne sie seine Gedanken lesen, fügte sie an: »Sie haben die Wagenschlüssel behalten, und mit ein bisschen Glück liegt sie bewusstlos auf dem Bett.«

Hirsch schüttelte den Kopf und dachte an die anderen Fahrzeuge, die den Flanns gehörten.

Monica grinste ihn durchtrieben an. »Wollen Sie mal einen kurzen Blick drauf werfen?«

Vergnügt zog sie das iPhone aus der Hosentasche, tippte und wischte. Dann beschattete sie den Bildschirm mit der Hand und zeigte Hirsch eine ganze Reihe von Fotos: Das Heck eines staubigen Falcon Kombi aus den Achtzigern, ein durchhängendes Stück des Verandadachs aus Wellblech, ein eingeknickter Stützpfosten, Ed und Martin, die Brenda in ihre Mitte genommen hatten.

»Soll ich Ihnen die Fotos mailen?«

Hirsch nickte und gab ihr seine Mailadresse. »Und ansonsten besser für sich behalten«, sagte er leichthin, »hat ja keinen Zweck, so etwas online zu stellen.«

Monica schreckte übertrieben spielerisch zurück. »Um sich mit den Flanns anzulegen?«

Hirsch war plötzlich ganz erschöpft. »Brenda geht einem fürchterlich auf die Nerven.«

Monica tätschelte seinen Arm. »Viel Glück.«

Um halb zwei hatte Hirsch die schmerzhaft holprigen Nebenstrecken hinter sich gelassen und war wieder auf dem Barrier Highway; er fuhr langsamer und kam in die südlichen Ausläufer von Tiverton. Ein paar hingekauerte Farmhäuser, die aufgelassene Bahnstation, die Getreidesilos. Als Hirsch vor einem Jahr nach Tiverton versetzt worden war, waren die Silos noch trist, grau und verwittert gewesen. In der Zwischenzeit hatte sie ein Künstler bemalt: ein riesiger, blühender Pfeifenputzer und eine Wüstenerbse auf dem einen, die Köpfe von Merinoböcken auf dem anderen. Sie hatten etwas Erhebendes an sich, fand er. Die künstlerische Fertigkeit, die Überraschung, das Gefühl, sich von dem biederen Leben ringsherum befreien zu können. Andere empfanden das ebenso, eine Mischung aus Stolz und Freude.

Hirsch fuhr weiter, vorbei an kleinen steinernen Häusern hinter Hecken, an der katholischen Kirche, einer verlassenen Autowerkstatt, der Uniting Church, dem Mechanics' Institute mit dem steinernen ANZAC-Soldaten davor, dem Pub – ein paar frühe Gäste begutachteten das verzogene Blech der Veranda – und schließlich, an dem nördlichen Ende des Ortes, vorbei am Laden und an der Grundschule gegenüber dem Polizeirevier.

*Polizeirevier.* Tatsächlich handelte es sich nur um das Vorderzimmer eines winzigen rot geziegelten Hauses, mit einem brusthohen Tresen, der Hirschs Schreibtisch, seinen Drehstuhl, die Aktenschränke und den Computer vom gewöhnlichen Volk trennte. Hinter dem Büro führte eine Tür in seine beengten Wohnräume. Vor dem Haus ein fleckiges Stück Gras und ein Maschendrahtzaun, neben dem Tor ein kleines, blauweißes Schild mit der Aufschrift POLICE. Eine kurze, mit Schlaglöchern übersäte Zufahrt, im Carport neben dem Haus sein alter

Nissan. Dank der kurvigen, holprigen Nebenstrecken und dem mit allerlei Ausrüstungsgegenständen behangenen Gürtel war Hirschs Rücken eine permanente Baustelle, deshalb wendete er und parkte am Straßenrand, statt durch die Schlaglöcher in der Zufahrt zu hüpfen. Die Jungs vom Straßenbauamt hatten ihm versprochen, ihm irgendwann ein paar Schaufeln übrig gebliebenen Asphalt vorbeizubringen, doch bislang war noch nichts geschehen.

Er schloss den Dienstwagen ab, blieb einen Augenblick stehen und legte sich den restlichen Nachmittag im Geiste zurecht. Er hatte noch immer die Sandwiches dabei, die er sich am Morgen eingepackt hatte. Dann wollte er den Anrufbeantworter abhören, die Dienst-Mails lesen, sich mit Brenda Flann und den Nachwehen ihres kleinen Abenteuers beschäftigen. Und Katie Street nach Hause bringen. Morgen war der letzte Schultag, nächste Woche Weihnachten: Wendys Tochter würde sich scheckig freuen.

Schließlich aß Hirsch unter dem müden Wischen des Deckenventilators zu Mittag. Abgestandene, zu warme Luft. Keine Nachrichten auf dem AB, nur ein paar Dienstmemos in der Mailbox; die Buchstaben verschwammen ihm vor den Augen. Was sollte denn »Abwärtskommunikation« sein? Genauer gesagt, was wurde von ihm deswegen erwartet? Als er an die Stelle kam, wo von »Key-Performance-Indikatoren« die Rede war, meldete er sich ab. Er hatte zwanzig Minuten seines Lebens vergeudet.

In seinem Eingangskorb lag ein anklagender Briefumschlag, von seiner Mutter in ihrer großen, runden Handschrift adressiert. Wie nicht anders zu erwarten, enthielt der Umschlag ein Blatt Papier, bis an die Ränder vollgetippt, der Rundbrief, den seine Eltern jede Weihnacht an alle verschickten. Hirsch rutschte unbehaglich auf seinem Stuhl herum: Liebe, peinliche Berührtheit, Mitgefühl, Zynismus. Manchmal hielt er sich nicht für einen besonders netten Menschen; ganz gewiss war er kein besonders netter Sohn.

Er überflog die Seite. Wo seine Eltern im Laufe des Jahres gewesen waren. Wen sie besucht hatten. Der Garten. Rasenbowling und Golf. Wer gestorben war, wer erneut geheiratet, sich fortgepflanzt hatte, an die Gold Coast gezogen war. Und das einzige Kind: *Er ist nun schon ein Jahr auf seinem Posten in Tiverton und liebt das Leben im Busch!!!* Seine Mutter ging immer großzügig mit Ausrufezeichen um.

Und mit dem üblichen vorwurfsvollen Unterton folgte noch in blauem Kugelschreiber eine Nachricht für ihn: »Für unseren lieben Paul. Wir denken stets an Dich und hoffen, dass Du ein fröhliches Weihnachtsfest verbringst. Hoffentlich sehen wir uns bald mal wieder, Ma und Pa.«

Auf der diesjährigen Weihnachtskarte war ein Cartoon mit zwei Schornsteinen. An dem einen schnappte ein Polizist einen maskierten Einbrecher, der gerade herauskletterte, in den anderen stieg der Weihnachtsmann von seinem Schlitten hinein. Hirsch legte sie zu den anderen fünf: vom Kramladen, von Martin und Joyce Gwynne, von Katie und Wendy Street, den Muirs und von Rosie, seiner einzig noch verbliebenen Freundin im Polizeipräsidium.

Er setzte sich wieder auf seinen klapprigen Stuhl und ließ die Gedanken wandern. Ein wolkenloser, windstiller Tag; die brennende Sonne stand hoch am Himmel. Er hatte absolut keine Lust, wieder nach draußen zu gehen. Aber es war zwei Uhr, und Katie kam um drei aus der Schule. Er sollte sich jetzt besser hinter die Sache mit Brenda Flann klemmen.

Doch er blieb sitzen. Nach einer Weile hörte er, wie ein Auto draußen mit quietschenden Bremsen zum Stehen kam. Eine Wagentür schlug zu, jemand näherte sich entschlossenen Schrittes. Hirsch hatte sich an die Motorengeräusche der Nachbarn und den allgemeinen Geräuschpegel der Barrier Highway gewöhnt. Hier handelte es sich um jemanden, der dringend die Aufmerksamkeit der Polizei suchte.

Zornbebend platzte Martin Gwynne herein. Sechzig, im Ruhestand, gepflegt, ein Mann voller Energie; ständig war er im Einsatz. Auf der Straße, im Geschäft, auf Gemeinderatssitzungen, im Tennisclub, beim samstäglichen Footballspiel.

Und immer wieder mal baute er sich wegen diesem oder jenem im Polizeirevier vor Hirsch auf.

Hirsch drehte sich auf dem Stuhl um. »Guten Tag, Martin. Hab von Ihrem Theater heute Morgen gehört.«

Gwynne schniefte. »Tja, Sie waren ja nicht da, also mussten wir selbst handeln.«

*Donnerstags und montags vormittags bin ich nie da, aber das wissen Sie doch, Martin.* Hirsch stand nicht auf.

Dann knallte Gwynne einen Schlüsselbund auf den Tresen. »Brendas Schlüssel. Ich hoffe nur, sie kriegt sie nicht so bald zurück.«

Also gut, dachte Hirsch, stand langsam auf und trat an den Tresen.

»Die Frau ist eine Bedrohung. So wie die herumrast, wird sie noch jemanden umbringen.«

Ein Hausschlüssel, ein Ford-Autoschlüssel, eine kurze Silberkette mit einem winzigen Paar Würfeln am Ende. »Erzählen Sie mir noch mal alles von Anfang an«, sagte Hirsch.

»Wo soll ich anfangen?«, sagte Gwynne. Er plusterte sich auf, bis sein blassrosa Lacoste-Hemd spannte. Ein kleiner Bauch über einer Cargohose mit Bügelfalte. Segelschuhe.

Hirsch hob schnell die Hand. »Als Erstes muss ich wissen, Martin, ob Sie sie festgenommen haben. Was ich damit meine, haben Sie Brenda gegenüber tatsächlich diese Worte benutzt?«

Gwynne machte ein überraschtes, leicht verärgertes Gesicht. »Sie festzunehmen ist doch *Ihre* Aufgabe.«

»Ich will nur wissen, ob alles seine Ordnung hat«, sagte Hirsch erleichtert. Dann klapperte er eine Reihe von Fragen ab, die einzige Chance, um Martin Gwynnes umständliches Gerede zu umgehen. Der Ablauf der Ereignisse war schnell erzählt: Martin hatte sich mit Ed Tennant an der Zapfsäule vor Tennants Laden unterhalten. Sie hatten Brendas weitbekannten Kombi – rostige, verbeulte blaue Karosserie, verblichene weiße

Motorhaube – gesehen, wie er in den Ort kam, kurz anhielt, um Adam, Brendas Jüngsten, abzusetzen, und dann weiter zum Pub fuhr.

»Sie fuhr in Schlangenlinien. Und dann stand sie auch schon auf der Veranda vor dem Pub.«

»Gehen Sie noch mal einen Schritt zurück. Wo hat sie Adam abgesetzt?«

Martin legte irritiert die Stirn in Falten. »Keine Ahnung. Bei den Cobbs, vielleicht? Er ist ein Kumpel von Daryl. Viel wichtiger ist doch …«

Viel wichtiger war, dass Martin und Ed zum Pub gerannt waren, um nachzuschauen, ob Brenda etwas passiert war. »Besser gesagt, ob sie jemand anderen verletzt hat. Aber als wir dort ankamen, wollte sie gerade zurücksetzen, also holten wir sie aus dem Wagen und kassierten den Schlüssel.«

»Kluge Entscheidung.«

Martin richtete sich ein wenig auf. »Dann hat Ed sie in ihrem Wagen nach Hause gefahren, ich bin ihm gefolgt und habe ihn zurückgefahren. Wir haben sie aufs Sofa gelegt, damit sie ihren Rausch ausschlafen kann.«

Wo sie an ihrem eigenen Erbrochenen erstickt ist, fragte sich Hirsch – gleichzeitig erleichtert, dass Ed Brenda gefahren hatte, nicht Martin. Martin hätte sie nur den ganzen Weg über ausgeschimpft, und sie hätte nun mit Körperverletzung oder gar einem Mord zu tun. »Ihr Auto war also noch fahrtüchtig?«

»Wenn man es so nennen kann«, meinte Gwynne.

Hirsch ergänzte im Kopf seine Aufgabenliste: Brenda Flanns Wagen und den Schaden am Pub fotografieren. Sein Nachmittag war gestopft voll. Vielleicht konnte Katie nach der Schule mit einer Freundin im Ort nach Hause gehen? Oder bei ihm fernsehen – er hatte ihr gezeigt, wo der Schlüssel zur Hintertür versteckt war. Wenn Martin Gwynne endlich fort war, würde er ihr eine SMS schreiben.

Gwynne schaute auf die Uhr. »Jetzt werden Sie doch wohl diese Person verhaften, oder?«

Hirsch nahm Brenda Flanns Schlüssel an sich. »Danke, Martin, ich werde später eine offizielle Zeugenaussage von Ihnen einholen. Gut gemacht, übrigens.«

Gut, dass er das gesagt hatte. Martin Gwynne stand strahlend in dem kleinen Wartebereich in der heißen, stehenden Luft, der lahme Ventilator ließ die öffentlichen Ankündigungen flattern und warf eine von Hirschs Weihnachtskarten um.

Gwynne kostete die Gelegenheit aus und schüttelte den Kopf. »Keine Ahnung, was die Frau sonst noch für einen Schaden angerichtet hätte, wenn ich nicht –«

»Ach, übrigens, Martin, haben Sie nachgeschaut, ob Brenda verletzt ist?«

Gwynne stutzte. »Was? Nein. Der gehts gut. Als ich ging, schnarchte sie gerade auf dem Sofa die Bude zusammen.«

Hirsch musste dringend zu Brenda Flann. Allein – der Mann im Gefängnis, Adam außer Haus, Wayne auf dem Löschfahrzeug …

»Ich sollte besser mal los«, sagte er, schnappte sich seine Dienstmütze und schnallte sich Dienstwaffe und den Ausrüstungsgurt um, der dafür sorgte, dass sich der Chiropraktiker seines Vertrauens eine Privatschule für die Kinder leisten konnte.

Gwynne ließ ihn nur ungern gehen. »Sie haben das Santa-Claus-Kostüm noch nicht abgeholt, Paul.«

Martin, Hüter des örtlichen Kostüms, hatte immer wieder gefragt, wann Hirsch denn vorbeikommen und das Kostüm abholen wolle. Und zum Essen bliebe. Ein weiteres Essen im bedrückenden Esszimmer der Gwynnes, Martins neugierige Fragen, sein erbittertes Geschwätz, die kleinlaute Gattin, die er Mutter nannte.

»Danke, dass Sie mich erinnern, Martin. Ich komme morgen Vormittag irgendwann vorbei.«

»Oder heute Abend, und Sie bleiben zum Essen. Dann können Sie mir erzählen, wie es mit Brenda gelaufen ist.«

»Tut mir leid, aber heute Abend muss ich die Weihnachtsbeleuchtung bewerten«, redete sich Hirsch heraus. »Aber vielleicht kann ich ja darauf zurückkommen, wenn der Feiertagswahnsinn vorüber ist?«

»Ich nehme Sie beim Wort, Paul.«

Hirsch schloss ab, befestigte einen Zettel mit seiner Handynummer an der Haustür und folgte Martin Gwynne hinaus in die gleißende Sonne. Ein sandiger Wind war aufgekommen, wirbelte Papier über den Gehweg und zerrte an der Suchanzeige der Fullers am nächstgelegenen Strommast. Hirsch riss sie ab, zerknüllte sie und sagte: »Vielen Dank noch mal, Martin.«

»Sie werden sich doch wohl als Erstes den Schaden am Pub besehen, nehme ich an, damit Sie einschätzen können, was Sie Brenda alles zur Last legen können?«

Martin hatte zweifellos sein ganzes Leben lang den Leuten gesagt, was sie zu tun hätten. Seiner Frau, seinen Angestellten, den Handwerkern, den Nachbarn, dem Gemeinderat, den öffentlichen Angestellten. Hirsch begriff so langsam, warum er dieses Jahr Santa Claus spielen sollte, nicht Martin. Der Ort nahm Rache.

»Nein, als Erstes schaue ich, ob es Brenda gut geht, Martin«, sagte er. *Für den Fall, dass sie ein Schleudertrauma hat, eine Gehirnerschütterung, innere Blutungen, Erbrochenes in der toten Lunge, okay?*

Gwynne war nicht sicher, ob das wirklich okay war, wie man deutlich an seinem Blick erkennen konnte, als sie neben der Fahrertür von Hirschs Streifenwagen standen. Doch das behielt er für sich. Stattdessen sollte er in wenigen Sekunden Hirsch das Leben retten.

# 3

Hinterher reimte sich Hirsch das Ganze zusammen.

Brenda Flann war zu Hause auf ihrem Sofa aufgewacht und hatte einen Brand. In irgendeiner weit entfernten Ecke ihres Verstands rührte sich die Vorstellung, dass sie doch im Pub sein sollte – dass sie tatsächlich dort gewesen war; aber warum war sie jetzt zu Hause? Sie schaute aus dem Fenster: Dort stand ihr Wagen. Dann überkam sie ein noch stärkerer Gedanke: Sie musste dringend was trinken, also suchte sie nach ihren Schlüsseln. Sie konnte sie nicht finden, doch aus reinem Instinkt ging sie an die Küchenschublade, in der immer aller Krempel landete, wankte dann zu ihrem Wagen hinaus und zielte vage mit dem Ersatzschlüssel nach dem Zündschloss. Sie stutzte, als sie die kaputte Front des Wagens sah: Die Stoßstange war eingedrückt und die Motorhaube mit Dellen übersät. Sie konnte sich nicht daran erinnern, einen Unfall gehabt zu haben. Einer der Jungs? Egal, war sowieso eine Schrottkarre.

Sie fuhr über die leeren Nebenstraßen nach Tiverton und wollte gerade auf den Highway in Richtung Pub abbiegen, als sich ein dritter Instinkt meldete – der Drang, geschehenes Unrecht zu vergelten. Denn da drüben, fünfzig Meter weiter, war das Polizeirevier, und Martin Gwynne und dieser Arsch von Bulle standen draußen und quatschten. Scheißkerle, alle beide. Der Bulle hatte sie öfter geschnappt, als sie zählen konnte, und Martin Gwynne hatte ihretwegen immer ein verächtliches Grinsen auf den Lippen. Und dann war da noch eine undeutliche Erinnerung an etwas Neues: Gwynne hatte sie angefasst? Brenda bekam es nicht mehr genau hin, aber sie war sicher, dass der Mistkerl sich irgendwelche Freiheiten herausgenommen hatte.

Sie drückte aufs Gaspedal und riss das Lenkrad herum, als sie auf die Landstraße schoss. Ups, zu viel. Sie riss das Lenkrad in die andere Richtung und schlingerte Obszönitäten brüllend auf Hirsch und Gwynne zu.

Jedenfalls rekonstruierte Hirsch später so in etwa, was in Brendas versoffenem Gehirn vor sich gegangen sein mochte. Im Augenblick war Brenda jedenfalls drauf und dran, ihn auszulöschen; sie drückte ihr verzerrtes Gesicht gegen die Scheibe, die verbeulte Front des Falcon kam auf ihn zu, der Motor heulte auf, die abgefahrenen Reifen qualmten, der Kühler kochte.

Sein Verstand löste sich in nichts auf. Er stand halb gebeugt da, glotzte ungläubig, und das Herz hinter dem dürftigen Schutz der dünnen Rippen raste. Er hätte umkommen können.

Martin Gwynne reagierte als Erster und streckte die Hand aus. Seine blassen Spinnenfinger packten Hirschs Unterarm und zogen ihn weg, ohne dass Hirsch Widerstand leistete. Sie stolperten über ihre Füße und landeten in dem Spalt zwischen ihren Autos, als Brenda vorbeischoss und den Kuhfänger an Hirschs Dienst-Allrad streifte. Ein heftiger Schlag, dazu das Geräusch zerreißenden Blechs. Der alte Falcon blieb kurz stehen, so als wolle er einen Widerstand abschütteln, dann schoss er über die Straße und durchbrach den Zaun der Grundschule.

Als wieder Ruhe einkehrte, stand Brendas Wagen auf halber Strecke zwischen dem Fußweg und dem nächsten Klassenzimmer in einer Wolke aus Dampf und Staub. Kleine Köpfe füllten die Fenster aus. Vögel landeten wieder auf den Stromleitungen, in einem Nachbarhaus kündigte ein Radio leise die Nachrichten von ABC an, eine Bö blähte eine Einkaufstüte auf und ließ sie tanzen. Dann kehrte der Alltag wieder ein, als ein mit Heu beladener Sattelschlepper durch den Ort rollte und der Fahrer den Hals reckte, um besser sehen zu können.

Hirsch befreite sich von Martin und klopfte sich den Staub ab. Er schaute Martin an und fragte: »Alles in Ordnung?«

Gwynne sprach in einem höchst offiziellen Ton. »Ich schätze, wir können festhalten, es ist eine gute Sache, dass meine

Reaktionszeit über dem Durchschnitt liegt, sonst wären Sie jetzt erledigt.«

Hirsch atmete ein und aus. Seine Gedanken sprangen umher und kamen zu dem einzigen Schluss: Jetzt konnte er sich einer Einladung zum Essen wohl nicht mehr entziehen.

»Ich schau mal bei Brenda nach«, sagte er.

Hirschs Erfahrungen nach war die Welt voller Menschen, die glaubten, dass die Regeln für sie nicht galten, deshalb war er froh und erleichtert, als er feststellte, dass Brenda sich angeschnallt hatte.

»Ihre Verletzungen wären sonst erheblich schlimmer gewesen«, sagte der Fahrer des Rettungswagens eine halbe Stunde später. Ein gebrochener Arm, eine Platzwunde an der Stirn, Schleudertrauma, vielleicht ein paar gebrochene Rippen. Brenda war noch immer bewusstlos.

»Nur gut, dass Sie sie nicht angerührt haben«, meinte der zweite Sanitäter.

Hirsch bedankte sich bei den beiden, winkte ihnen nach, sprach mit der Direktorin der Grundschule, nahm Brendas Schultertasche aus dem Fußraum des Falcon und ging zurück zum Polizeirevier, wo Martin noch immer herumlungerte. Hatte der Kerl denn gar nichts zu tun?

Wie zur Antwort auf Hirschs innerliches Gebrummel, meinte Martin im Ton des Betriebsleiters: »Ich finde, Sie sollten meine Aussage zu diesem Zwischenfall hier und dem am Pub besser gleich aufnehmen, solange die Einzelheiten noch frisch im Gedächtnis sind.«

»Gute Idee«, meinte Hirsch freundlich.

Er bat Gwynne hinein, schob sich um den Tresen in sein enges Büroeck, stopfte Brendas Tasche in die untere Schublade seines Schreibtischs und suchte den nötigen Formularkram hervor.

Martin, ein Mann, der Ordnung brauchte, sie aber selten vorfand, wartete stirnrunzelnd. »Da wir ja beide bei dem neuesten Zwischenfall mit Brenda beteiligt sind, sollten wir den als Erstes anpacken.«

»Gute Idee«, wiederholte sich Hirsch.

Er suchte sich einen Kugelschreiber, der funktionierte, fing an zu schreiben und murmelte dabei halblaut vor sich hin: »Datum, Uhrzeit, Ort. Wer, was, wo, wann und warum …«

Martin Gwynne las auf dem Kopf mit und sagte: »Es war eher vierzehn Uhr zwanzig, nicht fünfzehn.«

»Gut beobachtet.«

»Ruhiges Wetter«, sagte Gwynne, »klare Sicht, trotz eines leichten Dunstschleiers.«

»Richtig.«

Martin ließ Hirsch Zeit, dann diktierte er ihm einen Augenzeugenbericht: Reihenfolge der Ereignisse, Orte, Entfernungen. Mögliche Zeugen. Drei Fahrzeuge standen in der Nähe – eins neben dem Revier, zwei davor. Nummernschilder.

Hirsch stutzte und blickte auf. Martin las aus einem kleinen Spiralblock ab.

»Sie sind sehr gründlich, Martin.«

Gwynne nickte: Das war seine Pflicht. »Schließlich wurde, dank meiner schnellen Reaktionen, eine mögliche Tötung oder schwere Verletzung Constable Hirschhausens verhindert.«

Hirsch hätte das beinahe hingeschrieben. »Zeugenaussagen sollten, ähm, neutral sein. Nur die Tatsachen.« Als Martin leicht beleidigt wirkte, fügte er noch an: »Keine Ausschmückungen. Wie wärs, wenn wir sagen: ›Ich zog Constable Hirschhausen aus der Spur von Mrs Flanns Wagen‹?«

Gwynne dachte darüber nach und schien den Satz bemängeln zu wollen. »Sie wissen das am besten, Paul. Aber Tatsache ist, wenn ich nicht da gewesen wäre, wären Sie vielleicht ums Leben gekommen.«

Hirsch erkannte, wie sehr es Martin Gwynne nach den Lorbeeren verlangte. Noch immer freundlich gesinnt, schüttelte er angesichts der vielen Möglichkeiten, die das launische Glück einschlagen mochte, den Kopf und sagte: »Da haben Sie verdammt recht, Martin. Es schaudert mich bei dem Gedanken daran.«

Gwynne nickte zufrieden und erzählte weiter, und Hirsch schrieb Wort für Wort mit. Martin würde ohnehin alles noch mal durchlesen, bevor er unterzeichnete, später daran herumzudoktern war also ausgeschlossen.

Dann gab es einen kürzeren Bericht vom Unfall beim Pub. Als sie damit fertig waren, klatschte Gwynne in die Hände. »Schätze, wir könnten beide eine aufmunternde Tasse Tee gebrauchen. Kommen Sie doch einfach mit zu mir auf eine schnelle Tasse, und wenn Sie schon mal da sind, können Sie auch gleich das Kostüm mitnehmen.«

Hirsch stellte es sich bildhaft vor: das öde Esszimmer; Martin, der ihm haarklein erzählte, was nicht stimmte in der Welt; Mutter, die sie umsorgte.

»Ein andermal. Ich muss noch die anderen Zeugenaussagen aufnehmen, Berichte schreiben und Brendas Söhnen Bescheid geben.«

Gwynnes Gesichtszüge verhärteten sich kurz, ein kurzes Aufflackern unterdrückter Enttäuschung. »Also gut. Dinner?«

»Die Weihnachtsbeleuchtung, schon vergessen?«, entgegnete Hirsch. »Am Wochenende vielleicht?«

»Sonntag um halb sieben«, hielt Martin Gwynne fest und machte kehrt.

Hirsch nahm die Aussage eines arbeitslosen Schafscherers auf, der sein Bier verschüttet hatte, als Brenda direkt neben ihm die Veranda hinaufgeschossen kam, die Aussage des Wirts und die einer älteren Frau, die auf der anderen Straßenseite ihre Rosen geköpft hatte. Ihre Aussagen unterschieden sich nur wenig, wenn auch die Gärtnerin meinte, Mr Gwynne sei unnötig grob mit Mrs Flann umgegangen. Dann fuhr Hirsch zum Laden, um mit Ed Tennant zu reden.

Er blinzelte, um sich an das dämmrige Licht zu gewöhnen, als er aus der gleißenden Sonne in den Laden kam. Eine Frau von einer abgelegenen Farm schaute sich mit einem in der Armbeuge baumelnden Einkaufskorb um. Gemma Pitcher, die junge Frau, die gelegentlich an der Kasse saß und die Regale befüllte, blätterte in einem Katalog herum. Davon abgesehen, war der Laden ein stiller, von der Zeit vergessener Ort. Neben der Kasse lag der Postschalter, dahinter ein Bücherregal, sozusagen die Zweigstelle Tiverton der Bücherei Redruth, eine halbe Stunde weiter die Landstraße entlang. An der hinteren Wand befanden sich Gummistiefel, Overalls, Werkzeuge, Sortierkästen mit Muttern und Schrauben, Benzinkanister, eine Aluminiumleiter. In der Mitte des Raums reihte sich der alltägliche Haushaltsbedarf auf Metallregalen: Frühstücksmüslis, Pfirsiche in Dosen, Waschpulver, Tampons, Aspirin, Haarshampoo.

Hirsch stapfte nach hinten. Dort fand er Tennant in dessen Büro vor, einem kleinen Raum voller Aktenschränken, mit einem Tisch, einem Stuhl und einem alten Kasten von Computer.

Ed, ordentlich, pingelig, mittleren Alters, sagte: »Hab gehört, was beinah passiert wäre.«

Hirsch nickte. Was immer es an Neuigkeiten gab, machte sofort die Runde. »Ich war noch nicht an der Reihe. Davon ab, wegen heute Morgen ...«

»Um eins gleich vorweg zu sagen: Es war nicht meine Idee, die blöde Brenda nach Hause zu fahren. Das ist Martins Hirn entsprungen.«

»Er kann ziemlich herrisch sein«, räumte Hirsch ein.

»Ich fand, dass sie einen Arzt gebraucht hätte, ehrlich gesagt. Als wir sie nach Hause gebracht hatten, war da niemand, der auf sie achtgab. Keine Ahnung, wo ihre Jungs waren.«

»Wayne war mit der Feuerwehr unterwegs«, sagte Hirsch. »Adam war zu Besuch bei Daryl Cobb.«

Tennant schüttelte den Kopf: ob nun gleichgültig oder nachdenklich, konnte Hirsch nicht sagen. »Eine kurze Frage, Ed: Haben du und Martin Brenda verhaftet? Sind tatsächlich diese Worte gefallen?«

»Du meine Güte, nein.«

»Habt ihr sie auf irgendeine Weise verletzt?«

Tennant starrte ihn an. »So langsam wünschte ich mir, ich

hätte mich da erst gar nicht eingemischt. Willst du damit sagen, das wird noch ein Nachspiel haben?«

»Mach dir keine Sorgen, Ed. Ich bezweifle, dass sie sich an irgendetwas erinnert.«

Er schüttelte Ed die Hand und machte sich auf die Suche nach Brenda Flanns Söhnen.

# 4

Hirsch suchte als Erstes nach Wayne, dem verantwortlichen älteren Sohn – wobei »verantwortlich« eine durchaus andere Bedeutung hatte, wenn es um ein Mitglied der Familie Flann ging.

Auf dem kleinen Platz vor der Feuerwache entdeckte Hirsch Bob Muir, der den Löschwagen älteren Baujahrs abspritzte; eine Mischung aus Straßenstaub, Pollen und Spreu schwamm ihm um die Füße. Hirsch wartete und schaute zu. Muir ging ganz methodisch vor: von oben nach unten, von vorn nach hinten; die Reifen kamen als letzte dran.

»So gut wie neu«, bemerkte Hirsch, als Muir den Wasserschlauch zusammenrollte.

Muir klopfte gegen die glänzende Seite. »Zusammengehalten von Zaundraht und Klebeband. Was kann ich für dich tun?«

»Ist Wayne hier?«

Muir ließ sich Zeit dabei, den Schlauch zu verstauen. Er betrachtete seinen Polizistenfreund, als würde er seine Loyalitäten abwägen. Wayne Flann gehörte zur Gemeinde; er war bei der Feuerwehr – aber er machte auch Ärger. Hirsch war es gewohnt, diese mentalen Abwägungen bei den Ortsansässigen zu sehen. Er ließ Muir Zeit dabei.

»Ist vor einer Stunde nach Hause gefahren«, sagte Muir schließlich.

Hirsch erklärte ihm alles: Brenda, das Pub, Gwynne und Tennant, Brendas rasende Rückkehr.

»Das könnte man einen ziemlich arbeitsreichen Vormittag nennen«, sagte Muir und schüttelte nicht sonderlich überrascht den Kopf. Im Laufe der Jahre hatte er so einiges von Brenda gesehen und gehört. »Ist sie im Krankenhaus?«

»Mindestens für ein paar Tage.«

Muir schüttelte sich sorgfältig die Hände ab und wischte sie sich an der Hose trocken. Dann reckte er den Kopf in Hirschs Richtung. »Du weißt von ihrem Mann, oder?«

»Im Augenblick sitzt er ein.«

»Ein halbes Dutzend bewaffneter Überfälle in zwei Jahren«, fuhr Muir fort. »Wir reden nicht von Waffen – Stu bevorzugt Schraubenzieher und Kricketschläger. Tankstellen, ab und zu eine Milchbar. Das letzte Mal hat er einen Zahn zugelegt – hat einen Buchmacher nach den Rennen in Clare beklaut und ist mit knapp dreißig Riesen abgehauen.«

Hirsch nickte; da wartete noch eine Geschichte auf ihn. Wie er Bob kannte, wollte der auf einen bestimmten Punkt hinaus.

»Auf dem Heimweg überkommt ihn der kleine Hunger. Er hält an einem Rastplatz und schnappt sich eine Coke und eine Tüte Chips.«

Muir sah Hirsch müde an. Aha, jetzt kam er zum Punkt.

»Da ist er also, schwimmt in Geld, aber bezahlt er vielleicht für seinen kleinen Snack? Aber doch nicht unser Stuart. Der stopft alles unter seinen Pullover und spaziert hinaus.« Muir hielt inne. »Das Ganze war natürlich auf dem Überwachungsvideo. Er wurde ein paar Stunden später verhaftet.«

»Die Unfähigkeit zum logischen Denken, so nennt man das«, sagte Hirsch.

»Ach, tatsächlich?«

Die Männer grinsten sich an. Hirsch verstand Stuart Flanns Handlungsweise, weil er sie schon hundert Mal zuvor gesehen hatte. Bob Muir verstand sie, weil er ein kluger Mann war.

»War er Trinker?«

»Ja«, antwortete Muir. »Brenda nicht, bis sie ihn geheiratet hat. Er war schlimm, wenn er getrunken hatte. Hat sie verprügelt.« Er schwieg. »Bin mit ihr zur Schule gegangen. Sie gehörte einfach zur Meute. Stu hat ihr übel mitgespielt.«

»Den Jungs auch.«

»Davon kannst du ausgehen.«

Hirsch schaute auf die Uhr. »Ich muss ihnen von Brenda berichten.«

Muir zog eine lederne Handyhülle aus der Tasche. »Festnetz. Wayne sollte wohl schon zu Hause sein.«

Er scrollte durch die Liste, wählte eine Nummer aus, wartete auf den Wählton und reichte Hirsch das Handy. »Hier, bitte.«

»Wayne?«, sagte Hirsch. »Hier spricht Paul Hirschhausen an Bobs Handy, ich rufe wegen Ihrer Mutter an.«

Er erklärte alles. Nicht schwer verletzt. Krankenhaus in Redruth. Das Auto? Steht noch auf dem Schulgelände. »Totalschaden, würde ich sagen«, meinte Hirsch.

Stille am anderen Ende der Leitung, dann sagte Wayne Flann: »Verstanden«, und legte auf.

»Geradezu überschwänglicher Dank«, sagte Hirsch und gab Muir das Handy zurück. »Heulen und Zähneklappern.«

Muir warf ihm einen Blick zu: Übertreibs nicht, Kumpel oder nicht.

Ein komplett schmutzverkrusteter Land Rover durchquerte langsam den Ort, das Nummernschild unlesbar, ein Halbmond auf der Windschutzscheibe musste dem Fahrer als Ausblick reichen. Hirsch wollte sich schon an die Verfolgung machen, aber dann ließ er es bleiben. Er war müde, voll bepackt, war schon den ganzen Tag herumgehetzt. Er würde in Redruth Bescheid geben, dass die den Wagen anhalten sollten. Oder auch nicht.

Dann schaute er erneut auf die Uhr. In zwanzig Minuten musste er Katie Street von der Schule abholen, aber noch flackerte ihm Wayne Flanns letzte Frage durch den Kopf: Das Auto?

»Bob«, sagte er, »könntest du vielleicht, wenn du Zeit hast – «

»Dir helfen, Brendas Schrotthaufen wegzuschaffen.«

»Du kannst Gedanken lesen.«

»Ich hätte Professor werden können.«

Ja, das stimmt, dachte Hirsch.

Sie nahmen das Nutzfahrzeug von Tiverton Electrics und ein Seil der Feuerwehr, um den beschädigten Falcon die Schneise der Zerstörung entlang zurück auf die Landstraße zu ziehen.

Dann machten sie das Seil an der vorderen Stoßstange fest und zogen den Wagen zur Ortsgrenze, wo hinter einem Maschendrahtzaun ein Lagerschuppen, das einzige Planiergerät im Bezirk und ein Straßenbaulaster standen. Die Gegend war eine Ödnis aus hart gebackener roter Erde und totem Gras; dazu ein paar hitzegeplagte Eukalyptusbäume. Muir hatte den Schlüssel zu dem Gelände. Er hielt die Schlüssel in der Hand, dachte Hirsch. Buchstäblich und bildlich.

»Der kann hier nicht ewig stehen bleiben«, mahnte Muir und wickelte das Seil über Hand und Ellbogen auf.

Wird er aber wohl, dachte Hirsch und betrachtete mürrisch Brenda Flanns Wrack von Auto.

Hirsch war verschwitzt, schmutzig und erschöpft; er ging zur Landstraße und weiter zum Haus der Cobbs, in der Hoffnung, dort Adam Flann bei Daryl vorzufinden, wie die beiden vor der Xbox hingen oder sich eine DVD anschauten. In zehn Minuten würde die Schulglocke läuten.

Die Cobbs wohnten in einem kleinen, ziegelverblendeten Haus aus den Siebzigern, das die Zeit und die Inlandssonne böse zugerichtet hatten und nun ganz geduckt im Staub saß und auf weitere Schläge wartete. Kein Vorgarten, keine Dekoration, kein Weihnachtskranz, nur Müdigkeit und aufgestaute Hitze. Marie Cobb ließ sich selten im Ort sehen. Arbeitslos, chronisch schüchtern, litt an einer bipolaren Störung; ihre Kinder umsorgten sie, so gut es ging. Familien wie die Flanns waren nicht selten, hatte Hirsch in seiner kurzen Zeit hier festgestellt, aber Familien wie die Cobbs ebenfalls.

Er wollte schon anklopfen und fragte sich, wer wohl öffnen würde. Daryl Cobb, siebzehn, ein großer, weicher, schlampiger Bursche mit ersten Anzeichen von ADHS, der sich von jemandem wie Adam Flann leicht manipulieren ließ? Laura, seine jüngere Schwester? Nein: Laura war noch in der Schule. Sie war die ruhige, praktische, organisierte von den beiden. Kam gut in der Schule voran und verdiente sich an den Wochenenden ein paar

Dollar damit, für eine örtliche Züchterin Miniponys zu striegeln. Blieb noch Marie, die aller Wahrscheinlichkeit nach nicht an die Tür kommen würde.

Hirsch klopfte und wartete in der Hitze. Das Haus schien sich zu verspannen und die Luft anzuhalten, und er konnte Marie Cobb spüren, die allein dort drin war, entweder manisch und verängstigt oder depressiv und dösend.

Laura würde bald mit dem Bus nach Hause kommen, aber wo war Daryl? Hirsch nahm es hin; hier gab es nichts mehr für ihn zu tun. Mit etwas Glück hatte Adam eine Mitfahrgelegenheit nach Hause gefunden und würde von Wayne alles über seine Mutter erfahren.

Hirsch ging zurück zum Revier; auf der anderen Straßenseite schlug die Schulglocke. Gerade als die Kinder aus den Klassenzimmern strömten, suchte er nach seinen Wagenschlüsseln und setzte sich hinters Lenkrad seines uralten Nissan Pulsar.

Zündung: Nichts.

Die Batterie war leer.

»Sechs mal vier«, sagte er ein paar Minuten später hinterm Lenkrad des Dienst-Toyota.

»Vierundzwanzig.«

»Vier mal sechs.«

»Vierundzwanzig.«

»Siebzehn Pfund mal drei Ellen.«

»Sechs Kilogramm, dreizehn Hektoliter, achtundzwanzig Millimeter, zweieinhalb Gallonen und sechs Yards.«

»Also, das hätte ich nicht gedacht, dass du darauf kommst«, sagte Hirsch. »Sehr gut.«

Katie Street stupste Hirsch leicht mit der Schulter an. Sie wirkte wie ein kleines Vögelchen auf dem Beifahrersitz, dürre Beine, kurze, dunkle, im Nacken feuchte Haare. Sie trug die Uniform der Grundschule Tiverton: hellbraune Shorts und dunkelblaues Polohemd. Abgewetzte Sneaker mit gelben Schuhbändern thronten auf dem Armaturenbrett, im Fußraum stand ein riesiger

Rucksack. Als Hirsch sie kennengelernt hatte, war sie ein ernstes, wachsames, misstrauisches Kind gewesen, doch ihm gegenüber hatte sich das geändert. Pragmatisch. Sie hatte in ihrem bisherigen kurzen Leben schon ein paar traumatische Erlebnisse gehabt, schien das aber gut verkraftet zu haben. Keine Albträume, kein Hang dazu, alte Erinnerungen hervorzukramen und darüber zu brüten. Zumindest nahm er das nicht an.

Manchmal allerdings war sie zurückhaltend. Schließlich fragte sie: »Geht es Mrs Flann gut?«

»Sie ist im Krankenhaus. Wird schon wieder.«

Wieder schwieg Katie. »War sie betrunken?«

»Ja.«

Katie wartete nicht auf eine Beschwichtigung oder eine Lebensweisheit, also sagte Hirsch nichts. Er ließ sie darüber nachdenken und die Angelegenheit in eine Form bringen, mit der sie klarkommen konnte. Er gab Gas, verließ den Ort, kam am Laden vorbei, am Hinweisschild zum Getreidehändler an einer Nebenstraße, an Martin Gwynne und seiner Frau, die ihre Buchshecke mit einer elektrischen Heckenschere bearbeiteten. Martin hielt inne, kniff die Augen zusammen und sah Hirsch vorbeirauschen. Joyce Gwynne kümmerte sich nicht darum. Hirsch grüßte, dann hatte er den Ortsrand erreicht und kam an den Silos vorbei.

Einen Kilometer weiter – Luftspiegelungen flimmerten auf der langen Landstraße, die heiße Nachmittagssonne stand hoch – erspähte er in der Entfernung zwei Gestalten. Sie kamen näher: keine Luftspiegelungen. Daryl Cobb und Adam Flann gingen auf der anderen Straßenseite zum Ort zurück.

Hirsch bremste und hielt am Schotterbett. Ringsherum gab es nur Getreideähren und Weizenstoppeln hinter durchhängenden Drahtzäunen, die von ausgedörrten Unkräutern fast überwuchert wurden. Treckerspuren, ein paar müde Eukalyptusbäume, weit weg ein Farmdach hinter einer Zypressenhecke. Sonst weit und breit nichts. Was hatten die Jungs hier draußen in der Hitze zu suchen? Kein Wasser, keine Kopfbedeckung, keine Schuhe – nur Gummilatschen an den Füßen.

Er kurbelte die Seitenscheibe herunter und legte den Ellbogen auf die Kante. »Soll ich euch mitnehmen?«

Erschöpft glotzten sie ihn offenmäulig an. »Na los«, drängte Hirsch, »springt rein.«

Daryl Cobb starrte den weichen Asphalt an. Der Flaum auf seinen Wangen verstärkte die allgemeine Unschärfe seines Ausdrucks noch. Adam Flann war kantiger, ein dürrer, berechnender Bursche, der nun mit müder Frechheit antwortete: »Alles bestens.«

»Stellt euch nicht an, rein mit euch«, sagte Hirsch absichtlich streng. »Ich fahr euch zu Daryl zurück, dauert zwei Minuten.«

Adam schaute besorgt in die Richtung zurück, aus der sie gekommen waren, murmelte Daryl etwas zu, dann kamen beide über die Straße und glitten kommentarlos auf den Rücksitz. »Anschnallen«, sagte Hirsch, wendete und fuhr in den Ort zurück. »Ihr kennt doch Katie, oder?«

Daryl grunzte. Adam meinte etwas klugscheißerisch: »Ihre Ma ist Ihre Freundin.«

Katie drehte sich um und beugte sich mit freundlichem Interesse durch den Spalt zwischen den beiden Vordersitzen. »Hallo.«

Kein Hallo zur Erwiderung, aber Hirsch ging davon aus, dass sie mit den Schultern zuckten. Er stellte sich die Verwirrung der Gefühle vor: Es war nicht cool, zu einem kleinen Mädchen Hallo zu sagen; es war peinlich, von einem Bullen nach Hause gefahren zu werden; und jetzt würde er auch noch fragen, was sie gemacht hätten.

»Was um alles in der Welt habt ihr beiden da draußen gemacht?«, fragte Hirsch.

»Sind nur spazieren gegangen«, antwortete Adam.

»Aha.«

Kurz darauf hielt Hirsch vor Daryls Haus an. Er schaltete den Motor aus, drehte sich zu den Jungs um und sagte: »Noch was, bevor ihr aussteigt.«

»Was?«, entgegnete Flann feindselig.

»Adam, deine Ma ist im Krankenhaus.«

Er erzählte ihm alles und sah, wie Verwirrung, Verachtung und Inkaufnahme über Adams Gesicht huschten. »Weiß Wayne Bescheid?«

»Ja.« Nach einer kurzen Pause fügte Hirsch hinzu: »Hör mal, wenn du magst, fahr ich dich nach Hause …«

»Nö«, und damit hatte es sich. Adam knuffte Daryl am Oberarm und machte die Tür auf.

»Wie du willst«, meinte Hirsch, aber da waren die beiden Türen schon wieder zu und die Jungs verschwunden.

»Also«, sagte Katie mit fröhlicher Stimme, »wo waren wir stehen geblieben?«

Hirsch prustete. Sie beide mochten sich.

Fünf Kilometer südlich von Tiverton bog Hirsch in die Bitter Wash Road ein, fuhr die nun vertrauten Kurven und Bodenwellen entlang, vorbei an einer Steinmauer aus den Achtzigern des 19. Jahrhunderts, an Grundstückstoren, Stoppeln, dürren Schafen auf mageren Weiden. Langsam stieg die Straße an, teilte eine niedrige Hügelkette, auf denen Windturbinen standen, und bot einen Blick auf dahinterliegendes aschgraues Land, dem Grasfeuer vom Vormittag. Dann kamen sie zu einem weiteren flachen Abschnitt, noch mehr Getreideähren und Weizenstoppeln; schließlich erreichten sie eine Einfahrt und ein kleines, rot gedecktes Haus.

Wie verabredet, war eine Nachbarin anwesend, ihr kleiner Mazda stand halb im Schatten eines riesigen Oleanders. Katie hatte immer betont, dass es okay sei, wenn sie allein zu Hause bliebe, bis ihre Mutter kam. Aber sie waren mit Hirsch befreundet, der als Polizist womöglich Feinde hatte, und das Haus war abseits gelegen. Gewalt, so hatte er gelernt, geschah häufig willkürlich. Daher die Betreuung nach der Schule. Katie gab ihm einen Schmatz auf die Wange, wackelte zum Abschied mit den Fingern und eilte mit schwerem, hüpfendem Rucksack ins Haus.

Hirsch wendete. Dann wurde ihm klar: Es war das letzte Mal gewesen. Morgen würde sie nach der Schule zu einer Freundin gehen. Und nach den Ferien würde sie auf die Highschool gehen, an der Wendy unterrichtete. Katie würde also mit ihrer Mutter hin- und zurückfahren.

Mit einem merkwürdigen Gefühl von Verlust fuhr er zurück zur Landstraße. An der Kreuzung bremste er, bog nach Norden ab und gab Gas. Die Rückfahrt bot eine neue Perspektive, und so sah er plötzlich, wie sich, nicht weit von der Stelle, an der er Daryl Cobb und Adam Flann aufgegabelt hatte, die Sonne spiegelte. An einer zerfurchten Strecke, hundert Meter von der Landstraße entfernt, stand halb vom Gras verborgen ein Fahrzeug. *Aha.*

Hirsch hielt an und schaute nach.

# 5

Halb verdeckt hinter Getreide und trockenem Gras kauerte ein Holden Pick-up in einer windstillen Senke. Mindestens dreißig Jahre alt. Verbeult, rostige Hecktür und Radläufe, abgefahrene Reifen, ein Riss in der Windschutzscheibe, eine zerschlissene Abdeckplane. Beißende Hitze stieg von der Motorhaube auf, es roch nach nicht verbranntem Benzin, überhitztem Öl und Kühlflüssigkeit. Der Wagen stand noch nicht lange dort.

Hirsch öffnete die Fahrertür. Das Handschuhfach war offen – die Jungs, die nach etwas Wertvollem gekramt hatten? –, der Schlüssel steckte. Staub lag auf dem Armaturenbrett, der Instrumententafel und der Ablage hinter den Sitzen. Kein Straßenstaub, sondern alter Staub – was auf wenig Gebrauch und lange Standzeit hindeutete. Hirsch drehte den Schlüssel, sah, wie die Tanknadel auf ein Viertel stieg – wegen Spritmangel waren Adam und Daryl nicht hier draußen liegen geblieben. Aus dem Kassettenfach ragte eine ausgeworfene Kassette: The Seekers' Greatest Hits. Hirschs Mutter, ein schlitzohriger Störenfried, hatte immer gern »Morningtown Ride« geträllert, wenn ihre Männer beim Essen mal wieder vor sich hin brüteten. Hirsch fragte sich, ob Adam oder Daryl das Band hatten laufen lassen. Wussten sie überhaupt, wie man ein Kassettengerät bediente?

Hirsch kehrte zu seinem Streifenwagen zurück und gab das Nummernschild ins Fahrzeugregister ein, einen Bordcomputer in Form eines Tablets. Der Wagen war seit 2016 nicht mehr zugelassen; letzte bekannte Besitzerin Nancy Washburn, 11 Kitchener Street, Tiverton.

Hirsch nickte; das ergab Sinn. Nan Washburn züchtete auf einem fünf Hektar großen Gelände am Rand der Ortschaft preisgekrönte Zwergponys; Daryl Cobbs Schwester verdiente sich bei ihr ein Taschengeld. Falls Daryl auch mal dort gearbeitet hatte, zu Besuch dort gewesen war oder seine Schwester abgeholt hatte, als die Mutter mal wieder ausgerastet war, dann wusste er von dem Pick-up.

Aber würde er ihn auch klauen, wenn er nicht in Gesellschaft von Adam Flann wäre?

Zurück zu dem alten Pick-up. Hirsch versuchte, den Wagen zu starten. Der Motor stotterte ein paar Sekunden auf vier von sechs Zylindern, dann rülpste er eine Giftwolke aus und soff ab. Kaputter Zylinderkopf? Verstopfter Filter?

Hirsch schloss die Tür, ging nach hinten und löste die Plane. Noch mehr Staub, Rattenkot, Stroh, Seile, Steigbügel, ein kleiner, geborstener Sattel, ein Plastikeimer, ein Fünf-Liter-Kanister, leere Getreidesäcke. Und unter all dem eine Rolle isoliertes Kupferrohr. Von irgendwelchen Renovierungsarbeiten übrig geblieben? Heizung für die Stallungen?

Kupfer jedenfalls.

Hirsch schloss den Pick-up ab, steckte den Schlüssel ein und fuhr zurück zur Landstraße. Er bremste für den Bus der Redruth Highschool und folgte ihm in den Ort.

Nan Washburn hatte wohl das Beste aus beiden Welten für sich, Land und Dorf. Ihr hübsches altes Farmhaus ging auf der einen Seite auf Farmland und die entfernt liegenden Hügel und auf der anderen Seite auf den Ort hinaus, alles lag in der Nähe. In einer halben Minute war sie auf halber Strecke durch ihre fünf Hektar; drei Minuten zum Laden, dem Haus einer Freundin, den Tennisplätzen der Gemeinde.

Hirsch rollte die Kitchener Street entlang und nahm ihre Einfahrt. Ihm fielen die baumelnden Girlanden der Weihnachtsbeleuchtung auf, die sich über Sträucher und Bäume, über Veranda und verschiedene Drahtfiguren zogen: ein Rentier, das einen Schlitten zog, ein Weihnachtsbaum, Santa Claus mit Sack. Jetzt – ausgeschaltet und in der prallen Sonne – war nichts

Bemerkenswertes daran, war nur ein fahler Geist der Weihnacht. Bei Nacht war das Ganze eine Schau, und Hirsch hatte sich schon halb entschieden, dass Nan dieses Jahr den Preis für die beste Weihnachtsbeleuchtung bekommen sollte. Zur Sicherheit würde er heute Nacht noch einmal eine Runde durch die Gemeinde drehen.

Er folgte der Zufahrt am Haus entlang bis zum dahinterliegenden Hof, parkte neben einem Volvo Kombi und stieg aus. Der Volvo strahlte Hitze ab: Nan war wohl gerade nach Hause gekommen, nahm Hirsch an. Er schaute sich um: Betontröge, vier riesige Betontanks, eine Windmühle, ein alter Wellblechschuppen, Quitten- und Aprikosenbäume, ein Stall, zwei Pferche und eine Koppel für ein altes Clydesdale-Arbeitspferd und zehn irgendwie lächerlich wirkende Zwergponys. Das Clydesdale bemerkte Hirsch und steckte seinen Kopf über einen robusten Lattenzaun, als wolle er einen alten Freund begrüßen.

Hirsch schaute das Pferd düster an. Als der Gemeinderat ihn informiert hatte, dass es mehr oder weniger einstimmig abgegangen und er der Santa Claus in diesem Jahr sei *und alle von ihm erwarteten, dass er auf einem Pferd einreiten würde, das freundlicherweise von Nan Washburn zur Verfügung gestellt werden würde*, hatte Hirsch erwidert, warum er denn nicht mit allen Lichtern und Sirene in seinem Streifenwagen erscheinen könne? Dieser Vorschlag wurde rundheraus abgelehnt: Das würde nur die Kleinen erschrecken. Und was, wenn er auf der Ladefläche eines Pick-ups fahren würde? Nein. Oder einfach aus der Dunkelheit herangestapft kam? Nein. Nans Pferd, sonst nichts. Also gut, nennen wir es Brücken schlagen. Er war recht neu im Bezirk, und der Einstieg war holprig gewesen.

Er ging den gewundenen Weg zur hinteren Veranda entlang und kam an einem Gewirr an hochgebundenen Tomatenpflanzen und einer Reihe von Rosensträuchern vorbei. Es gab keine klaren Anzeichen dafür, dass er sich einem Hintereingang näherte: keine Wäscheleine, keine Küchen- oder Badezimmerrohre, nur große Fenster und eine breite Tür auf eine weiten Veranda, die mit verblichenen Zierfliesen belegt und mit Weinreben bewachsen war. Hirsch trat auf die Veranda und klopfte ans Fliegengitter. Die Haustür dahinter stand offen und führte in einen dunklen Hausflur mit geschlossenen Türen zu beiden Seiten. Hirsch hörte ein Radio, Schubladen klapperten, jemand war in der Küche beschäftigt.

Er klopfte erneut. Die Geräusche verstummten, und das ganze Haus schien zur Vergewisserung zu lauschen. Ein drittes Mal, dann tauchte Nan Washburn auf, Mitte fünfzig, mit ungezähmten, drahtigen grauen Haaren; sie trug eine Jeansschürze über einer weiten braunen Hose und einem weißen T-Shirt. Sie zog ihre Gummihandschuhe aus, als sie näher kam, und erkannte schließlich ihren Besucher. »Paul. Wollen Sie noch mal auf Radish reiten?«

Der Clydesdale. Hirsch schauderte es. »Es geht um etwas anderes.«

»Na, kommen Sie rein, kommen Sie rein.«

Hirsch trat hinein ins kühlere Innere. Es roch gut. Nicht Möbelpolitur, nicht Lufterfrischer oder Parfüm. Eine Mischung aus allem?

»Ich bin in der Küche beschäftigt. Tee?«

Hirsch ging auf, dass eine Tasse Tee genau das war, was er jetzt brauchte, und folgte Nans gemütlicher Gestalt in die Küche an der Seite des Hauses. Ein riesiger heller Raum mit provenzalisch wirkenden Spülen, Kupfertöpfen über einer Kücheninsel, einem Farmerofen, einer Gefrierkombination in gebürstetem Stahl und einem ziemlich großen Tisch mit Flechtstühlen.

»Setzen Sie sich.«

Hirsch tat wie geheißen. Der Blick ging über weitere Rosen hinaus auf eine Wäscheleine, einen Zaun und Farmland. Nan setzte Wasser auf und suchte nach Keksen. Gut, Hirsch hatte nämlich auch einen Mordshunger. Nan huschte herum, schaltete das Radio aus, nahm Tassen und Teller hervor und berichtete ihm von ihrem Tag. War er schon mal vorbeigekommen? Sie war seit dem Frühstück unterwegs gewesen und gerade erst zurückgekehrt. Erst war sie bei ihrer Mutter in einem Pflegeheim drüben in Port Pirie gewesen, dann hatte sie der Bank und ihrer Steuerberatung einen Besuch abgestattet und sich die Haare machen lassen für morgen Abend, also einfach ein Tag, an dem sie versucht hatte, alles Mögliche zu erledigen. Das sind nicht die Nerven, dachte Hirsch, sie redet einfach nur gern. Sie war verheiratet, aber ihr Mann wohnte in einem Wohnwagen draußen im Osten und verbrachte den ganzen Tag damit, mit einem Metalldetektor das Hinterland abzusuchen. Er hatte offenbar einen leichten Sprung in der Schüssel, war aber harmlos.

Schließlich waren der Tee gekocht und die Kekse serviert, und Nan fragte: »Also, was kann ich für Sie tun?«

Hirsch versuchte es indirekt. »Haben Sie nach Ihrer Rückkehr zufällig in Ihren Schuppen geschaut?«

»Nein. Wieso?«

»Sie haben also nicht bemerkt, dass Ihr Pick-up weg ist?«

Sie machte ein verdutztes Gesicht. »Weg?«

»Haben Sie ihn heute zufällig benutzt? Und er ist liegen geblieben?«

»Der Wagen ist nicht fahrtüchtig. Worauf wollen Sie hinaus?«

»Ich habe ihn vor Kurzem neben der Landstraße gefunden. Nicht weit von hier, etwa einen Kilometer hinter den Silos.«

»Wie ist er denn dort hingekommen?« Und als ihr aufging, dass das wohl eine dumme Frage war, fügte sie an: »Ich benutze ihn nie, er steht nur im Schuppen herum.«

»Sie haben den Pick-up auch niemandem geliehen?«

»Die würden sich wundern. Nach ein paar Minuten geht er einfach aus.«

»Wo haben Sie den Schlüssel gelassen?«

Ihr war unbehaglich zumute. »Im Zündschloss. Die Karre würde doch niemand wirklich … na, da habe ich mich wohl getäuscht.«

Hirsch nahm sich einen Keks. Die Schokolade schmolz unter seinen Fingern. »Wie kommen Sie ohne Pick-up zurecht?«

»Ich brauch eigentlich gar keinen. Heu oder Hafer kriege ich geliefert, alles andere passt in meinen Kombi. Und um das Heu von hier nach da zu bewegen, nehme ich die Schubkarre.«

»Und wenn Sie etwas Schweres heben müssen?«

»Dann habe ich immer jemanden, den ich anrufen kann«, sagte sie, und Hirsch bemerkte, wie ihre Augen aufblitzten, als ihr ein Gedanke kam. Sie wendete den Blick ab und sagte: »Laura Cobb hilft mir beim Striegeln und Füttern, und ihr Bruder hilft mit, wenn wir mal eine starke Hand brauchen.«

Pause. Dann sagte Hirsch: »War Daryl jemals mit seinem Freund Adam hier?«

»Adam Flann? Ein Mal«, antwortete Washburn, setzte sich aufrecht hin und schwieg.

»Und?«, fragte Hirsch sanft.

»Und sagen wir mal, dass Daryl nicht gerade ein gutes Händchen für Freunde hat.«

Wohl wahr, aber soweit Hirsch wusste, gab es im Ort keine anderen Jungs in Daryls Alter. Er berichtete ihr davon, wie er den auf einer Nebenstrecke halb versteckten Pick-up entdeckt hatte, nachdem er Daryl Cobb und Adam Flann zuvor in der Nähe aufgegabelt hatte. »Sie gingen gerade an der Landstraße entlang zum Ort zurück.«

Wieder Stille. Bevor sie ganz ungemütlich wurde, sagte Nan: »Man sagt Ihnen nach, dass Sie fair sind.«

Hirsch erwiderte nichts darauf.

»Bitte klagen Sie sie deswegen nicht an.«

Er lehnte sich zurück. »Es ist natürlich immer noch möglich, dass sie den Wagen nicht gestohlen haben.«

Nan schüttelte den Kopf. »Wir wissen doch beide, dass sie es gewesen sind.«

»Es ist Diebstahl, Nan«, sagte Hirsch. »Fahren mit einem nicht zugelassenen, fahruntüchtigen Fahrzeug. Und wenn Daryl am Lenkrad saß, dann ist das Fahren ohne Fahrerlaubnis.«

Leicht hitzig entgegnete Nan Washburn: »Aber es wurde kein Schaden angerichtet, es war sicherlich Adams Idee, und stellen Sie sich nur mal vor, welchen Schaden das Erscheinen vor

Gericht für Daryl bedeuten würde, ganz zu schweigen für seine arme Mutter oder Laura.«

Hirsch verschränkte die Arme. »Was schlagen Sie vor?«

Nan grinste ihn halb belustigt an. »Eine strenge Ermahnung?« Langsam konnte sie sich dafür erwärmen. »Keiner der beiden Jungs hat eine wirkliche Vaterfigur im Leben. Auf Sie würden sie hören.«

Da war sich Hirsch nicht so sicher. »Als Erstes: Befand sich irgendetwas von Wert in dem Pick-up?«

»Vielleicht wollten sie nur eine Spritztour machen, nicht stehlen.«

»Nan, hören Sie mir zu. Lag Bargeld im Handschuhfach? Werkzeug, ein Handy, rezeptpflichtige Schmerzmittel?«

»Nichts dergleichen.«

»Irgendeine Handfeuerwaffe?«

»Nein.«

Gut. Falls die Jungs irgendetwas aus dem Pick-up mitgenommen hatten, dann hatten sie es im Gras versteckt, und Hirsch hatte keinen Nerv dazu, überall herumzustochern. Die Hitze weckte die Schlangen. »Kupferrohre?«

»Oh.« Ein leicht erstaunter Gesichtsausdruck, eine Erinnerung. »Tatsächlich, das war übrig geblieben, als ich die Waschküche habe richten lassen.«

Aber würden diese Jungs wissen, dass das Kupfer ein paar Dollar wert war? Hatten sie überhaupt unter der Plane nachgeschaut? »Wird das Ihr Verhältnis zu Daryl beeinflussen? Und zu seiner Schwester?«

»Laura ist entzückend. Sie hat nichts damit zu tun, und ich werde sie auf keinen Fall mit hineinziehen. Sie hält die beiden eh für Trottel. Und was Daryl angeht, die einzig sinnvolle mütterliche Hilfe bekommt er von seiner kleinen Schwester. Und ein wenig auch von mir. Ich rede mit ihm. Das kommt schon in Ordnung.«

»Und Adam?«

»Mit dem Kerl will ich nichts zu tun haben. Aber ich schätze, die Polizei kann sich ja nicht mit dem einen befassen und mit dem anderen nicht – wie wärs, wenn Sie sich um Adam kümmern, und ich kümmere mich um Daryl?«

»Nein, ich glaube nicht«, entgegnete Hirsch. »Wir brauchen etwas … Wirkungsvolleres. Etwas Formelleres.«

Hirsch überließ es Nan, ihren Pick-up mit der Hilfe eines Nachbarn zurückzuholen, fuhr zum Revier zurück, stellte den Wagen ab und ging zu Fuß zu Marie Cobbs Haus. Unterwegs rief er das Krankenhaus in Redruth an: Brenda Flann war wach und unleidlich. Schnittwunden, blaue Flecken, Kopfschmerzen, Rippenfrakturen. Sie würde noch drei, vier Tage dortbleiben.

Hirsch legte auf und trat vom Gehweg in das staubige Unkraut vor dem Haus der Cobbs, als Laura ein Fahrrad schiebend um die Ecke kam. Sie hatte von der Schuluniform in ein altes T-Shirt und eine zerschlissene Jeans gewechselt. Blass, dunkle Haare; der pinkfarbene Nagellack an den Fingern, die sich um die Lenkstange gelegt hatten, war abgeplatzt. Über dem Hinterrad hing eine Fahrradtasche, vollgestopft mit einem kleinen Rucksack und einer gewissen Anzahl an Striegeln. Sie war wohl auf dem Weg zu Nan Washburn, nahm Hirsch an.

»Laura.«

»Hallo.«

Wann immer sie ihn traf, war sie schüchtern und peinlich berührt. Das rührte noch von einem Zwischenfall her, als sie Anfang des Jahres bei Hirsch an die Tür klopfte und sagte, dass ihre Mutter sich komisch verhielt, tobte, seit Tagen nicht geschlafen hatte und dass Daryl und sie damit nicht klarkamen. Nachdem er selbst nachgeschaut hatte, hatte Hirsch einen Krankenwagen gerufen. Entziehungskur, andere Medikamente, und zwei Wochen später war Marie wieder bei ihren Kindern.

Jetzt warf ihm Laura einen verschreckten Blick zu. »Hat Ma was angestellt heute?«

Hirsch lächelte. »Nein, nein. Ich muss nur mal ein paar Worte mit Daryl und Adam reden. Sind sie da?«

Ein sorgenvoller Blick huschte über Lauras Gesicht, was den auffälligen, einen halben Zentimeter breiten weißen Blitz über einer Augenbraue noch betonte. Eine alte Verletzung? Schließlich sagte sie: »Die sind in Daryls Zimmer.« Sie verzog das Gesicht. »Was immer er angestellt hat, Adam wird ihn dazu angestiftet haben.«

»Ich hab nur ein paar Fragen«, sagte Hirsch.

Sie trat ein wenig auf der Stelle, wollte zu ihrem Job, wollte aber gleichzeitig auch ihren Bruder beschützen. Ihr Gesicht hellte auf. »Geht es um Mrs Flann?«

»Unter anderem«, sagte Hirsch.

Laura war immer noch nicht zufrieden, lehnte das Rad an die Hauswand und sagte: »Kommen Sie mit ums Haus.«

Die benutzen wohl niemals die Haustür, dachte Hirsch und folgte ihr. Er hatte mit noch mehr Staub und Unkraut gerechnet, doch da standen drei Hochbeete. Hochgebundene Tomaten, Saubohnen und Mangold konnte er noch erkennen, aber es gab einen Flecken mit Blättern, bei denen er passen musste. Er beugte sich vor und las die kleinen Plastikschilder, die im Boden steckten: Möhren, Radieschen.

Ächzend richtete er sich wieder auf und fragte: »Wer ist denn der Gärtner?«

»Ich. Nan, Mrs Washburn, hat es mir gezeigt.«

»Toll«, sagte Hirsch etwas deplatziert.

Sie führte ihn durch eine verzogene Fliegentür in die Küche. Einen größeren Unterschied zu derjenigen von Nan Washburn konnte man sich kaum vorstellen: vollgestopft, abgewetztes Linoleum; betagter Elektroherd und Kühlschrank. Marie Cobb saß seitlich neben einem runden, chromgefassten Resopaltisch, einen Ellbogen neben einem mit Kippen gefüllten Aschenbecher, der zweite in Bewegung, als sie an ihrer Zigarette zog. Ihre Haare waren fettig, die Augen leer. Sie schaute weder Hirsch noch ihre Tochter an, ließ den Arm nach unten fallen, wobei sie Asche auf den Boden streuselte, dann schien sie zu vergessen, dass sie eigentlich rauchte.

»Das ist einer ihrer besseren Tage«, sagte Laura. »Hier entlang.«

Sie gingen einen kurzen, luftlosen Flur entlang zu einer Tür auf halber Strecke. In Augenhöhe hing ein Keramikschild mit einer krakeligen Kinderschrift: *Daryls Zimmer.* Daryl – oder jemand anderer – hatte irgendwann mal die Tür am unteren Ende eingetreten, denn die äußere Sperrholzschicht war schartig zersplittert.

»Bis dann«, sagte Laura.

Hirsch klopfte an und trat in einen Drogendunst. Adam erkannte ihn als Erster. Er saß auf dem Boden zwischen einem schmalen Bett und einem Sperrholzschrank, an den Nachttisch gelehnt, und schob mit der rechten Hand einen Aschenbecher unters Bett. »So sieht man sich wieder.«

Hirsch kümmerte sich nicht um ihn. »Daryl? Ich muss dich aufwecken.«

»Der ist weggetreten, Mann.«

»Irgendetwas Stärkeres als Pot? Das Pot ist mir übrigens egal.«

Adam schmunzelte, und Hirsch fragte sich, ob die Jugend von heute noch »Pot« sagte. Er sah die Dreckwäsche auf dem Boden und dem klapprigen Stuhl, einen Stapel Comics unter dem Fenster und drei Poster an den Wänden: ein Formel-1-Rennwagen, das Plakat von einem der Transformer-Filme, die Adelaide Crows. Daryl selbst lag mit dem Gesicht nach oben auf dem Bett.

Adam packte ihn an einem seiner Füße und rüttelte. »He, Bro, Besuch.«

Als der Bursche sich aufgesetzt hatte und sich mehr oder weniger konzentrieren konnte, begann Hirsch gleich mit einer Reihe von Lügen. »Wir haben Zeugen, dass ihr beiden mit Nan Washburns Pick-up gefahren seid, und ich bin mir sicher, dass eure Fingerabdrücke zu denen passen, die ich in dem Fahrzeug genommen habe.«

Daryl sackte in sich zusammen und sah seinen Freund mürrisch an. »Ich habs dir doch gesagt.«

»Er blufft.«

»Was hast du ihm gesagt, Daryl?«, fragte Hirsch.

Daryl suchte nach einer plausiblen Lüge. »Also, Adam musste doch nach Hause. Wegen seiner Ma und so.«

»Ja«, sagte Adam Flann. »Wie sollte ich wohl sonst nach Hause kommen? Ma hat ja ihre Karre geschrottet.«

»So etwas nennt man Diebstahl«, erklärte Hirsch. »Und mir fällt auf, dass du es jetzt ja wohl nicht sonderlich eilig hast, nach Hause zu kommen. Oder deine Mutter im Krankenhaus zu besuchen. Sie ist übrigens wieder bei Bewusstsein.«

»Wayne holt mich ab. Dann fahren wir zu ihr.«

»Und warum hast du ihn nicht sofort angerufen, statt ein Fahrzeug zu klauen?«

»Hab ihn nicht erreicht. Mein Handy ist tot.«

»Vielleicht solltest du dich auf eine Ausrede beschränken.«

»Hab ihn nicht erreicht.«

Was womöglich stimmte.

Daryl, der Tränen in den Augen hatte, krallte sich an der schmutzigen Bettdecke fest und fragte: »Verhaften Sie uns jetzt?«

»Ich bin mir nicht sicher, ob bei der ersten Straftat gleich ein Gerichtsverfahren sein muss«, antwortete Hirsch und strich sich übers Kinn, so als sei er nicht ganz davon überzeugt.

»Was heißt das?«

»Das heißt, dass ich einerseits finde, es wäre eine Schande, wenn ihr Jungs zu einer Jugendstrafe verurteilt werdet, ich andererseits aber auch finde, dass das auf lange Sicht vielleicht das Beste wäre.«

»Bitte«, sagte Daryl kläglich.

Hirsch konzentrierte sich auf Flann und spürte, wie sehr der sich auf ihn konzentrierte.

»Also gut«, sagte Hirsch zu niemand Speziellem. »Umfassendes Geständnis und eine ernst gemeinte Entschuldigung.« Er hob die Hand: »Nicht mir gegenüber, nicht jetzt, nicht hier.«

Die Jungs warteten ab.

»Ihr gebt zu, dass ihr den Pick-up geklaut habt, und entschuldigt euch bei Mrs Washburn persönlich, morgen früh um zehn Uhr im großen Sitzungsraum des Mechanics' Institute.«

»Kein Problem«, sagte Flann.

Er hält mich für einen Trottel, dachte Hirsch. »Mit einer Entschuldigung meine ich nicht irgendeinen vagen Blödsinn von wegen, tut mir leid, dass ich Ihren Wagen genommen habe, ohne zu fragen, soll auch nicht wieder vorkommen. Ich meine damit eine sorgfältig überlegte, von Herzen kommende Entschuldigung, mit mir als Zeugen. Und wenn ich auch nur den leisesten Eindruck habe, dass ihr es nicht ehrlich meint, stelle ich euch beide unter Anklage.«

Daryl war außer sich. »Muss Ma auch dabei sein?«

Hirsch schüttelte den Kopf. »Kein Grund, sie noch mehr aufzuregen.«

Draußen hupte jemand. Adam erhob sich in einer geschmeidigen Bewegung vom Boden und verabschiedete sich von Daryl. »Schönen Tag noch, Bro.«

»Schönen Tag.«

Adam drehte sich lässig zu Hirsch um. »Ihnen auch noch einen schönen Tag, Constable Hirschhausen, Sir.«

Hirsch sah ihn streng an.

Als Flann verschwunden war, wandte sich Hirsch an Daryl. »Wenn du mit Adam zusammen bist, solltest du erst denken, dann handeln, okay?«

Daryl schaute zu Boden.

Hirsch ging und kehrte aufs Revier zurück. Das sorgsam in einer Einkaufstasche verstaute Santa-Claus-Kostüm lag anklagend auf der Fußmatte. Mist, Mist, Mist, dachte Hirsch. Das einzige Mittel dagegen war eine Dusche und ein Bier, bevor Wendy und Katie zum Essen kamen.

# 6

Eigentlich hatten sie im Pub in Tiverton essen wollen, wo im Winter der Koch gern mal in der Tür zum Speiseraum stand und rief: »*Hand hoch, wer noch Suppe will*«, doch Hirsch hatte das abgewürgt.

»Ich habe den halben Nachmittag damit verbracht, die Leute wegen Brenda zu befragen, und die andere Hälfte damit, angestarrt und ausgefragt zu werden.«

Wendy Street hatte seinen Arm getätschelt. »Armer Schatz.«

Jetzt schaute Wendy, die ebenso schmalknochig, schnell und wachsam war wie ihre Tochter, zu, wie er seine berühmten geschmacksfreien Spaghetti Bolognese zubereitete. In der Ecke murmelte der Fernseher, Katie schaute *Home and Away*.

»Hat Bob dir erzählt, dass ich einen Buschbrand gemeldet habe?«

»Hat er«, antwortete Hirsch, goss die Nudeln ab und erzählte ihr von dem Kupferdiebstahl.

»Ha«, sagte sie. »Klingt nach viel Arbeit für wenig Geld. Und es klingt nach jemandem aus der Gegend.«

Hirsch dachte darüber nach. Sie hatte recht.

Sie füllten ihre Teller, schenkten Wein nach und tauschten die freudlose Essecke des Reviers gegen den Hinterhof; früher mal ein Betonviereck, doch Hirsch hatte es mit einem Schattensegel, Gartenmöbeln von Ikea und ein paar Geranien in Terrakottatöpfen ausgestattet. Die Abenddämmerung setzte ein. Hirsch zündete ein paar Teelichte an; der Abend legte seine milden Schatten über sie. Wendy Streets leises Lächeln, als sie Hirsch zuprostete, war ein schläfriges Verlangen, das sie hinter schweren Augenlidern vor ihrer Tochter verbarg.

»Also«, sagte sie später, als es dunkel war. »Ein letzter Kontrollgang?«

Hirsch erhob sich stöhnend und zog sie beide von ihren Stühlen hoch.

Sie schlenderten Arm in Arm durch den Ort und begegneten noch anderen, die zu Fuß die Weihnachtsbeleuchtungen begutachteten; ab und an kam ein Wagen vorbei. Etwa ein Drittel der Häuser war geschmückt. Hirsch verteidigte mit leiser Stimme seine Beurteilungen. Manche Deko war zu grell, andere langweilig und klischeehaft. Der Weihnachtsmann der Hannafords im Stil eines Wanderarbeiters war clever und ironisch; der Känguruweihnachtsmann der Bolgers einfach nur Kitsch. Santa mit einem Bein im Schornstein war billig. Ein einzelner, gut beleuchteter Baum zählte mehr als ein Garten voller Motivmischmasch. Martin Gwynne, der dieses Jahr seinen Carport mit Lichtern umhängt hatte, hatte die Eleganz seiner Hauptbeleuchtung dadurch ruiniert, dass er Lichterketten durch Sträucher und Bäume gehängt und ein Drahtgestell aufgebaut hatte, das Jesus, Maria und Josef im Stall darstellen sollte.

Blieb noch Nan Washburn; einfallsreich; nicht zu überladen. Eine Geschichte, die man von links nach rechts lesen konnte.

»Das ist es«, meinte Hirsch. »Die beste Weihnachtsbeleuchtung dieses Jahres.«

Wendy presste sich fest an ihn. »Finde ich auch.«

Sie hatten die Arme umeinandergelegt und gingen in der merkwürdig erhellten Abendluft zurück. Tiefpunkt war der Abschied, gute Nacht, bis morgen Abend.

Freitagmorgen um halb sechs drückte Hirsch blind auf seinem iPhone herum und versuchte, den Wecker auszuschalten.

Er ließ sich aufs Kissen sinken. Nur selten erinnerte er sich an seine Träume. Sie hatten nichts zu bedeuten, und er interessierte sich nicht für sie. Doch heute Morgen huschten ihm flüchtige Traumspuren durch den Kopf, Ringel wanden sich und wollten zubeißen. Schlangen, allerdings aus Kupferrohren und Drähten.

Hirsch ging jeden Morgen spazieren und genoss den Sonnenaufgang, eine Zeit, in der nur die Vögel geschäftig waren, die Luft noch still und sich alle Konturen scharf abzeichneten. Normalerweise kostete er das aus – um neun Uhr würde der mittlere Norden erschlafft und geschlagen unter einer geschmolzenen Sonne daliegen, und die nächtlichen Berichte von Schurkereien, Idiotie und blankem Pech würden auf seinem Schreibtisch landen. An diesem Morgen aber machte er es kurz, schlang ein schnelles Frühstück hinunter und schoss die Landstraße entlang zu dem verlassenen Farmhaus.

Die Scheune war leer.

Hirsch fand nur Fetzen des Tatortbands vor, Reifenspuren, Vertiefungen dort, wo die Mulde gestanden hatte. Die Reifenspuren hatten wenig zu bedeuten: Bob Muirs Pick-up; Löschfahrzeuge, sein eigener Polizei-Toyota.

Er schaute auf die Uhr, sechs Uhr dreißig, und rief seine Vorgesetzte an. Hillary Brandls Stimme klang angestrengt, und sie keuchte. »Ich hoffe, es ist wichtig, Constable Hirschhausen.«

»Die morgendliche Joggingrunde, Sergeant?«

Der neue Sergeant vor Ort war eine Fitnessfanatikerin. Sie joggte jeden Morgen in den kleinen Hügeln um Redruth, zum Amüsement der Anwohner, die, wenn nicht eh schon übergewichtig, so doch zumindest gemächlich waren.

»Eine Morgenrunde, die wohl ein abruptes Ende findet, fürchte ich«, meinte Brandl gutgelaunt. »Was gibts?«

Hirsch erklärte es ihr und stellte sich dabei ihr schmales Gesicht und ihre Konzentration vor. Als er fertig war, sagte sie: »Ganz schön mutig. Man sollte meinen, dass sie sich fernhalten, nachdem sie ein Feuer ausgelöst haben, das groß genug war, um die Feuerwehren auf den Plan zu rufen. Einheimische, was meinen Sie? Haben zugeschaut und abgewartet?«

»Schwer zu sagen, Sarge. Nach fünf Minuten Pub-Gerede wären sie auf dem Laufenden gewesen. Gut möglich, dass sie zurückgekommen sind, weil die Ladung einen gewissen Wert hatte – vielleicht haben sie das Kupfer auf Bestellung geklaut und sind im Voraus bezahlt worden, wer weiß. Fingerabdrücke und DNA sind vielleicht in den Akten; sie wollten nicht allzu lange damit warten.«

Hirschs Vorgesetzte schnaubte. »Ich muss schon sagen, Paul, dieser Posten hier bringt eine ganz schöne Umstellung mit sich. In der Stadt hätte ich das CIB in einer Stunde vor Ort, und Sie oder eines der Kinder würde das Kupfer bewachen, bis wir es den Kriminaltechnikern überlassen können.«

Die »Kinder« waren die beiden neuen Constables in Redruth, Jean Landy und Tim Medlin. »Eine ganz schöne Umstellung, kann man wohl sagen«, meinte Hirsch.

»Sie sind doch schon ein Jahr hier. Sie haben sich daran gewöhnt.«

Eigentlich nicht.

»Ich werde mal an ein paar Türen klopfen«, sagte Hirsch, »vielleicht hat jemand letzte Nacht etwas gesehen oder gehört.«

Was zu bezweifeln war. Das nächste bewohnte Haus war drei Kilometer entfernt auf der anderen Seite eines Hügels. Und letzte Nacht war Vollmond gewesen – ein Laster hätte ohne Lichter in wenigen Minuten herkommen und wieder verschwinden können.

Das nutzlose Türenklopfen kostete Hirsch eine Stunde, dann war es an der Zeit, die Entschuldigung von Cobb und Flann zu beaufsichtigen.

Er fuhr zum Revier zurück, zog eine frische, saubere Uniform an und schnappte sich eine Aktentasche: Das Ganze sollte recht amtlich wirken. Er befestigte seine Handynummer am Weihnachtskranz aus dem Supermarkt, den er an die Vordertür gehängt hatte, und ging quer über die Landstraße zum Mechanics' Institute. Die Sonne brannte ihm heiß auf den Rücken, der Teerbelag war weich unter seinen Schritten, und in Gedanken war er bei dem gestohlenen Kupfer.

Das Institute, ein ansehnliches, steinernes Gebäude an der Ecke, wo eine Seitenstraße auf die Landstraße traf, wurde von der Grundschule durch ein Gebäude getrennt, in dem früher der Methodistenpfarrer gewohnt hatte. Auf einem Granitgedenkstein stand ein weißer, steinerner Soldat mit gesenktem Kopf. Eine Kanone aus dem Zweiten Weltkrieg auf dem fleckigen Rasen beschützte das Gebäude vor Angriffen aus der Seitenstraße. Lavendelbeete. Rosensträucher. Schmale Säulen links und rechts vom Haupteingang.

Hirsch blieb stehen, riss einen der Suchzettel der Fullers ab und betrat die Eingangshalle. Der Wechsel von Hitze, Staub und Dieselabgasen in einen leisen, hallenden Raum kam wie ein Schock. Polierte Holzfußböden, halbhohe Holzverkleidungen an blassblauen Wänden, hohe, ornamentierte Zinndecken. Eine schimmernde Treppe auf der einen Seite des Eingangsbereichs, ein Flur, der zu den Sitzungszimmern führte, auf der anderen. Hirsch kam an einer Reihe von Fotos aus den Zwanzigern und Dreißigern vorbei – Gemeinderäte und preisgekrönte Merinoböcke – und blieb vor einer Tür mit der Aufschrift Konferenz 1 stehen.

Er klopfte an und ging hinein.

Das Zimmer war leer bis auf einen massiven Mahagonitisch, mehrere Stühle, eine Anrichte unter einem Fenster mit zugezogenen Vorhängen und ein Foto der jungen Elizabeth II. an der Wand. Hirsch schaute auf die Uhr. 9.35 Uhr. Das hatte man davon, wenn man zu früh war, dachte er. Er drehte Däumchen, ging auf und ab und trat wieder auf den Flur hinaus, dann ging er die Treppe hinunter in den Ballsaal mit seinem schimmernden Parkett und der Bühne am anderen Ende. Das ganze Gebäude wirkte verlassen.

Er kehrte in den Sitzungsraum zurück, rückte das Bild der Queen in ihrem staubigen, vergoldeten Rahmen zurecht und öffnete ein paar Schubladen und Türen. »Ha«, sagte er.

Ganz unten lagen drei alte Filmdosen, die Etiketten verblichen und von Silberfischchen angenagt. *Die Letzte Nacht der Titanic* von 1958 mit Kenneth More. *The Back of Beyond* von 1954, gedreht von der Filmabteilung von Shell. *The Shiralee* von 1957 mit Peter Finch in der Hauptrolle. Hirsch schüttelte die Dosen. Sie waren leer. Verloren gegangen? Irgendwo archiviert? Gab es einen Alteingesessenen im Bezirk, dessen Job es gewesen war, samstagsnachts Träume durch einen Projektor zu fädeln?

Auf der Ablage darüber lagen zwei uralt wirkende, muffig riechende, leicht zerbröselnde gebundene Tagebücher. Hirsch nahm eines davon heraus und legte es auf den Tisch. Der trockene Ledereinband krümelte unter seinen Fingern. Der Titel auf dem handgeschriebenen Etikett lautete: *Geschichte der Keirville Station im Hundred of Whyte, der Kolonie in South Australia, von Mrs Elizabeth Keir, Erster Band, 1839–1869.*

Hirsch kribbelte es. Es gab eine Keir Road südöstlich des Ortes, aber keine Ansässigen dieses Namens, soweit er wusste. Es gab auch keine Farm namens Keirville. An eine chinesische Agrofirma verkauft und umbenannt?

Mrs Keir hatte eine mittelbreite Schreibfeder benutzt, und sie hatte eine makellose, wenn auch leicht gedrängte Handschrift gehabt. Hirsch hatte keine Schwierigkeiten, die Geschichte ihres Mannes, eines schottischen Zimmermanns namens Douglas Keir, zu überfliegen. Sie zitierte reichlich aus seinen täglichen Tagebucheinträgen und berichtete, dass er 1839 an Bord der *Palmyra* in South Australia eintraf, ein paar Jahre in der Kolonie arbeitete und dann 1851 über Land zu den Goldfeldern von Ballarat marschierte. Als er zwei Jahre später zurückkehrte – *Goldnuggets von zwanzig Pfund Gewicht um meine Hüften geschnallt, denn es gibt Menschen, die einem das Leben nehmen würden für nur eine Unze Goldes, wenn man nicht peinlich auf der Hut ist* – Hirsch war fasziniert.

Douglas Keir, der ruhelos geworden war und sich nicht niederlassen konnte, aber mit Elizabeth verheiratet war und eine junge Familie zu versorgen hatte, zog nordwärts nach Redruth, als sich die Kunde verbreitete, dass man im örtlichen Gestein Kupferoxid gefunden hatte. Diesmal versuchte er sich als Baumeister, nicht als Schürfer, wurde reich und zog schließlich mit seiner Frau und den Kindern auf ein riesiges Stück Land nördlich von Redruth. Dort (so schrieb Mrs Keir) machten die Eingeborenen »jede Menge Schwierigkeiten«, stahlen Schafe und Säcke voll Mehl und töteten einen der Schäfer mit Speeren.

Douglas und seine Leute schritten zur Tat.

*Wo jemandem das Leben genommen wurde, sollten diejenigen, die seinen Wert nicht zu schätzen wissen, dies zu spüren bekommen, auf dass sie erkennen, wie heilig uns das Leben ist. Daher zogen sich die Männer erst zurück, als sie viele Schwarze im Gras liegend zurückgelassen hatten. Wie schon seit Anbeginn der Zeiten bewiesen, sorgt ein wenig kaltes Blei recht bald für ein besseres Verständnis zwischen den Rassen.*

Meine Güte, ein Massaker, hier in der Gegend, dachte Hirsch. Er fragte sich, ob die Geschichte weitergereicht worden war. Es gab keine Aborigines in der Gegend von Tiverton. Und seines Wissens gab es in Redruth auch nur zwei Familien. Darüber hatte er sich nie Gedanken gemacht.

Er schaute erneut auf die Uhr: 9.55 Uhr. Er packte Mrs Keirs Tagebücher in seine Aktentasche, wischte sich den Staub von Ärmeln und Hose, stand auf, drückte den Rücken durch und wartete.

Pünktlich klopfte Nan Washburn an, steckte ihren Kopf durch die Tür und kam herein. »Paul.«

»Nan.«

Mit einem trockenen Geräusch rieb sie die Hände zusammen. »So weit, so gut. Daryl kommt gerade von zu Hause angelaufen, und Adam ist von seinem Bruder abgesetzt worden.«

Hirsch zog einen Stuhl vom Tisch. »Ich finde, Sie sollten sich ans Kopfende setzen, und die Jungs links und rechts von Ihnen.«

Er hatte sich ein paar Gedanken zu den Kräfteverhältnissen gemacht. Wenn Nan am Kopfende saß, dann würde ihr das mehr Autorität verleihen. Und die Jungs zu trennen nahm ihnen die Möglichkeit, sich unterm Tisch zur Warnung zu treten oder sonst wie frech zu werden.

Gerade als Nan es sich bequem gemacht hatte, ging die Tür auf, und Adam Flann kam hereingeschlendert. »Also – hier spielt die Musik?«

Er drehte sich um, machte ein Handzeichen, und Daryl trat mit hochgezogenen Schultern wild um sich blickend ein.

»Guten Morgen, Daryl«, sagte Nan. »Guten Morgen, Adam.«

Cobb, rotblond und unsicher, sah sie an. »Hallo, Mrs Washburn.«

Dann sah er zu Hirsch hinüber. Sollte er sich jetzt entschuldigen? Hirsch schüttelte ganz leicht den Kopf.

Adam Flann sah Nan an. Nicht feindselig, nur gleichgültig. Er sagte nichts.

»Setzt euch«, befahl ihnen Hirsch. »Du da, du da.«

»Was, hier?«, fragte Adam, rutschte in seiner eleganten, mühelosen Art auf den Stuhl und hatte offenbar seinen Spaß. Nan wechselte mit Hirsch einen kurzen Blick und wandte sich dann mit einem Lächeln und einer auffordernden Handbewegung an Daryl, sich zu setzen.

Daryl ließ sich auf den Stuhl plumpsen. Er starrte die Tischplatte an. Das Licht vom Fenster beleuchtete eine dünne Schicht unverwüstlichen Staubs. Hirsch sah zu, wie Daryl eine Hand vom Schoß nahm, sie ausstreckte, mit den Fingerspitzen über den Staub fuhr und die Hand schnell wieder verschwinden ließ. Flann schaute zu und schüttelte den Kopf.

Hirsch spürte die Ungeduld des älteren Jungen – und damit hatte er wohl recht, fand er – und fing an. »Daryl, Adam, ich möchte euch dafür danken, dass ihr hergekommen seid, und wir sollten ebenfalls Mrs Washburn für ihren guten Willen und ihre Großherzigkeit in dieser Angelegenheit danken. Wie ihr wisst, sind wir hier, damit ihr die Gelegenheit habt, zuzugeben, dass ihr Mrs Washburn bestohlen habt, und euch dafür zu entschuldigen. Das hier ist kein von einem Gericht angeordnetes Verfahren, dennoch handelt es sich um eine ernste Angelegenheit. Daryl? Wir fangen mit dir an.«

Cobb warf Washburn erneut einen Blick zu, verzweifelt. »Es

tut mir leid, Nan, Mrs Washburn. Das war dumm von mir. Ich hab nicht viel überlegt. Es tut mir wirklich leid.«

»Danke, Daryl. Ich möchte, dass wir die ganze Angelegenheit vergessen und reinen Tisch machen, was hältst du davon?« Nan hielt inne. »Wie geht es deiner Ma?«

Daryl Cobb konnte sie nicht anschauen und wusste nicht wohin mit seinen Augen. Schließlich flüsterte er. »Im Augenblick ganz okay.«

Hirsch wandte sich an Flann. »Adam?«

Flann sagte ruhig: »Es tut mir leid.«

Die Stille zog sich in die Länge. Hirsch wollte schon dazwischengehen, da sagte Nan Washburn: »Stimmt das auch, Adam?«

Hirsch zuckte zusammen, schaute zu, wartete.

Flann holte tief Luft. »Tut mir leid, dass ich in Ihren Schuppen eingebrochen bin und in Ihrem Pick-up davongefahren bin, aber ich musste doch nach Hause, meine Ma hatte einen Unfall, ich hab Wayne nicht ans Telefon gekriegt, na, Sie wissen ja, wie das ist.«

Hirsch beobachtete Nan. Ihrem Gesichtsausdruck nach zu urteilen, ließ sie die Entschuldigung kalt. Wahrscheinlich empfand sie dasselbe wie Hirsch: Der Junge nahm das auf die leichte Schulter. Ihren Pick-up zu klauen war keine Riesensache, selbst schuld, wenn sie den Schlüssel stecken ließ. Er würde seine Entschuldigung bis zum Umfallen mit allen möglichen Erklärungen abschwächen.

Sie schaute Hirsch an und wandte sich dann wieder an die beiden Jungs. »Danke, Daryl, danke, Adam.«

»Schon in Ordnung«, meinte Cobb reflexhaft.

Flann stand auf. »Wars das? Können wir gehen?«

Niemand wollte die ganze Sache noch länger hinziehen. »Du kannst gehen«, sagte Hirsch.

»Na, komm schon, Daz«, sagte Flann und reckte das Kinn in Cobbs Richtung.

Als sie verschwunden waren, sagte Washburn: »Na ja, mehr war wohl nicht zu erwarten.«

»Wir können nicht alle überzeugen«, meinte Hirsch. »Danke, dass Sie sich die Zeit genommen haben.«

Sie gingen den Flur entlang und durch die Halle hinaus in die Sonne. Hundert Meter weiter standen ein Dutzend Leute vor dem Laden. Martin Gwynne entdeckte Hirsch und kam mit seinem iPhone in der Hand auf ihn zugeeilt, schick und gepflegt in Chinos und kurzärmligem Hemd.

Nan Washburn schenkte ihm ein strahlendes Lächeln. »Hallo, Martin. Ein wunderschöner Morgen. Stimmt etwas nicht?«

Sie verachtet ihn, dachte Hirsch amüsiert. Gwynne verzog das Gesicht zu etwas, das wohl ein Lächeln sein sollte, und sah Hirsch streng an. »Ein Kind ist in einem Auto eingeschlossen.« Er wies auf die Sonne. »*Bei dieser Hitze*, Paul.«

# 7

Gut möglich, dass Martin sich in dieser Rolle gefiel. Der übereifrige Blick, die lächelnde Ernsthaftigkeit.

Hirsch schüttelte den Gedanken ab. Schließlich ging es um ein Kind, das in einem aufgeheizten Auto eingesperrt war. Die Temperatur für heute sollte bis fünfunddreißig Grad Celsius steigen und hatte bereits jetzt schon fast dreißig Grad Celsius erreicht: Im Auto durften es bald fünfzig Grad sein.

Er bahnte sich einen Weg, und Gwynne versuchte Schritt zu halten. Dann gab es einen dumpfen Aufprall, und Gwynne jammerte: »O nein, o nein.«

Hirsch schaute schnell zurück. Gwynne hatte sein Handy fallen lassen. Blödmann. Hirsch rannte weiter, und nach einer Weile war Gwynne ihm wieder keuchend auf den Fersen: »Alles gut, dem Bildschirm ist nichts passiert. Glück gehabt.«

Hirsch schüttelte den Kopf. »Haben Sie einen Krankenwagen gerufen?«

Gwynne stockte, dann mühte er sich, wieder Anschluss zu halten. »Hätte ich sollen?«

*Dr. Pillai*, dachte Hirsch, der sich nicht weiter um Gwynne kümmerte. Die Ärztin, die eigentlich in einem kleinen Medizinischen Zentrum in Redruth arbeitete, hielt jeden Freitag in Tiverton Sprechstunden ab – und tatsächlich stand ihr staubiger Forester direkt vor der ehemaligen Filiale der Bank of Adelaide.

Hirsch sprintete an der Ladenzeile entlang. So kurz vor Weihnachten stand ein Dutzend Fahrzeuge vor Ed Tennants kleinem Supermarkt: Farm-Pick-ups, Kombis, Limousinen, alle so staubig wie Dr. Pillais Subaru. Alle – Ed, seine Frau, ihre Kunden – drängten sich um einen rostigen, pinkfarbenen Hyundai. Hirsch, der von der Hitze und dem schnellen Laufen keuchen musste, fragte, ob jemand daran gedacht hätte, die Ärztin zu holen.

»Ich habe Gemma rübergeschickt«, antwortete Tennant.

Hirsch drückte sich an den Farmern und Ortsbewohnern vorbei und linste durch die Seitenscheibe auf den Rücksitz des kleinen Wagens. Ein Kleinkind in einem Kindersitz. Alle Fenster hochgekurbelt. Hirsch zog an einem Türgriff.

»Haben wir schon versucht«, sagte jemand.

Hirsch sah sich nach einem Stein, einer Eisenstange, irgendetwas um und fragte: »Wem gehört der Wagen?«

Niemand antwortete.

Frustriert sagte Hirsch: »Ed, schau mal im Laden nach.«

»Schon geschehen. Alle abgeklärt.«

Hirsch sah links und rechts die Straße entlang. Verrammelte Häuser, schattensuchend zusammengekauert: Eisenwaren Tiverton, seit vierzig Jahren geschlossen, die alte Bank mit dem Schild im Fenster, *Sprechstunden Freitag 8–18 Uhr.* Sein Blick fiel auf einen Ziegelstein bei der seitlich offenen Holzkiste neben der Zapfsäule; der Ziegelstein beschwerte abends die nicht abgeholten Exemplare des *Advertiser*. Hirsch schnappte ihn sich und hämmerte damit gegen die Seitenscheibe des Hyundai. Der Ziegelstein sprang vom Glas zurück, die Wucht durchzuckte sein Handgelenk. Beim zweiten Schlag zerbarst die Scheibe. Hirsch schlug mit dem Ziegelstein auf die Glasscherben ein, ließ ihn fallen, griff mit der Hand hinein, um das Schloss zu öffnen, heiße Luft strömte aus dem Loch. Er riss die Tür auf, stützte ein Knie auf die Rückbank und fummelte an den Gurten herum, mit denen das Kind angeschnallt war. Ein Mädchen, etwa drei Jahre alt, rot, verschwitzt, nicht ansprechbar. Hirsch hob sie aus dem Wagen, dann krallte sich eine Frau voller Entsetzen an ihn.

»*Geben Sie sie mir. Was machen Sie da? Geben Sie mir mein Kind.*«

Hirsch hob das Kind instinktiv in die Höhe und wandte sich von der Frau ab, einmal hierhin, einmal dorthin. Er stieß gegen Gemma, die der Frau über die Straße gefolgt war.

»Sie war bei der Ärztin«, erklärte Gemma, die auf ihre schwerfällige Art aufgeregt darüber war, Teil dieses Dramas zu sein.

Hirsch, der noch immer versuchte, der hysterischen Mutter zu entkommen, löste sich von den eng geparkten Autos und ging schnell zur Arztpraxis hinüber. Dr. Pillai kam gerade mit ihrer Arzttasche heraus und hob eine Hand, um ihn aufzuhalten. »Da drin ist es wie in einem Backofen«, rief sie und kam über die Straße.

Hirsch zuckte zusammen. Die Mutter des Kindes krallte sich in seinen Unterarm. *»Geben Sie mir mein Kind.«*

Der lächerliche Tanz ging weiter. Hirsch bekam eine Hand frei und schob die Frau beiseite, die mit ihren Händen wild nach ihm fuchtelte. »*Beruhigen Sie sich*. Die Ärztin muss sie untersuchen.«

*»Geben Sie sie mir«*, kreischte die Frau.

Sie tauchte unter seinem Arm hindurch, schlug, boxte und trat ihn, während er das kleine Mädchen von ihrem ungestümen Zugriff fernhielt. Dann sprangen ihm die Hemdknöpfe ab, die Hemdschöße rutschten aus der Hose, und irgendwie bekam die Frau seine Dienstwaffe in die Hände.

Die Zeit schien stillzustehen.

Die Frau zitterte. Sie blinzelte und starrte die Pistole entgeistert an.

Hirsch rührte sich als Erster. Er drehte sich im Kreis und suchte willige Hände, die ihm das Kind abnahmen, doch die Zuschauer waren zu verdutzt, also drehte er sich zu der Frau zurück. »Jetzt alle mal mit der Ruhe –«

Die Frau ließ die Waffe fallen. Sie schlug neben ihren in Sandalen steckenden Füßen mit dem Knauf auf dem Boden auf, Hirsch, der schon damit rechnete, dass sie losgehen würde, zuckte zusammen und duckte sich. Wieder blieb die Zeit stehen. Dann schnappte er sich mit der freien Hand die Pistole, steckte sie ins Halfter, verschloss die Schnalle und schaute argwöhnisch zu, wie die Frau zurückwich und mit den Händen um sich schlug, als habe sie sich in einem Spinnennetz verfangen. »Das wollte ich nicht … Das wollte ich nicht …«, stammelte sie.

Dr. Pillai trat neben sie und packte sie an den Handgelenken. *»Denise.«*

Wie betäubt sagte die Frau: »Das wollte ich nicht … er wollte mir meine Tochter wegnehmen.«

»Er ist Polizist. Er würde ihr nie was tun. Beruhigen Sie sich. Tun Sie mir den Gefallen.«

Die Frau blinzelte. Pillai sagte: »Ich schaue mir nur schnell Anna an, okay?«

Keine Antwort; die Ärztin drehte sich zu Hirsch um. »Bringen Sie die Kleine in den Laden neben die Kühlregale.« Dann schaute sie zu Tennant hinüber. »Feuchte Handtücher, bitte, Mr Tennant. Und Eis, wenn Sie welches haben.«

Hirsch folgte ihr in den Laden, das Kind lag heiß und verschwitzt an seiner Schulter und machte kleine keuchende Atemzüge. Die Frau namens Denise blieb dicht bei ihm, hatte sich aber beruhigt. Hirsch musste blinzeln, als sie aus der Sonne in das trübe Innere kamen. In Eds Laden war es immer dunkel, vielleicht um die Spinnweben in den Ecken der mit Zinn beschlagenen Decke zu verbergen. Verzogene Dielen knarzten, als Hirsch eine Reihe voller Lebensmittel entlang zu den Kühlregalen an der hinteren Wand eilte. Gefrorene Lebensmittel hinter Glas; Butter, Milch, Käse und Fleischprodukte auf offenen Regalen. Hier war es merklich kühler. Dr. Pillai nahm ihm vorsichtig das Kind aus den Armen und zog ihm Hose und Top aus.

»Das arme kleine Ding ist ganz heiß.«

»Ed! Feuchte Handtücher«, sagte Hirsch streng.

Tennant stand neben Martin Gwynne und ein paar weiteren Kunden und schien hin- und hergerissen zu sein zwischen der Not des Kindes und dem Wunsch, etwaige langfingrige Kunden im Auge zu behalten. Gwynne antwortete. »Soll ich …?«

»Ich mach schon«, sagte Gemma und eilte zu einer Tür in der Ecke.

Hirsch war jetzt seit einem Jahr hier; er wusste, dass die Tür in einen Lagerraum führte, zum Aufenthaltsraum der Angestellten und ihrer Toilette. Er hörte Wasser rauschen, dann eilte Gemma entschlossen und hilfsbereit mit ein paar tropfnassen, fadenscheinigen Handtüchern zurück. Sie drückte sich an Gwynne vorbei, der sie mürrisch anschaute.

Hirsch ging auf, dass Gemma Pitcher durchaus aufblühen könnte, wenn sie es schaffte, aus Tiverton fortzukommen. Gemma war eine weiche, träge Zwanzigjährige, und üblicherweise trug sie ein XL-T-Shirt zu Sandalen und knielangen schwarzen Leggings. Welke braune Haare bis zu den Schultern, über den Augen fransig geschnitten. Ein Nasenstecker, ein Augenbrauenring, ein Barcode-Tattoo auf der fleischigen Wade. Nichts und niemand, was ihr Impulse geben könnte – bis auf diesen kleinen Notfall jetzt. Sie war dem gewachsen, drückte Hirsch ein Handtuch in die Hand, faltete das andere zur Größe eines Schneidebretts zusammen und legte es auf den Boden.

Pillai nickte zustimmend und legte das kleine Kind mit dem Rücken auf das feuchte Tuch. Wortlos griff sie nach dem zweiten Handtuch, tupfte das rote Gesicht, den Hals und den Oberkörper ab und wischte das schweißnasse Haar beiseite. Sie blickte auf. »Noch ein Handtuch, bitte.«

Gemma kam mit einem feuchten, schmutzigen Handtuch zurück. »Sorry.«

»Macht nichts«, sagte Pillai und legte es dem Kind auf den Oberkörper.

Das Mädchen kam langsam zu sich. Es hustete. Es schlug die Augen auf, schaute sich vage um und bekam dann von den vielen Blicken all der Fremden Angst. Es wimmerte und streckte die Arme nach der Mutter aus. »Mama.«

Die Frau namens Denise kniete sich neben sie, streichelte sie und sagte kläglich: »Tut mir leid, Kleines. Ganz, ganz furchtbar leid.«

Sie drehte sich zu Hirsch um. »Es tut mir wirklich leid.«

Hirsch sagte nichts.

Denise sagte: »Bitte, ich war nur fünf Minuten weg. Ich brauchte ein Folgerezept.«

Hirsch sagte noch immer nichts, und sie fuhr fort: »Ich habe sie noch nie so lange allein gelassen. Ich hatte doch keine Ahnung. Ich war doch gar nicht lange fort.«

»Das geht ganz schnell«, entgegnete die Ärztin.

Hirsch nickte. Er wusste noch nicht, was er wegen des Zwischenfalls unternehmen würde. Erst musste er sicher sein, dass sich das Kind wieder erholte, bevor er drastische polizeiliche Schritte einleiten würde.

Gemma war in der Nähe. »Braucht sie etwas zu trinken?«

Pillai blickte auf. »Danke, Gemma. Wasser, sonst nichts. Ungekühlt, bitte. Und einen Becher.«

Gemma kam mit einer Flasche Mineralwasser und einem Papierbecher zurück. »Immer langsam«, sagte Pillai und träufelte etwas Wasser in den Kindermund. »Immer nur einen kleinen Schluck.«

Hirsch fragte: »Kommt sie wieder in Ordnung?«

Die Ärztin zuckte leicht mit den Schultern, und mit schlanken braunen Fingern prüfte sie Stirn und Wangen des Kindes. Sie lächelte und murmelte tröstende Worte. Das rote Gesicht schaute zu ihr auf, das Kind war noch immer benommen, lächelte dann aber schüchtern. Eine Schande, dachte Hirsch, dass bestimmte Leute nicht hier sind, um das zu sehen.

Die meisten der Ortsansässigen waren froh, einmal die Woche eine Sprechstunde vor Ort zu haben, und störten sich nicht daran, von einer Ärztin aus Sri Lanka behandelt zu werden. Aber er hatte Kneipengerede aufgeschnappt, in dem ihre Qualifikationen angezweifelt worden waren, und als er einmal im Wartezimmer gesessen hatte, weil er sich sorgte, seine Pollenallergie könne ein Asthma ausgelöst haben, hörte er, wie eine alte Frau zischte: »Fassen Sie mich ja nicht an.«

Die Ärztin schien eine Entscheidung getroffen zu haben. »Ich wäre erheblich glücklicher, wenn wir sie im Krankenhaus für ein paar Stunden beobachten könnten, vielleicht über Nacht.«

Sie griff nach der Hand der Mutter. »Okay, Denise? Es ist nur zu ihrem Besten. Wir wollen ja nicht, dass sie einen Rückfall erleidet. Ihre Temperatur sinkt, und die Lebenszeichen sind stabil, aber wir müssen ihre Flüssigkeitsaufnahme beobachten und einfach ein Auge auf sie haben.«

Die Frau wirkte verwirrt und ängstlich. »Krankenhaus?«

»Das in Redruth«, sagte Pillai.

»Krankenwagen?«, fragte Hirsch.

Die Ärztin schüttelte den Kopf. »Das könnte ja ewig dauern. Wir bringen sie selbst hin. Sie fahren, Paul, ich setze mich mit Anna und Denise nach hinten.«

Hirsch drehte die Klimaanlage auf und nahm den Barrier Highway in südliche Richtung. Er kam an den ungenutzten Silos am Ortsausgang vorbei, deren Schatten wie breite Pinselstriche über der Landstraße lagen, fuhr dann ein kleines Tal hinunter, ferne, schmutzig graue Hügel zu beiden Seiten. Ein Wellblechheuschober hier, ein Stückchen rotes, hinter Zypressen eingeschlossenes Farmdach da. Ansonsten war die Welt bevölkert von Windturbinen, die sich vor dem Himmel abzeichneten, von Weizenstoppeln, einem winzigen Staubteufel auf einem Hang; vielleicht vom Wind, vielleicht von einem Farmer, der nach seinen Schafen sah. Das war, was Hirsch sein Zuhause nannte.

Er hob den Zeigefinger, um ein entgegenkommendes Auto zu grüßen – die Art von ländlichem Segen, den er übernommen hatte –, wartete darauf, dass die Straße frei war, und griff nach seinem iPhone. Er schaltete unauffällig die Aufnahmefunktion ein und stellte es in den Becherhalter zwischen den Sitzen.

»Denise, stört es Sie, wenn ich Ihnen ein paar Fragen stelle? Später haben wir vielleicht keine Gelegenheit mehr.«

Langes Schweigen. Dann murmelte Dr. Pillai etwas. Hirsch wartete.

»Sie fühlt sich richtig schlecht wegen dem, was passiert ist, Paul.«

Hirsch nickte. »Ich weiß. Aber es hat Zeugen gegeben, das Kind muss im Krankenhaus aufgenommen werden, also jede Menge Papierkram. Nur ein paar allgemeine Fragen, um die Formulare auszufüllen.«

Diesmal antwortete die Frau mit einem trockenen Krächzen. »Okay.«

»Wie heißen Sie mit Familiennamen?«

»Rennie.«

»Und Ihre Tochter heißt Anna?«

»Ja.«

»Wo wohnen Sie?«

Wieder eine lange Pause. »Ist das wichtig?«

»Papierkram, Denise. Ich brauche eine Adresse.«

Mit gewisser Mühe sagte die Frau: »Hope Hill Drive achtundfünfzig.«

Hirsch war schon viele Male auf dem Hope Hill Drive gewesen, vielleicht zweimal im Monat, wenn er seine weite Runde durch das trockene, abgelegene Schafsland machte. Hope Hill war keine Ortschaft und auch keine sonderliche Anhöhe; ganz gewiss jedoch gab es dort nicht viel Hoffnung.

»Gibt es noch weitere Familienangehörige?«

Wieder Schweigen. Diese Frau hält sich wirklich bedeckt, dachte er.

»Ne … Noel, mein Mann«, antwortete sie.

Hatte sie gerade »Ned« sagen wollen? »Und womit verdienen Sie Ihren Lebensunterhalt?«

Außenseiter, dachte er. Sicherlich keine Farmer.

»*Noel* hat Aktien und Anteile«, betonte Rennie den Namen. »Ich habe ein Online-Geschäft. Grußkarten und solche Dinge.«

Das Internet bei Hope Hill durfte ziemlich löchrig sein. Einfaches ADSL? Satellit? »Leben Sie schon lange dort?«

»Nein.«

Sie führte das nicht weiter aus. Hirsch fragte: »Und sonst keine weiteren Kinder?«

Denise schien die Frage schwierig zu finden. »Nein.«

»Geht Anna in den Kindergarten?«

»Nein«, sagte sie, und ihre Stimme wurde zu einem hohlen Krächzen.

»Kaufen Sie immer in Tiverton ein?«

Dr. Pillai unterbrach; vielleicht spürte sie, dass Rennie ihre Schwierigkeiten hatte. »Denise kauft meistens in Redruth, stimmt doch, Denise?« Sie beugte sich zwischen den Vordersitzen vor, so als wolle sie einen Kreis freundlich gesinnter Seelen bilden. »Ich habe Denise kennengelernt, als sie Anna bei mir vorbeibrachte. Das arme Ding kriegt öfter Ohrenentzündungen. Wie gehts ihr jetzt, Denise?«

»Gut.«

Die Bewegungen des Autos hatten Anna in den Schlaf gewiegt. Hirsch sah im Rückspiegel, wie die Ärztin ab und zu die Stirn des Kindes fühlte. Dann sang eine kleine Stimme plötzlich: »Und die Räder von dem Bus, die drehn sich rundherum, rundherum.«

»Wir fühlen uns schon viel besser, nicht wahr«, gurrte Pillai.

Hirsch blendete das Trio auf dem Rücksitz aus. Zwanzig Minuten später kamen sie nach Redruth, wo die Straßen nach Gemeinden im englischen Cornwall benannt waren. Alte steinerne Häuser und eine aufgelassene Kupfermine in den Falten von sieben kleinen Hügeln. Vorbei an der Highschool, dem Bezirksratsamt und einer Autowerkstatt, über den Platz, auf dem eine Szene aus *Der Fall des Lieutenant Morant* gedreht worden war, dann weiter zur südlichen Zufahrt in den Ort. Krankenhaus Redruth & Bezirk, stand auf dem Schild. Hirsch wusste, dass weder Mitarbeiter noch Ausrüstung oder Erfahrung einem Krankenhaus in der Stadt entsprachen – eigentlich handelte es sich eher um eine Versorgungseinrichtung für die älteren Mitbürger –, aber besser, wenn das Kind für ein paar Stunden beobachtet wurde, statt sofort mit der Mutter nach Hause geschickt zu werden.

»Bekomme ich jetzt Schwierigkeiten?«, fragte Denise Rennie mit leiser, verzweifelter Stimme.

Hirsch dachte darüber nach. Dann tauchte Pillai wieder zwischen den Sitzen auf. Sie berührte ihn am Oberarm. »Paul?«

Hirsch traf eine Entscheidung. »Nicht von mir.« Nach einem kurzen Augenblick fügte er noch hinzu: »Es sei denn, Anna geht es schlechter. Das müssen Sie verstehen.«

»Tun wir«, sagte Pillai.

Hirsch würde kein Wort darüber verlieren. Denise Rennie hatte ihre Lektion gelernt. Allerdings hatte sie ein geringfügiges Vergehen begangen, und so mancher andere Polizist wäre eingeschritten.

Pillai meinte aufmunternd: »Also denken Sie daran, Denise, lassen Sie Ihr Kind niemals an einem heißen Tag unbeaufsichtigt in einem Auto sitzen.«

»Mach ich nicht.«

Und greif nicht nach der Dienstwaffe deines freundlichen Dorfpolizisten, dachte Hirsch.

Statt im Krankenhaus zu warten und weil am Dienstag der 25.12. war, machte Hirsch Weihnachtseinkäufe – dabei würde ihm Weihnachten dieses Jahr keine sonderliche Freude bereiten. Wendy und Katie fuhren zum Familientreffen ins Barossa Valley, und er hatte Dienst. Entweder starrte er die Wand an, eine Weihnachtswaise unter vielen, oder er wischte hinter den Betrunkenen auf, zog Leichen aus Autowracks und ging bei Familienstreitigkeiten dazwischen.

Die Hauptgeschäfte in Redruth verteilten sich um den Platz. Hirsch wusste aus einem Heft über die Ortsgeschichte, dass um 1960 der damalige Direktor der Grundschule sich darüber beklagt hatte, dass niemand die historische Bedeutung und das touristische Potenzial des Ortes erkannte, und daraufhin eine Bürgerbewegung begründet hatte, um die Kupfermine und die Häuser der aus Cornwall stammenden Minenarbeiter zu restaurieren und zu erhalten. Das hatten alle gut gefunden.

Weniger gut hatten die Geschäftsleute am Stadtplatz den Vorschlag gefunden, die Neonreklamen und Spruchbänder an den Fassaden zu entfernen. Jetzt jedenfalls sah die Straße eher nach kommerzieller Gegenwart denn nach kolonialer Vergangenheit aus.

Als Erstes in den Trödel- und Geschenkeladen von Redruth, wo er eine hohe, schlanke, schmucklose Vase kaufte. »Mit einer

Vase kann man ja wohl nichts falsch machen, oder?«, fragte er die Frau, die ihn bediente.

Sie war jung, braun gebrannt und sah ihn mit einem skeptischen Lächeln an, das Zweifel in ihm weckte. »Als Weihnachtsgeschenk«, erklärte er, als würde das ihre Bedenken zerstreuen.

»Frau? Freundin?«

»Freundin.«

»Mag sie langstielige Blumen?«

Hirsch war sich nicht sicher. Er wusste nur, dass *ihm* die Vase gefiel, und hoffte, das würde genügen. Das Ganze war ein Albtraum, den er unbeschadet zu überleben hoffte, und kurz darauf verließ er das Geschäft mit einer sicher und geschmackvoll verpackten Vase.

Katie stand als Nächste auf seiner Liste. Den neuesten Band von Andy Griffiths und vier iPhone-Hüllen, die ihrer jetzigen ähnelten, welche angeschlagen und tintenfleckig war. Ebenfalls in Weihnachtspapier eingewickelt.

Dann Karten für Freunde und Familie, die, wenn er sie noch umgehend zur Post brachte, pünktlich direkt nach Weihnachten eintreffen sollten und so eine von Hirschs alten Traditionen aufrechterhielten. Aber er war wieder auf dem neuesten Stand. Liste abgehakt. Zurück zur Polizeiarbeit.

Er ging zum Krankenhausparkplatz zurück, verstaute seine Einkäufe und trat in die köstliche Kühle des Foyers, als sein Handy eine SMS anzeigte. Dr. Pillai: *Die Kleine wird bald entlassen.*

Zeit, bei Brenda Flann nachzuschauen.

Hirsch fand sie auf einer Station mit drei älteren Patientinnen, die vor ihren blauen Flecken, verquollenen Augen und ihrem losen Mundwerk zurückzuweichen schienen. Ihre Söhne saßen links und rechts auf dem Bett, und alle drei schauten Hirsch derart böse an, dass er zu Brenda meinte, er würde ein andermal reinschauen, und sich wieder verdrückte.

Eine halbe Stunde später fuhr er seine Passagiere zurück nach

Tiverton. Erschöpfung hatte sich breitgemacht; sie sprachen nur wenig, das Kind schlief. Als sie nach Tiverton kamen, erwähnte er noch, dass er sich am Abend in Santa Claus verwandeln würde, und ob Denise nicht mit Anna vorbeikommen wolle?

Mehr als ein Brummen bekam er nicht zu hören.

# 8

Samstag, 5.30 Uhr.

*Da die Eingeborenen in einem nahezu unmenschlichen Maß gerissen sind, geziemt es sich für die Polizei, sich entsprechend schlau zu verhalten, um sich nicht austricksen zu lassen.*

Hirsch klappte Mrs Keirs handgeschriebene Ortsgeschichte zu, trank die erste Tasse Kaffee des Tages aus, fühlte sich aber nicht fit genug für den Sonnenaufgang. Nach seiner Darbietung des Santa Claus – was, schlappe zehn Stunden war das erst her? – hatte er wunde und müde Knochen und war noch völlig verwirrt.

Er aktivierte sein Handy und schaute sich noch einmal Katies Video an. Der geisterhafte dunkle Abend in der Kitchener Street, die an der Seite von Ed Tennants Laden entlang zu Nan Washburns kleinem Gestüt führte. Die zunehmende Dunkelheit, als die letzten Reste der Sonnenstrahlen entlang der westlichen Hügel verglommen, dann künstliches Licht: Handyscreens, Wunderkerzen, ein, zwei aufflammende Zigaretten und die Lichter eines Weihnachtsbaums in einer Mörtelwanne mitten auf der Straße. Helle Stimmen waren zu hören; die Dorf- und Landkinder hatten sich mit ihren Eltern und Großeltern versammelt.

Schließlich allgemeine Heiterkeit. Hirsch tauchte auf, mühevoll Haltung bewahrend auf Radish, dem Clydesdale, und er hatte einen prallen Sack mit Geschenkpäckchen dabei, eins für jedes Kind im Bezirk, dazu noch eine Handvoll mit den Kennbuchstaben J oder M, für alle Fälle. Jetzt hörte man ihn laut hallend »Ho, ho, ho« sagen und sah, wie er sich abmühte, Joyce Gwynnes Handschrift zu entziffern. Er beugte sich gefährlich weit im Sattel vor, verteilte die Geschenke und beanspruchte Muskeln, von denen er gar nicht gewusst hatte, sie überhaupt zu besitzen. Radish legte donnernd Pferdeäpfel, und die Kinder lachten sich schief.

Bild und Ton, aber was Katies Video nicht wiedergeben konnte, war Hirschs gequältes Steißbein und Wirbelsäule, der Gestank nach Schweiß und Pferd und Santas fedrige Barthaare im Mund.

*Santa.* Als Hirsch klein gewesen war, da gab es noch den Weihnachtsmann. Er sah sich den Clip noch mal an und lächelte; für eine Weile vergaß er seinen Muskelkater. Die Kinder waren vor Aufregung außer sich gewesen. Und sie hatten sich an dem Scherz erfreut, Santa auf dem Pferd zu sehen. Aber das Verteilen der Geschenke hatte ewig gedauert, und Katie hatte auf Pause gedrückt und erst weitergefilmt, als es an der Zeit war, den Preis für die schönste Weihnachtsbeleuchtung zu vergeben. Hirsch sah, wie er gefährlich ins Rutschen kam, sich an Radishs Mähne klammerte und sich deutlich zitternd wieder aufrichtete, bevor er vorsichtig Nan Washburn den Preis überreichte, eine gerahmte Urkunde und einen in Zellophan gewickelten Plumpudding.

Damit gingen Hirschs fünfzehn Minuten Ruhm zu Ende.

Ein Fußmarsch würde seine Muskeln lockern.

Doch auf seinem Schlafzimmerstuhl lag noch das Santa-Kostüm. Das konnte er ja nicht ungewaschen zurückgeben – was würde Martin dazu sagen? Hirsch, der an all die vielen Menschen dachte, die durchs Leben gingen und vorwegzunehmen suchten, was Martin wohl sagen würde, wusch Hose, Jacke, Mütze und Bart von Hand und hängt sie an der Wäscheleine im Hinterhof zum Trocknen auf.

Dann stopfte er sich einen großen Müllbeutel in die Tasche und machte sich auf den Weg. Als Erstes zum Oval – Football im Winter, Kricket im Sommer –, das er zwei Mal umkreiste. Das Oval, das von einem niedrigen Lattenzaun umgeben war, bestand nur aus einem Stück unebener Erde und sich mühsam behauptendem Gras. Hohe, glatte Eukalyptusbäume umstanden das Oval, Rosenkakadus kreischten in den Ästen umher, immer wieder aufflatternd und sich wieder niederlassend. Hirsch wanderte über die Umfahrungsstraßen und machte ab und zu einen Abstecher in eine der Seitenstraßen. In der Entfernung schloss sich ein Lachender Hans dem Vogelchor an. Abgesehen davon hörte Hirsch nur das Quietschen seiner Gummisohlen und herumhuschende kleine Tiere, die sich an die letzten Reste der Nacht klammerten.

Er kam an einem mit einer Lichterkette verzierten Zaun vorbei; die Sonne stand bereits über dem Horizont, und die Lichter wirkten verwaschen. Hirsch hatte genug von Weihnachtsbeleuchtung, genug von Weihnachten.

Sechs Uhr dreißig. Die Sonne, die über den trockenen Hügeln stand und schräg durch die Bäume schien, versprach einen weiteren wolkenlosen, windstillen, stickigen Tag. Zeit zu duschen, sich zu rasieren und noch etwas zu frühstücken. Vorher ging er allerdings noch am Laden vorbei und stellte schnell fest, dass es eine gute Idee gewesen war, die Mülltüte einzustecken. Er beugte sich vor, kämpfte gegen Steifheit und Schmerzen an, hob Plastikflaschen auf, Einwickelpapier, abgebrannte Wunderkerzen, Papierhüte, Kippen. Dann ging er die Kitchener Street entlang, sammelte weiter Müll auf und stieß auf eine beachtliche Blutlache.

Hirsch blieb einen Augenblick lang starr stehen, dann kniete er sich hin. Er berührte die Lache mit dem Zeigefinger. Noch klebrig; also erst kürzlich vergossen.

Er sah die Straße entlang. Die Kitchener Street war kurz, je sechs Häuser zu beiden Seiten. Im Geiste ging er die Liste der Anwohner durch: Wer war in der Lage, Gewalt anzuwenden? Und wer würde sie abkriegen?

Keiner von ihnen.

Eine Bewegung weckte seine Aufmerksamkeit, ein Schatten hinter einer Gartenhecke, ein Rascheln im dürren Laub. Das Haus gehörte einem betagten Witwer namens Cromer. Hirsch rief: »Mr Cromer?«, und ging die Einfahrt entlang.

Als er den Gartenweg betrat, ertönte ein Schrei. Ein merkwürdiger, weicher, fremdartiger Schrei, nicht zur Warnung, sondern in Not. Und noch mehr Blut. Besorgt betrat Hirsch den Hof. Frisches Blut glänzte auf dem Queckengras. Ein hohes, panisches Geräusch; Hirsch erschrak, als eins von Nan Washburns Zwergponys sich zitternd in eine Ecke zwischen Hecke und Zaun drückte.

Hirsch versuchte, sich klarzumachen, was er da sah. Hier war kein Mensch in Not, sondern ein kleines, blutüberströmtes Tier.

Er holte tief Luft, näherte sich langsam, streckte eine Hand aus und sprach leise. Konnte das sein Ernst sein? Das Pony stürmte vorbei, stieß Hirsch um und verschmierte seine ausgebeulten Joggingshorts. Es war schnell vorbeigehuscht, aber Hirsch war sich sicher: Stichwunden. Er wusste, wie Stichwunden aussahen. Und das arme Tier war mehrmals verletzt worden.

Hirsch folgte ihm. Das schwache Pony, das ziemliche Schlagseite hatte, rannte in die Richtung zurück, aus der es gekommen war, zum Ende der Kitchener Street und durch Nan Washburns Tor.

Dort blieb es stehen, roch an einem seiner Artgenossen, einem groben Umriss auf dem Boden, und stupste ihn mit der Schnauze an. Dann ahnte das Tier, dass Hirsch sich näherte, stolperte an der Hausseite vorbei, ging mit einem heftigen Zittern auf Knie und Hinterläufe und fiel um.

Hirsch wurde übel. Er blieb kurz stehen, um das Tier am Tor zu kontrollieren – tote Augen, die Eingeweide quollen heraus –, dann näherte er sich dem umgestürzten Tier. Es lebte noch, schnaubte, riss die Augen weit auf. Hirsch konnte nichts weiter tun, also sah er sich in den Pferchen, auf der kleinen Koppel und im Stall um. Alle Gatter standen offen. Noch mehr Blut hier und da. Weitere drei tote Tiere. Es gab auch Überlebende, fünf verschreckte Ponys und Radish, der am hinteren Ende der Koppel stand und seinen massigen Schädel hin und her warf; er wich immer weiter zurück, so als sei er nicht sicher, ob Hirsch mit friedlichen Absichten gekommen war.

# 9

Hirsch klopfte an die Hintertür.

Niemand antwortete, also ging er ums Haus und klopfte vorn. Alles abgeschlossen, kein Licht, kein Frühstücksradio oder Fernseher zu hören. Doch Nans Volvo stand neben der hinteren Veranda. Überfallen?, dachte Hirsch. Oder sie schläft tief und fest. Er musste sichergehen.

Hirsch fand den Ersatzschlüssel in einer magnetisierten Blechdose hinter dem Heißwassertank und schloss auf. Geräusche – tiefe Atemzüge. Angestrengt? Verwundet? Das konnte er nicht erkennen.

Er folgte den Geräuschen in ein Schlafzimmer. Die Tür stand einen Spalt offen. Er drückte sie auf.

Nan lag auf dem Rücken, das Laken um die Beine gewickelt; sie war unversehrt, unverletzt, schlief tief und fest. Er ging zu ihr hin, um sie zu wecken und zu erklären, warum er hier war, dann, als er sich ihren Schock, ihren Kummer vorstellte, überlegte er es sich anders. Dem war er nicht gewachsen. Außerdem musste er den Tatort sichern.

Hirsch ging hinaus, schloss wieder ab und legte den Schlüssel zurück. Er hatte eine Reihe von Telefonaten zu führen.

Die Muirs waren Nans engste Freunde im Bezirk. Abgesehen von der Unterstützung, die sie leisten konnten, würden sie wissen, ob Nan Kinder oder Verwandte hätte, die kontaktiert werden mussten. Und sie würden wissen, wie er ihren Ehemann, den zurückgezogen lebenden Goldsucher, aufspüren konnte.

Yvonne Muir ging ans Telefon, und die Stimme zauberte die Frau vor sein geistiges Auge: zart und nervös, ganz im Gegensatz zu ihrem phlegmatischen Mann, eine Frau, deren Hände sich ständig mit ihren Haaren und ihrer Kleidung beschäftigten oder den Ehering drehten.

Yvonne war erschüttert und meinte, sie würde sofort vorbeikommen.

»Nein«, entgegnete Hirsch. »Warten Sie auf meinen Anruf. Ich möchte erst einen Tierarzt hierhaben, bevor sie aufwacht.«

Yvonne war besorgt. »Sind Sie sicher, dass sie schläft? Was, wenn sie verletzt ist?«

Er habe sie schnarchen hören, antwortete Hirsch.

»Na ja … ich weiß, dass sie manchmal eine Schlaftablette nimmt.«

»Könnte Bob mir in der Zwischenzeit helfen?«, fragte Hirsch.

»Sie haben ihn ganz knapp verpasst«, sagte Yvonne. »Er legt in einem Haus in Spalding heute neue Kabel.«

Also musste Hirsch den Tatort allein untersuchen und schützen. Er ging nicht davon aus, dass die Kriminaltechniker bis zum Nachmittag eintreffen würden, und in der Zwischenzeit musste er verhindern, dass der halbe Ort durch Nancy Washburns Hof trampelte.

»Sobald der Tierarzt eingetroffen ist«, sagte Hirsch, »schicke ich Ihnen eine SMS.«

»Okay.«

Als Nächstes rief Hirsch seinen Boss an. Sie war mal wieder joggen. »Sie ruinieren schon wieder einen wirklich guten Lauf, Constable Hirschhausen.«

Hirsch erklärte alles. Sie hörte zu und stellte gute Fragen – fast so, als könne sie sich den Tatort vorstellen –, dann ratterte sie Anweisungen herunter: die Gegend absperren, Fotos von den toten und verletzten Tieren machen, Schuhabdrücke und Reifenspuren sichern.

»So gut es unter den Umständen geht. Die Pferde werden wohl alles zertrampelt haben, denke ich mal. Legen Sie auch einen Radius fest – suchen Sie nach weggeworfenen Kleidungsstücken, Messern, Macheten. Gehen Sie von Tür zu Tür. Ich versuche in der Zwischenzeit, Ihnen ein Team KTler zu besorgen, zumindest ein paar Beamte vom CIB in Port Pirie.« Dann hielt sie kurz inne. »Haben Sie schon jemandem im Auge?«

Das hatte Hirsch tatsächlich. »Noch zu früh, Sarge«, sagte er.

»Also gut.« Sie brummte. »Ich jogge manchmal mit einer der Tierärztinnen. Ich rufe sie mal an.« Damit beendete sie das Gespräch.

Hirsch suchte auf dem Boden nach Spuren von Fahrzeugen oder Schuhen. Sinnlos: Die Bereiche, die nicht von den panischen Tieren zertrampelt worden waren oder unter den Kadavern lagen, waren von der Sonne hart gebrannt. Vielleicht konnten die KTler noch einzelne Reifen- oder Schuhabdrücke identifizieren.

Hirsch machte Fotos: die blutverschmierten Zaunlatten, die toten Tiere mit ihren durchgeschnittenen Kehlen, die Überlebenden mit ihren durchbohrten und aufgeschlitzten Fellen.

Andere Beweise gab es nicht. Keine weggeworfenen Messer, keine blutige Kleidung am Zaun oder im Garten. Mit gesenktem Blick schritt er ein Raster ab und drang so immer tiefer auf das Grundstück vor. Bevor er zu den Tieren kam, blieb er stehen: Sie hatten sich in die hinterste Ecke zusammengedrängt, so sehr verängstigte er sie. Die blutigen Ponys kreisten um Radishs Widerrist, beobachteten Hirsch aufgeregt, schnaubten, warfen die Köpfe hin und her, und ein oder zwei der Tiere gaben kleine panische Schreie von sich. Er machte eine Reihe von Fotos und wich dann zurück. Sieben Uhr früh. Der Ort regte sich, in der Ferne klappten Türen, starteten Autos, liefen die Nachrichten im Radio.

Hirsch wollte das Grundstück nicht ungesichert lassen, um das Tatortband zu holen, deshalb spannte er ein Nylonseil aus Nans Schuppen über die Einfahrt und den gesamten Hinterhof. Er konnte spüren, dass die Sonne an Kraft gewann. Er war verschwitzt und klebrig, und bald würde es stinken, die Sonne würde die Kadaver, das Blut und den Dung aufheizen.

Um sieben Uhr dreißig rollte ein forstgrüner Nissan mit Doppelkabine und Campingaufsatz die Kitchener Street entlang; auf den Flanken stand *Redruth Veterinary Services* geschrieben. Die Fahrerin hielt kurz vor dem Pony in der Einfahrt, stieg aus und kauerte sich hin, als wolle sie sich vergewissern, dass das Tier tot sei. Sie wirkte jung, frisch von der Uni, und Hirsch bemerkte, dass sie die schlanke, straffe Grazie einer Joggerin besaß.

Er schrieb schnell eine SMS an Yvonne Muir, *Sie können kommen*, und ging hinüber zur Tierärztin; er dachte an seine Shorts, das T-Shirt, die zerlatschten Dunlop Sneakers und den Bartschatten. Sie gaben sich die Hand. Er bat sie, ihn Hirsch zu nennen.

Ihr Händeschütteln war trocken, fest und kurz. »Cathy Duigan«, sagte sie und schaute bereits an Hirsch vorbei zu dem Pony, das er bei seinem Rundgang aufgescheucht hatte. »Das da lebt noch.«

»Es war die Straße entlang in einen der Vorgärten gelaufen«, sagte Hirsch. »Drei weitere tote Tiere sind beim Stall, und auf der Koppel noch ein paar mit Stichwunden, wie es aussieht.«

»Wo ist Nan?«

»Schläft noch. Eine ihrer Freundinnen ist unterwegs.«

»Sie wird am Boden zerstört sein.«

»Kennen Sie sie?«

»Ja. Ich bin die Pferdeärztin im Bezirk, könnte man sagen.«

Die aussieht wie neunzehn, dachte Hirsch. »Hören Sie, eine reine Polizeifrage, okay? Glauben Sie – «

»Dass Nan dafür verantwortlich ist? Auf gar keinen Fall«, entgegnete Duigan und schloss den Campingaufbau auf; Plastikkisten, Metallboxen, Schubkästen voller Ampullen, Spritzen und Flaschen. Sie hängte sich eine sperrige Ärztetasche über die Schulter, schob sich an Hirsch vorbei tauchte unter dem Seil hindurch, hockte sich kurz neben das verletzte Pony und verschwand in Richtung Hinterhof. Hirsch blieb, wo er war. Yvonne Muir eilte die Straße heran.

Kurz darauf stand Hirsch vor dem Schlafzimmer, in der Hoffnung, dass seine Anwesenheit irgendwie beruhigend wirkte, und schaute zu, wie Yvonne Nan Washburn wach rüttelte. Die Luft war abgestanden und zu warm; Nan, die eine Weile brauchte, um zu reagieren, stützte sich auf die Ellbogen. Sie trug ein Unterhemd. Sie verstand nicht gleich.

»Tot?« Sie klang vor allem überrascht. Dann rutschte sie zur Bettkante hinüber.

Muir legte einen Arm um sie. Hirsch betrat das Zimmer, versuchte sich an einer ungeschickten Erklärung und versuchte, mit einem positiven Ausblick zu schließen. »Aber Cathy Duigan ist schon hier und schaut nach den anderen.«

»Ich zieh mich nur an.« Nan sah sich hilflos um. »Sie braucht Hilfe.«

Hirsch ging hinaus. »Ich setze Wasser auf.«

In der Küche füllte er den Wasserkessel auf und bemerkte Nans Urkunde für die schönste Weihnachtsbeleuchtung unter einem Kühlschrankmagneten. Das Wasser wurde heiß, er suchte in den Hängeschränken nach Bechern und Tee, dann hörte er Schritte im Flur. Die beiden Frauen gingen an der offenen Tür vorbei; Nan trug Shorts und T-Shirt und fuhr sich mit den Fingern kämmend durchs Haar.

»Tee?«, rief Hirsch völlig unpassend.

Keine Antwort, also gab er das Teekochen auf und folgte den Frauen auf die hintere Veranda. Er blieb abrupt stehen, weil auch die Frauen stehen geblieben waren. Nan schnappte nach Luft, krümmte sich und tastete blind nach einem Verandapfosten.

»Ach, meine Liebe, setz dich«, sagte Yvonne und half ihr auf einen Klappstuhl.

Hirsch versuchte, den Hof mit Nans Augen zu sehen. Die blutigen Klumpen im Staub; Blutlachen überall; Blutspuren an den weißen Zaunlatten; die Überlebenden mit ihren zerschundenen roten Fellen. Sie wirkten jetzt nicht mehr so aufgeregt. Die Tierärztin ist eine Pferdeflüsterin, dachte Hirsch, während er Duigan zwischen den sich zusammendrängenden Geschöpfen sah.

»Sie braucht Hilfe«, sagte Nan, die ihre Kraft wiedergefunden hatte. »Darf ich …?«

»Aber klar«, sagte Hirsch.

Yvonne Muir hielt er allerdings zurück. »Die Tiere kennen Nan, aber uns beide kennen sie nicht.«

Muir war angespannt und wollte schon widersprechen, doch dann nickte sie und setzte sich auf einen Stuhl.

Hirsch setzte sich neben sie. »Danke, dass Sie gekommen sind.«

»Das haben Sie gut gemacht, mich zu fragen.«

Sie schauten zu, wie Nan den kleinen Pferch betrat. »Hat sie Kinder?«

»Nein. Auch keine Brüder oder Schwestern. Nur Bob und mich und noch ein paar Freunde.«

»Was können Sie mir über ihren Mann erzählen?«

»Craig war das, glauben Sie? Auf gar keinen Fall«, sagte Yvonne.

Zögernd erzählte sie Craig Washburns Geschichte. Er war der Landvermesser des Bezirks gewesen. »Nachdem er seinen Job verloren hatte, wurde er ziemlich eigensinnig und bekam Wahnvorstellungen. Er glaubt, dass geheime Kräfte die Landschaft verändern, wenn er nicht hinschaut, so in etwa. Manche Gegenden hat er sich geweigert zu vermessen. Er meinte, die Mallee-Landschaft drüben im Osten sei die einzig unberührte Gegend, und da lebt er nun in seinem Wohnwagen, den ihm Nan gekauft hat. Er ist da draußen mit einem Metalldetektor, der anscheinend die Landschaft nicht durcheinanderbringt, auf Goldsuche. Wir alle haben ein Auge auf ihn – bringen ihm was zu essen, stellen sicher, dass er nicht in einen Minenschacht gefallen ist oder von einer Schlange gebissen wurde. Er ist nicht völlig plemplem, er nimmt seine Medikamente. Aber seltsam ist er allerdings schon.«

»Seltsam? Verfolgungswahn, Stimmen im Kopf, die ihm sagen, er solle Nans Tiere töten?«

Yvonne Muir gab Hirsch einen Klaps auf die Hand. »Nein. Lassen Sie ihn in Ruhe. Craig ist harmlos, den brauchen Sie nicht unter Druck setzen.«

Hirsch hob die Hände, und Yvonne machte einen Rückzieher. »Aber wenn Sie mit ihm reden, behandeln Sie ihn mit Nachsicht, okay?«

»Okay.«

Hirschs Grundhaltung: ein freundliches »Okay« zu allem.

Kurze Zeit später gesellten sie sich zu Nan und der Tierärztin bei dem Pony in der Einfahrt. Duigan kauerte sich hin und sagte: »Tut mir leid, Nan, aber das Tier hier werden wir einschläfern müssen.«

»Ich weiß«, sagte Nan unter Tränen. Sie setzte sich mit verschränkten Beinen hin und hob den Kopf des Ponys auf den Schoß. »Aber es ist schwer, das sind nicht nur Schauponys, das sind Haustiere. *Familie.*«

»Aber natürlich, meine Liebe«, sagte Yvonne und setzte sich zu ihr.

Die Tierärztin nickte und machte sich an einer Spritze zu schaffen. Erst ein Beruhigungsmittel, erklärte sie, dann eine Überdosis Barbiturate.

Hirsch sah hilflos zu. Nan strich über das Fell, summte und schaute zu, wie Duigan die Nadel in den Hals des Ponys stach und den Kolben hineindrückte. Ein Schaudern, dann beruhigten sich recht bald die Läufe, und die Augen wirkten nicht mehr so erschreckt. Nan streichelte weiter das Tier und blinzelte sich die Tränen fort.

»Das geht jetzt schnell und ohne Schmerzen, Nan«, sagte Duigan und verabreichte die Euthanasiespritze.

Doch Hirsch war alarmiert über die Muskelzuckungen und Bewegungen. Das Pony holte tief Luft.

»Es hat nicht funktioniert«, platzte es aus ihm heraus.

»Was Sie da sehen, ist ganz unwillkürlich«, sagte Duigan sanft. »Das gehört dazu.«

Kurz darauf spürte Hirsch ein merkwürdiges Gefühl von Verlust, so als sei er mit einem Leben verbunden gewesen, das plötzlich vergangen war. Er besah sich das Tier: nur noch ein Kadaver, aus dem alle Spannung gewichen war. Ein toter Gegenstand ohne jedes Leben.

Hundert Meter entfernt schrie Radish auf und wieherte. Er

warf den Kopf hin und her, machte kehrt, raste von einem Ende zum anderen und warf Staub und Grassoden auf.

Nan sah zutiefst getroffen zu dem Pferd hinüber. »Er weiß Bescheid.«

»Ja«, sagte Duigan, ebenfalls ganz aufgewühlt, »ich glaube schon.«

Nan weinte, Yvonne drückte sie fest, und keiner sprach ein Wort, bis Duigan ruhig ihre Sachen zusammenpackte und sagte: »Das wars, Nan, sie hat ihren Frieden gefunden, du kannst sie gehen lassen.«

»Ich möchte nur noch eine Weile bei ihr bleiben«, entgegnete diese.

Duigan berührte sie am blutverschmierten Unterarm, stand auf und ging zu ihrem Nissan. Hirsch folgt ihr und fragte: »Was ist mit den anderen Tieren?«

»Gott sei Dank nur oberflächliche Verletzungen. Aber sie sind komplett verstört, es wäre gut, wenn man für eine Weile alle Menschen fernhalten könnte.«

Hirsch war völlig erschöpft. Wie sollte er das bewerkstelligen? Die Beamten des CIB waren auf dem Weg, und die Ortsansässigen – Schaulustige und Wohlmeinende – würden bald mitbekommen, was passiert war. »Und die Kadaver? Ein Massengrab?«

»Nicht hier«, entgegnete Duigan mit fester Stimme. Sie pustete sich eine Strähne von der Unterlippe. »Das Grundstück ist zu klein, außerdem sind wir im Wohngebiet.«

»In den Busch bringen?« Hirsch improvisierte drauflos.

Die Tierärztin sah ihn stirnrunzelnd an, so als sei er schwer von Begriff. »Ich habe dem Tier gerade Gift verabreicht. Wenn ein Fuchs oder ein Dingo davon fressen, könnten sie selbst vergiftet werden.« Dann entspannten sich ihre Gesichtszüge wieder. Sie berührte ihn am Unterarm. »Ich werde mal telefonieren. Es gibt professionelle Dienste, die auch große Tiere einäschern.«

Sie hielt den Kopf schräg und wollte etwas sagen. Hirsch wartete ab.

»Sie als Polizist«, sagte sie bedächtig, »haben doch so etwas sicher schon mal gesehen …«

Heraus damit, dachte Hirsch. »Eigentlich nicht – aber mir ist schon ab und an der Typ von Axtmörder begegnet, der als Kind womöglich Katzen gequält hat …«

»Ich habe im Examensjahr einen Kurs dazu belegt«, erklärte Duigan. »Die psychologischen Grundlagen bei Tiermisshandlungen.« Sie hielt kurz inne. »Das war interessant.«

»Interessant«, echote Hirsch und sah sie an. »Soll das heißen, dass Sie eine Theorie zu alldem hier haben?«

Duigan konterte mit einer Gegenfrage. »Kommt Ihnen das wie eine willkürliche Tat vor?«

Diesen Gedanken hatte er schon nach den ersten dreißig Sekunden verworfen. »Ein durchgeknallter Fremder stolpert zufällig über diesen Ort? Nein.«

»Nein«, pflichtete Duigan ihm bei. »Das hier war persönlich.«

»Und?«

»Wer immer das war, hatte es auf Mrs Washburn abgesehen – genauer gesagt auf ihre emotionale Bindung an ihre Ponys.«

»Hm.« Hirsch fand das offensichtlich. »Warum?«

Duigan zuckte mit ihren knochigen schmalen Schultern. »Jemand, der einen Groll gegen sie hegte? Rache?«

»Aber das ist ganz schön extrem. Wir reden hier von einer zutiefst verkorksten Person.«

»Ja. Jemanden mit einer Art sadistischer Störung, die er verbirgt … unter Kontrolle hat … bis auf den Tag, an dem Nan ihn in irgendeiner Weise beleidigt hat.«

»Er?«

Die Tierärztin sah Hirsch ruhig an. »Finden Sie nicht? Und er kommt aus der Gegend. Vielleicht haben Sie ja schon einen Verdacht?«

Hirsch lächelte und gab ihr die Hand zum Abschied. »Danke für alles, was Sie getan haben.«

»Sagen Sie Nan, ich schaue morgen noch mal vorbei.«

»Mach ich.«

Hirsch ging zum Haus zurück und legte sich den Tag zurecht. Auf Polizeiunterstützung warten, dann an Türen klopfen. Bei den Cobbs zuerst – schließlich war es in Gehdistanz –, dann bei Adam Flann. Doch wie wahrscheinlich war es, dass zwei hohlköpfige, unmotivierte junge Burschen in den frühen Morgenstunden mit Blutrunst in den Augen aufgestanden waren? Es sei denn, sie waren die ganze Nacht aufgeblieben, hatten getrunken, vielleicht noch Ice genommen – und waren von einem Geistesblitz überrascht worden. Vielleicht hatten sie seit der Entschuldigung in ihrer Demütigung geköchelt. Oder beides. Hirsch fand, er sollte lieber sofort zuschlagen, bevor Waffen und Kleidung versteckt oder vernichtet werden konnten, doch er trödelte in der Einfahrt. Die untröstliche, zerbrechliche, geschwächte Nan Washburn hatte noch immer das Pony auf dem Schoß, Yvonne saß neben ihr.

Hirsch kauerte sich zu ihnen. Nan war ganz blutverschmiert: Wangen, Arme, Hände, Oberkörper, ihr Schoß wohl auch. Und überall ringsherum wurde das Blut im Staub dunkel. »Die Tierärztin kommt morgen noch mal vorbei«, sagte er. »Sie wird für die, ähm, Beseitigung der Tiere sorgen.«

»Okay.«

»Darf ich Ihnen ein paar Fragen stellen?«

»Jetzt nicht, Paul«, sagte Muir.

Aber Nan war ganz pragmatisch. Sie berührte ihre Freundin sanft am Arm und sagte: »Es geht mir gut, Yvonne, danke.« Dann wandte sie sich an Hirsch und sagte: »Lassen Sie mir noch zwanzig Minuten, okay? Sie beide warten auf der Veranda, ich werde Radish und die anderen beruhigen.«

Das taten sie und beobachteten, wie Nan einen Heuballen und einen Sack Hafer auf eine federnde Schubkarre lud, sie durch das Tor zur Koppel schob und in die hintere Ecke lenkte; sie wurde langsamer, als sie sich den überlebenden Tieren näherte, und rief sie mit einem Singsang zu sich. Radish reagierte als Erster, schnaubte, scharrte mit einem Huf, doch dann ging er, elegant wie eine in Bewegung gesetzte Maschine, auf sie zu, um sie zu begrüßen, und rollte mit den kräftigen Schultern. Die Ponys trotteten hinterher.

Nan stellte die Schubkarre ab und ging zu jedem einzelnen Tier, streichelte und klopfte es und summte dabei. Sie antworteten, indem sie sie stupsten oder die Köpfe warfen, dann gingen sie an ihr vorbei zum Futter. Nan hob das Heu auf den Boden, schnitt den Faden durch, teilte das gepresste Heu in große Stücke und schob diese dann mit dem Schuh auseinander. Dann goss sie einen langen, satten Streifen Hafer auf den Boden und schaute zu, wie die Tiere zu fressen begannen.

Hirsch beobachtete das alles und fragte sich, ob ein Mann oder ein junger Bursche, der sich daran ergötzte, Tiere zu verletzen, das vielleicht eines Tages auch bei Menschen ausprobieren würde.

Die Befragung fand am Küchentisch statt. »Sie haben nichts gehört?«, fragte Hirsch, wies auf die Welt jenseits der Küche hinaus und schaute zu Yvonne Muir hinüber; er fragte sich, wie weit sie in all das hineingezogen werden sollte.

»Ich habe eine Schlaftablette genommen«, antwortete Nan mit einem Ausdruck des Bedauerns auf dem Gesicht.

»Haben Sie irgendeine Ahnung, wer Ihnen so etwas antun wollte?«

Nan pustete über den Tee. »Ich weiß, dass Sie so eine Ahnung haben, Paul. Sie denken an Daryl und/oder Adam.«

»Was denken Sie?«

»Ich denke, manche könnten behaupten, die beiden Jungs hätten ein Motiv, sie fühlten sich gedemütigt, weil sie sich offiziell entschuldigen mussten, aber … ernsthaft? Ist ja nicht so, als hätte ich es ihnen unter die Nase gerieben. Ich bin nicht darauf herumgeritten, habe nicht gedrängt, damit vor Gericht zu gehen, habe mich nicht bei den Eltern beschwert, nichts dergleichen. Außerdem war die Entschuldigung *Ihre* Idee.« Sie schüttelte den Kopf. »Im Grund sind die beiden doch gute Jungs.«

Hirschs Erfahrungen nach mochte so ein Kerl wie Adam

Flann die Entschuldigung durchaus für eine Beleidigung halten und Nan Washburn für ein leichteres Ziel als einen Polizisten. »Sie züchten doch Rassepferde, richtig? Sind sie wertvoll? Sie gewinnen mit ihnen Preise und verkaufen an andere Züchter?«

Nan sah ihn aufmerksam an. »Ja.«

»Ein mörderischer Wettbewerb?«

Zu spät bemerkte er, was ihm da herausgerutscht war. Nan lächelte ihn schief an. »Das meinen Sie sicherlich bildlich? Nein, ist es nicht. Kann sein, dass ein paar der anderen Züchter neidisch sind, aber ich kann mir nicht vorstellen, dass einer von ihnen ein Tier verletzen könnte.«

»Haben Sie jemandem einen Klepper verkauft und keine Entschädigung angeboten?«

»Nichts dergleichen. Ich züchte keine Klepper, wie Sie das nennen. Und wenn, dann hätte ich das Geld zurückgezahlt, ohne lange zu fragen.«

Das Blechdach dehnte sich in der zunehmenden Hitze aus und knackte und knarrte über ihren Köpfen. »Ihr Mann.«

Yvonne Muir nahm eine drohende Haltung ein, doch Nan Washburn fragte nur ruhig: »Was ist mit ihm?«

»Sie sind getrennt. Vielleicht will er das nicht? Vielleicht denkt er, es gibt jemanden anderen in Ihrem Leben? Tut mir leid, Nan, aber ich muss diese Fragen stellen.«

»Paul, Schluss damit«, sagte Muir.

»Schon in Ordnung, Yvonne, er muss diese Fragen doch stellen. Und ich kann kategorisch feststellen, dass es niemand anderen in meinem Leben gibt und dass Craig mich verlassen hat, nicht umgekehrt. Und nicht, weil wir uns gestritten hätten.« Sie hielt kurz inne. »Er hat mentale Probleme. Er muss allein sein. Ich sehe ihn ein-, zweimal im Monat, und wir kommen gut miteinander klar.«

»Gewaltlose mentale Probleme«, betonte Yvonne Muir.

Nan berührte sie am Unterarm, nahm aber ihre Bemerkung auf. »Ja, gewaltlos, er würde keiner Seele was zuleide tun.

Spinnert, aber harmlos. Es fing vor ein paar Jahren an, und zu Beginn habe ich darauf Rücksicht genommen. Aber am Ende wurde es zu viel, und er wollte allein sein. Natürlich mache ich mir Sorgen. Wir alle versuchen, ein Auge auf ihn zu haben, bringen ihm ab und zu Essen und Kleidung, eine kurze Unterhaltung, was immer er ertragen kann. Manchmal ist er klar im Kopf, manchmal … eher nicht, aber auf eine sanfte Art. Gedämpft.« Tränen standen ihr in den Augen. »Eines Tages wird ihn eine Schlange beißen, oder er verläuft sich und verdurstet oder fällt in einen Schacht.«

Hirsch trank seinen Tee aus. »Haben Sie in letzter Zeit Drohungen erhalten? Briefe, Mails, Anrufe, Posts in den sozialen Medien?«

»Nein.«

»Steine durchs Fenster?«

»Nein.«

»Aufgeschlitzte Reifen?«

»Nichts davon«, antwortete Washburn verärgert. »Ich führe ein stilles Leben. Ich habe keine Feinde. Ich brülle keine Nachbarn an, weil sie ihre Tonnen draußen stehen oder ihre Hunde bellen lassen. Ich tratsche nicht. Ich errege kein Aufsehen. Zwergponys zu züchten ist nicht jedermanns Sache, aber es ist eine ruhige Angelegenheit, ich halte alles sauber, es gibt keine unangenehmen Gerüche, keine Misshandlungen, keine Tore, die offenstehen, keine Pferde, die durch den Bezirk streifen. Das hier«, sie wies auf das Gemetzel draußen, »scheint irgendwie persönlich zu sein, aber ich habe keine Ahnung, wie oder warum. Sie suchen nach jemandem, der, ach, ich weiß nicht, krank ist. Aber ich habe keine Ahnung, wer das ist.«

Ich auch nicht, dachte Hirsch, aber irgendwo musste er ja anfangen. Er verabschiedete sich und hatte noch nicht die Kitchener Street erreicht, als das Team aus Port Pirie eintraf: ein einsamer Detective vom CIB, ein einsamer Spurentechniker. Sie hörten sich Hirschs Bericht kommentarlos an und nahmen die Fotos an sich.

»Wir übernehmen ab hier«, sagte der Detective, ein Kraftmeier namens Comyn, der Hirsch mit weit auseinanderstehenden, misstrauisch blickenden Augen ansah.

Er weiß, wer ich bin, dachte Hirsch. Er denkt, Informant, Drecksköter, Made, Ratte. Er denkt, ich bin der Grund, warum so viele gute Männer vom CIB entlassen worden sind und einer sogar Selbstmord begangen hat.

Hirsch lächelte zuckersüß und machte sich auf den Weg, um seine eigene Arbeit zu erledigen.

# 10

Hirsch eilte nach Hause, duschte und rasierte sich, dann zog er seine Uniform an und hängte das Handtuch auf der Wäscheleine hinterm Haus auf. Das Santa-Kostüm war trocken. Gedankennotiz: So schnell wie möglich Martin Gwynne zurückbringen.

Er setzte sich den breitkrempigen Diensthut respektheischend auf den Kopf und verließ das Revier. Drüben beim Laden standen ein paar Ortsbewohner beisammen; einer von ihnen winkte Hirsch herbei. Er winkte fröhlich zurück und ging in die entgegengesetzte Richtung. Sie wussten von Nans Ponys, dachte er. Sie wollten die offizielle Version hören. Und/oder Beschwichtigungen.

Kurz darauf klopfte er an Marie Cobbs Tür und wartete. Dann ging er hinters Haus. Laura in einem kurzen Pyjama und Stöpseln im Ohr goss die Tomaten. Hirsch dachte: Mist, wie wird sie die Neuigkeit aufnehmen? Oder hat sie vielleicht die Tiere verletzt? Kaum war Hirsch dieser Gedanke gekommen, verwarf er ihn auch gleich wieder. Ich bin wohl im Bullen-Modus, dachte er: Traue niemandem, verdächtige alle.

Laura sah ihn aus dem Augenwinkel, erschrak unwillkürlich und legte sich eine Hand vor die Brust. Dann ließ sie mit verärgerter Miene – mit der sie wohl ihre Anspannung kaschiert, fand Hirsch – den Handgriff des Wasserschlauchs los, hängte ihn am Spalier ein und zog die Stöpsel heraus. Der Garten lag noch im Schatten und roch kühl und sauber nach Tomaten und feuchtem Mulch.

»Guten Morgen, Laura.«

»Können Sie uns nicht in Ruhe lassen?«

Laura stand früh auf und war den ganzen Tag beschäftigt, dachte Hirsch. Einkaufen, kochen, Gartenarbeit, Hausaufgaben, Hausputz, der Job bei den Pferden. Dazu passte sie noch auf Mutter und Bruder auf. Das jüngste Mitglied des kleinen Haushalts schulterte den Großteil der Verantwortung; sie hatte keine andere Wahl. Aber was, wenn sie ins Abschlussjahr kam? Sie konnte das Versäumte vielleicht nachholen, wenn sie sich ein Bein brach oder das Pfeiffer'sche Drüsenfieber bekam, aber wenn ihr Bruder im Gefängnis saß? Wenn – falls – ihre Mutter sich aufführte? Schüchtern und peinlich berührt, hatte Laura Hirsch ein paar Dinge erzählt: Marie, die wochenlang im Bett blieb; die manchmal tagelang ununterbrochen redete; die ihre Kinder in der Schule ausrufen ließ, um ihnen mitzuteilen, dass ihr rauer Hals eigentlich Krebs sei; die sie um zwei Uhr früh ins Auto setzte, weil die Geheimpolizei käme.

Hirsch nahm den Hut ab und bemerkte, dass er einen trockenen Mund hatte. Er schluckte und kam sich tollpatschig vor. »Laura, da ist … ich muss dir mitteilen, dass mit einigen der Ponys von Mrs Washburn etwas Schreckliches passiert ist.«

Sie krallte sich am Ausschnitt ihres Pyjamaoberteils fest. Angst. »Was denn?«

Hirsch erzählte es ihr, und Laura schwieg, aber Tränen strömten ihr über das Gesicht. Dann fasste sie sich. »Ich muss rübergehen«, sagte sie. Nach einer kurzen Pause fügte sie an: »Daryl, so etwas würde er nie tun.«

»Aber du verstehst, dass ich mit ihm sprechen muss, oder?«

Sie zuckte kurz mit den Schultern und schlappte in blasspinkfarbenen Crocs zur Hintertür. Sie öffnete sie und schaute ihn an: Sie wartete darauf, dass er ihr folgte.

Hinein in die heiße, luftlose Höhle ihres kleinen Ziegelhauses.

»Er schläft«, sagte sie. »Sie wissen ja, wo.«

Sie ließ ihn in der Küche stehen. Eine Tür schlug zu. Dann hörte er quietschende Wasserhähne und Duschwasser, das gegen einen Plastikvorhang prasselte. Hirsch holte tief Luft, ging zu Daryl Cobbs ramponierter Tür, klopfte und wartete. Dann klopfte er noch einmal laut. Harter Bursche, dachte er verlegen und beschloss, einfach hineinzugehen.

Der Junge schlief in Boxershorts, eine undeutliche Gestalt, die auf einem dreckigen Laken gestrandet war, die Füße hatten sich in der Decke verfangen. Es stank: Schweiß, Dope, der ranzige Gestank ungewaschener Haut und dreckiger Kleidung.

Hirsch betrachtete ihn übellaunig. Laura hatte fertig geduscht: Das Wasser wurde abgedreht, die Vorhangringe klapperten. Dann ein schnelles Abrubbeln mit einem Handtuch, nackte Füße gingen in Lauras Zimmer, eine Tür knallte zu. Wieder seufzte Hirsch. Zurück zu Daryl.

Als Erstes seine Schuhe: Sneaker, schwarze, spitze Ausgehschuhe, Sandalen. Kein Blut. Die Kleidung am Boden, auf dem Stuhl, in Schubläden und im Schrank. Kein Blut.

Hirsch trat in den Flur, als Laura aus ihrem Zimmer kam; ihre Haare durchfeuchteten Ausschnitt und Ärmel eines gelben T-Shirts, ihre dünnen, verletzlichen Beine steckten in ausgebeulten Shorts. »Die schnellste Dusche der Welt«, sagte er.

Laura kümmerte sich nicht um ihn. Sie ging zur Hintertür hinaus, und einen Augenblick später hörte er ihr Fahrrad quietschen.

Die Dreckwäsche. Die Waschmaschine war knochentrocken. Weiße Schlüpfer, ein schwarzer BH und die Sommeruniform der Redruth High School im Dreckwäschekorb.

Doch fehlende blutige Bekleidung und Schuhe waren noch kein Beweis für Daryls Unschuld. Hirsch zog sein iPhone aus der Tasche und ließ das Video laufen. Schließlich entdeckte er Daryl kurz vor Ende – zusammen mit Schwester und Mutter, wie sie jubeln, als Nan die Urkunde für die schönste Weihnachtsbeleuchtung und den Plumpudding entgegennimmt. Er trug blaue Boardshorts und ein Kings-of-Leon-T-Shirt.

Hirsch ging in Daryls Zimmer zurück. T-Shirt und Shorts lagen dort, wo Daryl sie ausgezogen hatte. Hirsch schob sie mit den Schuhen auseinander: kein Blut.

Das hatte nichts zu sagen. Der Bursche hätte ja die Kleidung wechseln können, um in tiefster Nacht ein paar Ponys zu töten und zu verletzen und danach die blutige Kleidung im Hinterhof zu verbuddeln.

»Alle?«, fragte Daryl Cobb benommen.

»Vier tot«, antwortete Hirsch. »Ein paar weitere mit Stichverletzungen.«

Hirsch hatte zwei klebrige Küchenstühle hinaus in die frische Luft des Hinterhofs getragen, und nun schaute er zu, wie Daryl Lauras Tomatenpflanzen anstierte, als würde er dort Antworten finden. Die Verwirrung des Jungen mochte etwas damit zu tun haben, dass er einige Stunden vor der üblichen Zeit aus dem Bett geholt und auf einen Stuhl in der freien Natur platziert worden war, fand Hirsch, aber sie hatte wohl erheblich mehr mit der Ungeheuerlichkeit des Verbrechens zu tun. Der Bursche starrte mit offenem Mund ein Loch in die Luft und konnte es gar nicht fassen.

Er war noch nicht darauf gekommen, dass ein Polizist ihn für einen Verdächtigen halten könnte, und Hirschs Meinung nach hatte das einiges zu bedeuten. Nicht schuldig, befand er. Daryl war gar nicht in der Lage, Schuld zu verbergen. Er hatte keine Ponys abgeschlachtet und verletzt, er hatte niemanden dabei beobachtet, er hatte nichts davon gehört.

Dennoch musste Hirsch auf Nummer sicher gehen.

»Hast du letzte Nacht bei dem Straßenfest deinen Spaß gehabt?«

»War schon okay.«

Hirsch rief sich Daryls Gesicht in Katie Streets Videoclip vor das geistige Auge: die einfache Freude eines Kindes. Uncool, so etwas zuzugeben.

»Und was hast du danach gemacht?«

Daryl zuckte mit den Schultern und mühte sich damit ab herauszufinden, wo er war, mit wem und wozu. »Nichts Besonderes.«

»Mit Adam herumgelungert?«

Ein Schiff auf hoher See könnte schneller den Kurs wechseln als Daryl Cobb. Er blinzelte und legte die Stirn in Falten. »Er war nicht … er hat nicht … ich glaub, er war zu Hause. Oder vielleicht im Krankenhaus.«

»Und was hast du gemacht?«, wiederholte Hirsch.

»Nichts Besonderes.«

Hirsch hatte den Eindruck, dass Daryl sich kaum an den Abend erinnerte. »Ferngesehen?«

Die Wolke verzog sich. »Ja. *Game of Thrones.*«

»Auf DVD?«

Sonne und Luft machten Daryl zu schaffen. Er schaute zu Boden. Dann sagte er langsam: »Lauras.«

»Es war ihre DVD?«

»Hab ich ihr zum Geburtstag geschenkt.«

»Und du hast dir letzte Nacht alles am Stück angesehen?«

Daryl mühte sich wieder. »Glaub schon.«

»Und bist du danach rausgegangen? Um dir die Weihnachtsbeleuchtungen anzuschauen oder so? Dich mit Freunden zu treffen?«

Ein dumpfer Geistesblitz rührte sich hinter Daryls Verwirrung. Er wirkte erstaunt, so als habe Hirsch vorgeschlagen, mit seinem Privatjet nach Tahiti zu düsen. »Ich bin nur ins Bett gegangen.«

»Wer war letzte Nacht hier?«

Noch so eine komische Frage. Gäste über Nacht? Hier? Bei uns? »Mum und Laura und ich.«

»Und ihr seid alle zu Hause geblieben?«

Daryl wurde etwas munterer. »Ich würde doch niemals … Wir würden niemals …«

»Was denn?«

»Nans Pferden was antun.«

»Wo war Adam denn gestern Nacht? Hast du ihn überhaupt gesehen?«

Daryl sank in sich zusammen. Er wirkte gehetzt. »Weiß nicht. Hab ihn nicht gesehen.«

»Er ist nicht vorbeigekommen, um was zu essen oder für eine Weile fernzusehen?«

Daryl verschränkte die Arme. Keine Abwehrhaltung, sondern eine der Endgültigkeit. »Hab ihn nicht gesehen.«

»Noch mal vielen Dank, dass du dich bei Mrs Washburn entschuldigt hast, Daryl. Das war bestimmt nicht leicht. Vielleicht habt ihr beiden den Eindruck gehabt, wir hätten euch in Verlegenheit gebracht?«

Daryl blinzelte bei dieser überraschenden Wendung. Und Hirsch ging auf, dass der Bursche kein Gefühl für Rechte und Pflichten besaß oder auch nur darauf kam, die Lasten und Erwartungen, die andere an ihn hatten, übel zu nehmen. »War schon in Ordnung«, murmelte er.

Noch so ein Mantra des Buschlands: Die Dinge waren nie fürchterlich oder fantastisch, sondern okay. »Du hast dich nicht brüskiert gefühlt?«

Der Bursche wusste damit nichts anzufangen. »Du hast nicht den Eindruck gehabt, Mrs Washburn und ich wären unfair gewesen?«

Daryls Blick schoss hin und her, so als dachte er, Hirsch würde sagen, seine Entschuldigung sei unangemessen gewesen, und es würde noch mehr von ihm erwartet. »Besser als vor Gericht«, sagte er.

»Was ist mit Adam? War er sauer?«

Jetzt verstand Daryl, worauf Hirsch hinauswollte. Er rutschte auf dem Stuhl herum, und seine weichen, blassen Oberschenkel klebten am Plastik fest. Die aufsteigende Sonne hatte in der Zwischenzeit den Hof eingefärbt und landete auf Daryls knochigen Füßen.

»Daryl? Hat Adam sich wegen gestern beschwert?«

»Kann sein.«

»War er nur sauer? Oder war er wütend?«

Schulterzucken.

»Hast du vor, ihn heute zu besuchen?«

Daryl wurde ganz still. Er wusste keine Antwort darauf.

»Wie gehts deiner Ma?«

Daryl mühte sich um Worte. »Sie ist, also, jetzt kommt wieder eine schlechte Zeit, man kann die Anzeichen dafür sehen.«

»Dinge, die sie sagt und tut?«

»Ja.«

»Hat sie letzte Nacht Spaß gehabt?«

»Sie ist danach sofort ins Bett gegangen.«

»Wie lange dauert so eine schlechte Zeit?«

Daryl, der endlich ganz aufgewacht war, lachte. »Wochen, Monate.«

»Laura ist bei Mrs Washburn und hilft.«

Daryl zuckte mit den Schultern, so als sei ihm kaum bewusst, dass er in einem Haus mit seiner Schwester lebte. Hirsch setzte nach: »Vielleicht kannst du zu Hause bleiben und ein Auge auf deine Ma haben.«

Daryl starrte ein Loch in die Luft; dort sah er sein Schicksal im Leben.

Hirsch versuchte, sich den weiteren Tag zurechtzulegen: Santa-Kostüm zurückbringen; Adam Flann suchen und ausfragen; im Ort bleiben, um die Nachwehen des großen Pferdegemetzels von Tiverton abzufedern.

Er ging zum Revier zurück. Wahrscheinlich bildete er sich das nur ein, doch schon jetzt wirkte der Ort wie betäubt und eingeschüchtert. Der Geruch von Schlachthof lag in der Luft, aber das mochte nur ein Erinnerungsfetzen sein. Er war ein paar hundert Meter von Nan Washburns Haus entfernt.

Zur Ablenkung holte er das Santa-Kostüm von der Wäscheleine, legte es zusammen, so als würde Martin Gwynne jeden einzelnen seiner Schritte beobachten, und versuchte, es wieder zurück in die Einkaufstasche zu stopfen. Er gab auf. Das Kostüm passte nicht in die Tasche, so wie er es zusammengelegt hatte, nicht mit all dem Stoff, den Schnallen, Knöpfen und der Luft, und Hirsch fand, das beschrieb seinen Tag und seine Situation in dieser verfluchten Gegend ziemlich gut.

Fünf Minuten später stand er vor dem Haus der Gwynnes und klopfte an. Joyce kam an die Tür und schien, wie immer, ein wenig zurückzuweichen, so als würde er schlechte Nachrichten bringen. »Paul«, murmelte sie, diese überaus schüchterne Frau mit kurzen, feinen grauen Haaren und dicken Brillengläsern.

Sie fasste sich. »Ich habe das von Nans Ponys gehört …«

Damit würde sich Hirsch noch tagelang konfrontiert sehen. Er war das Gesetz, er müsste doch alle Wissenslücken füllen können. Er nickte unverbindlich.

»Eine fürchterliche Geschichte«, sagte Joyce Gwynne unfreundlich, so als habe er gerade das Gegenteil behauptet.

Hirsch nickte und hielt ihr das Kostüm hin. »Das wollte ich nur zurückbringen. Sagen Sie Martin, es war sehr freundlich von –«

»Paul!«

Sein Auftauchen war perfekt getimt; Martin Gwynne erschien im Flur hinter seiner Frau und schob sie mit derselben Bewegung in den Hintergrund. Sie schien sich in Luft aufzulösen und ließ nur einen Hauch blumigen Parfüms zurück, dann hörte man gedämpfte Schritte aus dem dunklen Inneren des Hauses.

Hirsch versuchte es erneut. Er hielt Martin das Kostüm hin und plapperte: »Das wollte ich nur zurückbringen, vielen Dank, ich habs gewaschen.«

Gwynne nahm das Kostüm ganz automatisch entgegen, hatte aber etwas ganz anderes im Sinn. »Ich hoffe doch, Sie schauen nach den beiden Burschen.«

»Wie bitte?«

»Achten Sie auf meine Worte, es gibt Zeiten, da ist ein kleiner Klaps noch weniger als nutzlos. Eine Entschuldigung? Also wirklich, Paul. Damit konnten sie bei den beiden doch nur anecken.«

»Dazu ist es noch zu früh, Martin … hören Sie, ich muss weiter. Danke noch mal für das Kostüm.«

Martin schaute zum ersten Mal das Bündel über beiden Unterarmen an. »Da war doch noch eine Einkaufstasche, glaube ich?«

»Ach? Ich schau noch mal nach. Ich muss los«, plapperte Hirsch schon wieder.

»Das ist eine Plage, aber das wissen Sie ja, oder?«

Aus Furcht, dass ihm Gwynne auch noch biblisch kam, winkte und nickte Hirsch wie verrückt, während er den Gartenpfad entlang zu seinem Streifenwagen ging.

Sergeant Brandl rief ihn an und teilte ihm mit, sie sei »mit den Kindern« beim Tatort eingetroffen. »Wo sind Sie?«

»Noch im Ort, wollte aber gerade nach –«

»Das kann warten. Sie müssen dem Spurentechniker zeigen, wo Sie das gestohlene Kupfer gefunden haben. Er hat zwar noch einen anderen Job, hat aber fünf Minuten Zeit für uns.«

»Okay«, sagte Hirsch, aber der Sergeant hatte bereits aufgelegt.

An der Ecke Barrier Highway und Kitchener Street stieß er auf den Transporter der KT; ein Arm winkte ihn träge weiter, als er auftauchte, dann verließen die beiden Fahrzeuge den Ort. Ein paar Minuten später hielten sie am Farmhaus, und Hirsch stand am Rand der festgebrannten Erde vor der Scheune.

Er bemühte sich um einen entschuldigenden Ton. »Ich habe alles abgesperrt und bin dann zurückgefahren, doch als ich am nächsten Tage nachgeschaut habe, war die Mulde verschwunden.« *Wenn ihr eure müden Ärsche mal hochgekriegt hättet …*

Der Spurentechniker ahnte den Unterton. »Wir hatten eine wahre Flut an Diebstählen, Mann – das meiste Weihnachtsgeschenke.« Er besah ich den Boden in der Scheune. »Damit kann ich nicht viel anfangen.«

Hirsch zuckte mit den Schultern. Der Techniker richtete sein Augenmerk auf das zerrissene Tatortband. »Vielleicht können wir von den Bändern Fingerabdrücke nehmen.«

Na, zumindest meine eigenen, dachte Hirsch.

## II

Bevor er nach Osten rausfahren konnte, wurde Hirsch zurückbeordert, um beim Klinkenputzen im Ort zu helfen. Er kam sich geschubst und gedrängelt vor, nicht mehr Herr über seine eigene Zeit. Er fuhr nach Tiverton zurück, wo er auf seine Vorgesetzte stieß, die den Detective zu besänftigen versuchte. Comyn war aufgebracht.

»Wollen Sie mir sagen, es gibt noch einen Ehemann?«

»So eine Art Einsiedler, offenbar«, erwiderte Hillary Brandl ruhig. Sie war eine schlanke Frau mit einem weit ausholenden Gang und trockenen, braunen, zu einem Bob geschnittenen Haaren.

»Na, wunderbar«, sagte Comyn. Er warf Hirsch einen sauertöpfischen Blick zu. »Und gestern wurden ein paar Dorfburschen zu einer Entschuldigung verdonnert, weil sie ihren Pick-up gestohlen haben. Die Verdächtigen kriechen zuhauf aus dem Gebälk, und wir sind unterbesetzt.«

»Dann macht eben Constable Hirschhausen den weiteren Nachlauf«, erklärte Brandl. »Meine Constables und ich können Ihnen hier behilflich sein.«

Sie trug die leichte Sommeruniform eine Nummer zu groß, so als habe sie Gewicht verloren, zupfte sich aber gewohnheitsmäßig an Bluse und Hose, so als würde sie das Gefühl von Stoff auf Haut stören. »Er kennt den Bezirk wie seine Westentasche.«

Wers glaubt, dachte Hirsch, der ein wenig abseitsstand, während die beiden verhandelten. Eins von Sergeant Brandls »Kindern« stand Wache bei Nan Washburns Einfahrt, das andere am Tatortband, das an die Einfahrt zur Kitchener Street verlegt worden war. Nicht genug, fand Hirsch, um die Gaffer und Geier fernzuhalten.

Dann sah Comyn ihn an. »Constable Hirschhausen.«

Hirsch trat näher und nickte misstrauisch. Schweißperlen standen Comyn auf Oberlippe und Schläfen. Die Hitze des Tages und die hitzige Auseinandersetzung mit Sergeant Brandl. Es war schwierig: Sie hatte einen höheren Dienstrang als Comyn, aber sie gehörte zu den Uniformierten, und es handelte sich um einen Fall des CIB. »Ja, Senior Constable?«

Mit leiser Abscheu fragte Comyn: »Sie waren beim CIB, bevor Sie geschasst wurden?«

Ich wurde nicht geschasst, dachte Hirsch. Ich steckte mitten in einer korrupten Vorstadt-Einheit des CIB, die geschasst wurde. Von dem ganzen Mist ist etwas an mir hängen geblieben, und zur Strafe wurde ich in dieses Provinznest versetzt. Doch er sagte nichts und bemühte sich, ein erwartungsvolles Gesicht zu machen.

Comyn fuhr fort: »Einen Burschen haben Sie schon befragt?«

»Ja.«

»Und?«

Hirsch fasste zusammen und schloss: »Ich glaube nicht, dass er es getan hat.«

Comyn winkte ab – er würde Daryl Cobb persönlich befragen. »Und der andere Bursche wohnt irgendwo im Nirgendwo?«

»Nur ein paar Minuten entfernt.«

»Und Mrs Washburns Mann?«

»Irgendwo im Nirgendwo«, antwortete Hirsch.

Comyn warf ihm einen Blick zu. »Die Zeit spielt hier eine wichtige Rolle. Ich möchte, dass Sie von beiden Personen die Aussagen aufnehmen.« Dann wandte er sich an Brandl. »Sergeant, wenn Sie und einer Ihrer Constables mir dabei helfen würden, die Türen abzuklappern?«

Das habe ich doch schon die ganze Zeit vorgeschlagen, schien ihr Gesicht zu verraten. »Aber natürlich.«

Hirsch ließ sich von Nan Washburn erklären, wohin er musste, versprach, ihren Mann weder zu belästigen noch zu verängstigen, und ging die Kitchener Street entlang, wo er seinen Dienst-HiLux abgestellt hatte. Als er sich hinters Lenkrad setzte, traf ein Transporter von Channel 9 mit einem Kamerateam ein. Nicht sein Problem.

Später Vormittag. Als Erstes würde er Adam Flann befragen, dann Craig Washburn. Da Washburn in der Gegend von Hope Hill am Ufer des Mischance Creek campierte, könnte er auch noch bei Denise Rennie und ihrer Tochter vorbeischauen.

Nachdem er fünf Kilometer über eine schmale Schotterstrecke voller unübersichtlicher Stellen, Bodenwellen und Auswaschungen gehüpft war, direkt in die Sonne, die sich in der Windschutzscheibe eines entgegenkommenden Farmer-Pick-ups spiegelte, in den Glasscherben in den Gräben und dem Glimmer in Staub und Schotter, nahm er eine Anhöhe und fuhr hinunter in eine Senke zwischen den Hügelfalten. Die Flanns wohnten in einem blassgrünen, viereckigen Eternitkasten, dessen Blechdach sich steil über einer Veranda erhob, die ringsum verglast war. Zwei kleine Schuppen für das Farminventar, ein leerer, überwucherter Hundezwinger, struppige Zypressen, ein schief stehender Wassertank. Zu dem Grundstück gehörten noch hundert Hektar steinigen Hügellands, auf dem man eine Herde Schafe hätte grasen lassen können, wenn man ehrgeizig, arbeitswillig und in der Lage war, für Nachschub an Heu zu sorgen – aber so was überforderte die Flanns definitiv.

Hirsch kam unten in der Senke an und lenkte in die Einfahrt. Vernachlässigung und Hilflosigkeit waren mit Händen zu greifen. Ein aufgebockter Datsun Bluebird kauerte in einem Flecken Flockenblumen; ein alter Kühlschrank mit Hebelgriff, eine Falle für kleine Kinder, gähnte das Unkraut an; ein Wohnwagen, mehr Rost als Blech, stand auf aufgestapelten alten Reifen neben dem Hauseingang.

Keine Spur von Wayne Flanns Holden Pick-up.

Hirsch stieg aus, schloss ab und ging zum Haus. So etwas

hasste er besonders: allein in einem Land voller Misstrauen, Ignoranz und ungezähmter Hunde. Aber das Grundstück war still und stumm und schien sich in Rechtfertigungen, nicht Streitlust zu hüllen.

Hirsch klopfte und klopfte noch mal; schließlich ging er zur Rückseite. Die hintere Veranda war in eine Schlafgelegenheit verwandelt worden, auf der jemand lag und stöhnte. Hirsch zögerte: Das war kein Schmerz, das war Anstrengung mit einem unverkennbar sexuellen Unterton.

Was jetzt? Er trat zurück, wahrte höflich Distanz und wartete. Die Geräusche nahmen zu und brachen dann ab. Hirsch wartete noch ein Weilchen und räusperte sich dann.

»Adam? Paul Hirschhausen hier. Ich muss dich mal sprechen.«

Die ganze Welt hielt den Atem an und warf ihm einen alarmierten Blick zu, dann rief jemand, der sich ganz nach Gemma Pitcher anhörte: »Nicht reinkommen!«

Aha.

»Okay«, sagte Hirsch.

Er wartete. Ist sie sein Alibi? Es sei denn, sie haben die Nachtstunden damit verbracht, auf kleine Ponys einzustechen.

Nein, Gemma nicht. Eine kurze Weile später kam sie aus dem Haus und wich seinem Blick aus. Peinlich berührt, fand er, aber ohne sich zu schämen. Und in diesen ersten, schwierigen Sekunden legte sie ihre Hülle der pummligen Kassenhilfe vollends ab. Sie übernahm das Kommando. Ihre Haare standen wild ab, ihr aufgedunsenes Gesicht wirkte schläfrig und schlaff vor Befriedigung, ihre fleischigen Beine unter dem riesigen T-Shirt waren fleckig und knittrig vom Schlaf. Doch mit Würde und Nervenstärke streckte sie eine Hand durch die Tür und zog Adam Flann sanft hinaus auf das sich abmühende Queckengras. Adam hatte sich kakifarbene Boardshorts angezogen. Auch er war verknittert und strubbelig, aber, wie Hirsch zugeben musste, sehr gut gebaut. Adam warf Hirsch einen mürrisch schüchternen Blick zu, stellte sich neben Gemma, und die beiden hielten Händchen. Mit dem Daumen strich er über ihre Fingerknöchel.

»Tut mir leid, dass ich stören muss«, sagte Hirsch.

Die beiden warteten ab.

»Ich erkläre euch gleich warum, aber ich muss mit jedem von euch allein sprechen.«

Adam verkrampfte leicht. »Gehts um Ma?«

Gemma legte einen Arm um ihn und wartete angespannt.

»Soweit ich weiß, geht es ihr gut«, antwortete Hirsch. »Adam? Kommst du kurz mal hier rüber?«

Er ging mit dem Burschen zu zwei ehemals grünen Plastikgartenstühlen, von denen aus man nichts sah als eine ausgefranste Wäscheleine und eine Reihe von leeren Benzinfässern. »Setz dich.«

Sie setzten sich, und Adam schaute besorgt zu Gemma hinüber. Sein ganzes klugscheißerisches Selbstvertrauen war verschwunden – so als müsse er sich erst wieder fassen, nachdem er sich vor Kurzem im Bett der eigenen Verletzlichkeit hingegeben hatte.

»Darf ich fragen, was du letzte Nacht gemacht hast?«

Der alte Adam tauchte kurz wieder auf. »Ich hab nichts angestellt.«

»Verrate mir einfach nur, was du gemacht hast und wann, dann bin ich sofort wieder weg.«

Flanns Gesichtsausdruck verriet seine Skepsis. »Ich bin alt genug«, sagte er.

Spricht er vom Sex mit Gemma? »Ja«, sagte Hirsch.

Adam kaute auf der Unterlippe herum. »Gemma und ich sind zu diesem Weihnachtsdings gegangen, wo Sie auf dem Pferd geritten sind.«

»Okay.«

»Dann sind wir hierhergefahren.«

»Womit?«

»Wayne.«

»Wann war das?«

»Sofort danach.«

»Seid ihr noch mal rausgegangen?«

»Wayne schon. Gemma und ich sind hiergeblieben.«

»Okay«, sagte Hirsch und stand auf, »du bleibst hier sitzen, und ich rede kurz mit Gemma.«

Hirsch ging wieder über den Rasen. »Er hat nichts Unrechtes getan«, sagte Gemma hitzig, »er hat sich entschuldigt und alles.«

»Immer mit der Ruhe. Ich muss nur wissen, was du letzte Nacht gemacht hast.«

»Ich? Ich war mit Adam bei dem Weihnachtsfest auf der Straße. Sie haben uns doch gesehen, oder?«

»Und dann?«

»Dann sind wir hierhergefahren.«

»Wie?«

»In Waynes Pick-up.«

»Ist einer von euch wieder rausgegangen? Ins Pub? Eine Spazierfahrt? Eine Party?«

Gemma schüttelte den Kopf. »Nein. Wir sind hiergeblieben.«

»Und Wayne?«

»Der ist vielleicht noch mal raus«, sagte Gemma und zuckte mit ihren schweren Schultern. »Jedenfalls war er nicht hier, als ich heute Morgen aufs Klo gegangen bin. Warum? Was hat er angestellt? Was glauben Sie, dass Adam und ich angestellt haben?«

Hirsch drehte sich um und winkte Adam zu sich.

»Letzte Nacht hat jemand Mrs Washburns Ponys angegriffen.«

Er wartete und beobachtete. Gemma legte ihre Hand in die von Adam, und Hirsch sah, wie die beiden versuchten, die Neuigkeit zu verdauen. »Was meinen Sie damit?«, fragte Gemma.

»Ich meine damit, dass ein paar Ponys tot und ein paar andere schwer verletzt sind.«

»Erschossen?«, fragte Adam.

»Mit einer Axt oder Machete oder einer Art großer Klinge verletzt.«

Wieder wartete Hirsch. Gemma schossen Tränen in die Augen. Adam brauchte länger, um das zu verarbeiten, dann nahm er Gemma in die Arme. Er sah Hirsch an. »So etwas würde ich nie tun. Gemma und ich waren die ganze Nacht hier.«

»Würde Wayne so etwas tun?«, fragte Hirsch, obwohl er

wusste, dass in dieser Familie der eine Bruder den anderen stets schützen würde.

Adam machte ein strenges Gesicht. »Nein, niemals.«

Gemma meldete sich zu Wort. »Wayne hat Adam einen Blödmann geschimpft, weil er Nans Pick-up geklaut hat. Er hat gesagt, das geschieht ihm recht, dass er sich entschuldigen muss.«

»Ja. Ihre Pferde sind ihm völlig egal«, sagte Adam.

»Aber irgendwann ist er noch mal verschwunden?«

Adam bohrte mit dem Zeh im Staub und zuckte mit den Schultern. »Ins Pub wahrscheinlich.«

Hirsch wusste, dass er gerade eine Lüge zu hören bekommen hatte, aber was verbarg sich dahinter? Hatte Wayne Adam belogen? Hatte Adam gelogen, um Wayne zu schützen? Außerdem hatte Adam nur eine Vermutung angestellt, nichts Konkretes gesagt. Alle logen, den ganzen Tag – vor allem der Polizei gegenüber. Eine einzelne große Lüge von jemandem, der es nicht gewohnt ist zu lügen, lässt sich meist erkennen und widerlegen. Ständiges, gewohnheitsmäßiges Lügen ist schwerer zu erkennen, geschweige denn anzufechten, denn der Lügner sieht keinen Unterschied mehr zwischen Lüge und Wahrheit. Alles nur Worte im Interesse des eigenen Überlebens. Die meisten Menschen lügen ab und zu und würzen die Lüge mit der Wahrheit, um Schuld von sich zu weisen oder ihre Feigheit oder Dummheit zu kaschieren.

Die beiden voneinander zu unterscheiden, konnte einem Kopfschmerzen bereiten. In diesem Fall zumindest war Hirsch sicher, dass Adam Flann unschuldig war.

Er bedankte sich bei den beiden, wünschte ihnen noch einen guten Tag und fuhr weiter hinaus ins Hinterland.

Draußen, wo der nackte rote Staub vom Wind verweht wurde, waren die Straßen nur noch ausgefahrene Holperstrecken. Zwischen den stummeligen Mulgabäumen konnte man augenlose Ruinen sehen, andere standen auf einer steinigen Ebene, die niemals Getreide gedeihen ließe, geschweige denn ein Schaf ernährte. Überall nur Steine: weiße Quarzriffe auf den Weiden; flache, aus dem Boden ragende Platten, um die Hirsch seinen Allrad lenkte; Kieselsteine, die in den Radkästen klapperten, wenn er schneller fuhr; runde, vom Wasser abgeschliffene Brocken von der Größe eines Fuß- oder Tennisballs in den Bachbetten. Oder Feldsteine, wie man sie früher für die Farmhäuser, Scheunen, Zäune und Viehhöfe gesammelt hatte.

Nur selten kam er in der ersten halben Stunde über den dritten Gang hinaus, der HiLux knarzte und verwand sich wie ein starres kleines Schiff auf aufgewühlter See, doch schließlich kam er an einen einsamen Abschnitt, wo vertrocknete Blumen auf dem grasigen Rand lagen. Jemand war hier bei einem Autounfall ums Leben gekommen, und offensichtlich trauerten noch immer andere arme Seelen. Kurze Zeit später kam er an einem schlammigen Staubecken vorbei, in dem Bob Muir und anderen im Ort zufolge ein Kleinkind ertrunken war. Eine von Tod geprägte Landschaft, fand Hirsch. Hoffnungen starben, Menschen starben. Mrs Keirs »Eingeborene«, Kinder, Autofahrer, Goldsucher, Touristen und jene, die hinaus in das trockene Land wanderten, um nie wieder zurückzukommen. Hier draußen konnte ein Mord geschehen und unentdeckt bleiben, dachte er. Nirgendwo hier draußen ist es neutral. Die Landschaft ist aufgeladen, mitschuldig.

An einer Weggabelung bremste er. Ein Schild wies in der einen Richtung nach *Mischance Creek (Ruinen)* und in der anderen nach *Mischance Creek*. »Sie müssen zum Bach selbst«, hatte Nan Washburn ihm nahegelegt. »Fahren Sie, bis Sie ein Wagenrad sehen, das ist die Markierung zu Craigs Lager und vielleicht zu Craig selbst.«

Aus Neugier schaute sich Hirsch als Erstes die Ruinen an. Es gab nicht viel zu sehen. Mischance Creek war vor hundert Jahren eine winzige Ansiedlung gewesen, doch heute gab es nur noch steinerne Wände, die wieder in der roten Erde versanken. Hirsch wendete, fuhr in die entgegengesetzte Richtung und bog am Wagenrad ab. Hundert Meter weiter kam er zum Bach und zu Craig

Washburns Platz. Hirsch war beeindruckt. Hauptbestandteil war ein langer Campingwagen, plump und eckig, der von einem weiten mit Palmblättern gedeckten, von bearbeiteten Holzstangen getragenen Dach beschattet wurde. Auf einer Lichtung daneben standen eine Reihe von Solarpaneelen und eine Batterie. Auf der anderen Seite befand sich ein alter, rostiger Kingswood unter einem schrägen Wellblechdach, von dem aus ein Fallrohr zu einem unpassend neuen Plastiktank führte, der die Farbe des Himmels hatte.

Hirsch stieg aus, streckte sich und schlenderte zu dem Wagen hinüber. Er sah nicht fahrtüchtig aus, und irgendein anderes Gefährt sah er nirgends. Zwei blaue Arbeitshemden trockneten an einer Leine zwischen ein paar Eukalyptusbäumen. Ein Eimer mit durchlöchertem Boden hing an einem Baum – eine Dusche? Säuberlich aufgestapelte leere Blechdosen, daneben Plastik- und Glasflaschen. Hirsch kam an einer staubigen Stelle vorbei, wo es nur so vor Bulldoggenameisen wimmelte, und besah sich den Stapel. Suppe. Milch. Mineralwasser. Kein Bier, Wein oder Schnaps.

Der Ort wirkte verlassen. Hirsch hob die Nase, schnüffelte vorsichtig und hoffte, keinerlei Verwesung zu riechen. Er roch nichts. Hier lebte ein Mann, der im größeren Umkreis keine Spuren hinterließ, so kam es Hirsch vor. Er klopfte am Wohnwagen an. Keine Antwort. Er versuchte die Tür zu öffnen – sie war nicht abgeschlossen – und betrat eine spartanische Welt aus ordentlich gemachtem Bett, Fachbüchern und Notizblöcken; auf einem Regal über einem Sofa lag ein Metalldetektor. Kein Staub, keine Gerüche, nichts verschüttet oder verstreut.

Blieb ihm nur, dem Bach zu folgen. Er war fast ganz ausgetrocknet. Es floss kein Wasser, doch alle hundert Meter etwa gab es schilfbewachsene Tümpel. In der Entfernung lagen die rosigfleckigen Tiverton Hills. Links und rechts roterdige Ebenen mit spärlichem Mulgabuschbewuchs und ausgebleichtem totem Gras. Er kam an eine Biegung, wo zwischen Rohrkolben ein breiter Streifen stehendes Wasser zu sehen war; kleine

Geschöpfe hatten ihre Spuren über einen schmalen schlammigen Halbmond gekritzelt. Dazu Fußspuren. Hirsch ging weiter das Bachufer entlang, und schließlich zeichnete sich neben einem schmalen Einschnitt, der bei Höchststand wahrscheinlich ziemlich schnell floss, nun aber nur ein kleiner Tümpel war, eine menschliche Gestalt ab.

Hirsch blieb stehen und schaute zu. Washburn – wenn er es denn war – trug ein Kakihemd, Hose und einen speckigen Akubrahut. Er kniete mit dem Rücken zu Hirsch und rupfte totes Gras, das eine flach in den Boden eingelassene Steinplatte umstand. Als er damit fertig war, wischte er Staub und Stängel mit einem neu wirkenden Kehrbesen weg.

Hirsch hüstelte. Der Mann sagte: »Ich hab Sie schon kommen hören. Unauffällig wie eine Herde Rinder.«

Er stand auf, drehte sich um und zeigte ein zerfurchtes, stoppliges Gesicht und eine dicke, mit schwarzem Isolierband geflickte Brille. Blaues Bindegarn statt eines Hosengürtels. Er nahm die Brille ab, faltete sie zusammen, steckte sie in die Brusttasche und betrachtete Hirsch aufmerksam. Dann winkte er ihn mit einer Kopfbewegung zu sich heran.

»Ich zeige Ihnen mal was.«

»Sind Sie Mr Washburn?«

»Ja. Kommen Sie.«

Er ist eher verschmitzt als verrückt, dachte Hirsch und ging auf Washburn und die Steinplatte zu.

»Der Sohn eines Schäfers«, sagte Washburn.

Er hatte einen Grabstein gepflegt. Auf der moosbewachsenen, erodierten Platte stand, *James, Sohn von George. Ihn nahm die Flut am 5. April 1875 im Alter von sechs Jahren und der Engel sprach zu*, und jedes gemeißelte S beugte sich vor, als setzte es sich der Strömung entgegen. Der Rest war unleserlich; Hirsch spürte eine unendliche Trauer, Gefühle stürmten auf ihn ein, der Ort und die Vergangenheit nahmen ganz von ihm Besitz. Er hörte einen Schrei – aber das war nur ein Vogel bei der Jagd. Hirsch richtete sich auf, stolperte, drehte sich um, stützte die Händen auf die

Knie und starrte in eine Pfütze, die unter dem Ufer stand. Sein Gesicht schaute mit unklaren Absichten zurück.

Washburn packte ihn am Ellbogen. »Vorsichtig, das ist nicht stabil.«

Hirsch trat zurück auf festeren Boden. Ihm war heiß in der Sonne, und sein Schweiß war ganz salzig.

Er fasste sich wieder und sagte schnell: »Mr Washburn, ich bin Paul Hirschhausen, vom Polizeirevier in Tiverton, wo Ihre Frau wohnt.«

Furcht zeigte sich auf Washburns stoppligem Zauselgesicht. »Alles in Ordnung mit ihr?«

»Es geht ihr gut«, beruhigte ihn Hirsch. »Aber darf ich Sie fragen, wo Sie letzte Nacht gewesen sind?«

Washburn traute seinen Ohren nicht. »Wo sollte ich denn gewesen sein?«

»Sie waren hier?«

»Wenn Sie damit meinen Wohnwagen meinen, ja. Ich habe kein fahrtüchtiges Auto, Sohnemann, keinen Drahtesel, kein Pferd, keinen Fliegenden Teppich, keinen Besen, kein –«

Okay, doch ein bisschen verrückt, dachte Hirsch. »Danke. Der Grund, warum ich hier bin. Ein paar von Nans Ponys sind gestern Nacht niedergemetzelt worden, und –«

»Aber Sie sagten doch, es geht ihr gut!« Washburn war entsetzt. »Es kann ihr doch gar nicht gut gehen. Also los, fahren wir.«

Er eilte zum Wohnwagen zurück. Hirsch folgte ihm. Er wusste nicht, was er tun sollte. Natürlich konnte er Washburn nach Tiverton fahren, aber wie würde der Mann reagieren, wenn er dort ankam? Was, wenn Yvonne und Nan nicht ganz aufrichtig über seinen Zustand gewesen waren?

»Mr Washburn, ich –«

Washburn blieb stehen und drehte sich um. »Ich weiß, was Sie denken. Man hat Ihnen gesagt, dass ich plemplem bin. Aber ich stelle keine Bedrohung für irgendjemanden dar. Ich halte es nur nicht sonderlich lange unter Menschen aus. Sie sind einfach nicht in der Lage, die Dinge auf sich beruhen zu lassen …«

Er sah sich unsicher um, so als würden sich die Oberflächen und Grenzen des Bachs und der nahe gelegenen Hügel, Straßen und Zäune verschieben. Mit großer Anstrengung fasste er sich und sagte: »Wenn Sie mich fragen, so liebe ich Nan noch immer. Und sie liebt mich. Wir verstehen einander. Und jetzt braucht sie mich. Lassen Sie mich nur schnell eine Tasche packen.«

»Also gut«, sagte Hirsch. »Ich muss unterwegs noch einen Zwischenstopp einlegen.«

Hope Hill Drive lag sieben Kilometer von den Ruinen von Mischance Creek entfernt; als sie dort eintrafen, meinte Craig Washburn: »Sind Sie sicher mit der Hausnummer? Kommt mir viel zu hoch vor.«

Hirsch schaute noch einmal in seine Notizen. »Hope Hill Drive 58.«

»Wer wohnt denn da?«

»Eine Familie namens Rennie.«

»Ha«, machte Washburn, und das in einem Ton, den Hirsch nicht deuten konnte.

»Kennen Sie sie?«

»Ich meide die Gesellschaft anderer.«

Hirsch wendete dort, wo die Straße zu Ende ging, und fuhr zurück. Dreißig Kilometer insgesamt. Keine Ortschaften, nur Farmen und Anwesen – sieben, alles in allem.

»Aber warum würde sie mich anlügen wollen?«, murmelte Hirsch.

Washburn warf ihm einen ironischen Blick zu. »Vielleicht bin ich nicht der Einzige, der in Ruhe gelassen werden will.«

Dann fuhren sie in geselligem Schweigen nach Tiverton; Unkraut und Steine rauschten an ihnen vorbei, bis sie auf kultiviertes Land stießen. Das kam Hirsch ganz unnormal vor. Die Straße fiel ab, stieg an und machte Kehren, ganz so, wie es die Konturen der Landschaft verlangten; Douglas Keir und alle, die nach ihm hier aufgetaucht waren, hatten versucht, der Landschaft eine gewisse Symmetrie aufzudrücken: gerade Zäune, Zufahrten und

Zypressenhecken, Neunzig-Grad-Winkel, makellose Rechtecke voller Weizenstoppeln. Und hier und da nagelneue, galvanisierte Dächer, so als ob die Zukunft eine Bedeutung hätte, wo doch die in Stein gemeißelte Vergangenheit so unmittelbar und beunruhigend war: das Grab des Sohnes eines Schäfers, eine verlassene Hütte, eine Felszeichnung der Ngadjuri. Doch Craig Washburn lebte zufrieden draußen auf dem Land. Als sie nun die Hügel hinunter auf die Weiten von Tiverton zufuhren, schien er in seinem Sitz zu versinken. Grenzen sperren ihn ein, dachte Hirsch. Oder er wappnet sich gegen den Schrecken.

# 12

Sie rollten durch den Ort. Hirschs Fahrt ins Hinterland hatte Stunden gedauert, und nun war es später Samstagnachmittag. Keine Geier und Gaffer, aber neben der Zufahrt zur Kitchener Street stand ein zweiter Übertragungswagen, und es sah so aus, als würde eine Handvoll Ortsansässiger das Tatortband neben den Constables Landy und Medlin, Sergeant Brandls »Kindern«, bewachen.

Craigs Anspannung nahm zu. Kurz vor einer Panik, wie Hirsch erkannte, als er sah, mit welcher Mühe sich seine Brust hob und senkte und wie er Fäuste ballte und wieder öffnete. »Craig?«

»Ich kann nicht … ich kann nicht …«

Hirsch blieb nicht stehen, sondern fuhr zum nördlichen Ende des Ortes und bog links in die erste Schotterpiste. Die ganze Zeit über redete er leise und ruhig: »Atmen Sie tief und langsam … wir sind gleich bei Nan … wir nehmen den Weg von hinten … tiefe, lange Atemzüge …«

Es funktionierte, Washburn saß nach einer Weile entspannter da. Hirsch fuhr zweihundert Meter weit und schaute nach links hinaus, bis er davon ausging, dass sie parallel zur Rückseite von Nans Grundstück waren; ein frisch abgeerntetes Weizenfeld trennte sie von den Stallungen.

»Okay?«

Washburn nickte.

Sie stiegen aus, kletterten über einen Drahtzaun und überquerten das Feld; die Erde zwischen den steifen, ausgebleichten Stoppeln war rot und hart gebacken. »Achten Sie auf Schlangen«, sagte Washburn.

Ein gutes Zeichen, fand Hirsch, wenn er die Außenwelt

wahrnimmt und sich um das Wohlergehen eines anderen Mannes darin sorgt. Solange wir ihn beschützen können.

Dann waren sie auf Nans Hof, und Hirsch konnte sehen, dass jemand fleißig gewesen war. Die Kadaver waren verschwunden; frische Erde war über die Blutlachen gerecht worden. Er rechnete damit, dass Washburn das ebenfalls bemerken würde, und wollte sich beruhigend an ihn wenden, doch Washburn gab einen kleinen Aufschrei von sich, eilte zum Lattenzaun, und Radish trottete heran, um ihn zu begrüßen, gefolgt von den Ponys. Hirsch war schon immer der Überzeugung gewesen, dass man im Gesicht eines Hundes lesen konnte. Nun las er in den Zügen von Radish so etwas wie Freude.

Nan und Yvonne tauchten von der hinteren Veranda auf, gefolgt von Detective Comyn, der sofort Hirsch am Arm packte. »Hier entlang.« Im Schatten des Brauchwassertanks sagte er leise und angespannt: »Sie haben ganz schön lange gebraucht.«

Hirsch erklärte es ihm.

Comyn interessierte sich nicht dafür. »Hat er es getan?«

»Nein«, antwortete Hirsch und führte Craigs Alibi aus.

Comyn knurrte wieder, besah sich die Szene am Zaun genau, so als hoffte er, dass die überlebenden Tiere auf Craig Washburn zeigen, sich bei seinem Anblick vor Schrecken aufbäumen und bis in die hinterste Ecke der Koppel galoppieren würden. Doch das Bild war friedlich, Washburn strich über Hälse und Schnauzen, die Frauen klopften ihm auf den Rücken.

Comyn seufzte und schüttelte den Kopf. Dann bemerkte er ein Stück weiter weg das Dach des HiLux. »Sie haben Ihren Verstand benutzt, wie ich sehe. Die verfluchten Medien.«

»Haben die irgendetwas gefilmt?«

»Da gabs nichts zu filmen. Ich wusste, dass sie eine Drohne oder einen Helikopter einsetzen oder über den hinteren Zaun steigen würden, so wie Sie, deshalb habe ich mit Mrs Washburn und der Tierärztin geredet. Fazit: Ein paar der Anwohner haben die Kadaver in einem Lastwagen weggeschafft und eine Fuhre Muttererde hergekarrt.«

»Gute Idee.«

»Und Mrs Washburn – eine mutige Frau – ist vor ein paar Stunden hingegangen und hat sich den Kameras gestellt. Kein theatralisches Getue, keine Schuldzuweisungen, nur ein paar Fakten. Sie hat keine Fragen beantwortet.«

Aber Hirsch wusste, dass die Abendnachrichten selbst mit der Aussage des Opfers und ohne Filmaufnahmen die Geschichte bis auf den letzten Tropfen auspressen würden. »Morgen könnte es schlimm werden.«

»Für manche Leute ein hübscher Sonntagsausflug«, meinte Comyn. »Zu dumm nur, dass es nichts zu sehen gibt.«

Sie unterhielten sich fast wie Gleichrangige; Hirschs niedrigerer Dienstgrad und sein Status als Aussätziger war in Vergessenheit geraten. »Wegen Morgen …«

»Verstärkung«, sagte Comyn. »*Widerwillige* Verstärkung, nur eine *Handvoll* an Leuten, und auch erst ab neun Uhr früh etwa.«

Port Pirie und Clare würden je einen Wagen mit zwei Officern entsenden, sagte er. Er wurde in Port Pirie erwartet, und Sergeant Brandl und ihre Constables hatten bald Dienstschluss. Ein hartes kleines Grinsen: »Bleiben nur noch Sie an der Front, Mann, und zwar die ganze Nacht.«

»Großartig«, sagte Hirsch.

Was er nicht sagte, aber dachte, war die Frage, ob der Gebietskommandant den Zwischenfall unterschätzt und gedacht hatte, wer interessiert sich schon für ein paar verletzte Gäule?

Darauf hatte Hirsch eine Antwort parat – etwa neunundneunzig Prozent der Bevölkerung. Man kann ja locker darüber hinwegsehen, wenn sich die Leute gegenseitig wehtaten, aber wenn es um einen verlorenen Welpen geht, heulen alle Rotz und Wasser.

»Mit etwas Glück wird sich das morgen verlaufen«, sagte Comyn, »aber so ein bisschen Tatortband wird niemanden aufhalten, auch kein Drahtzaun, also: Strategie.«

Und die erläuterte er Hirsch. Er sollte Straßenbauböcke und Bretter aus dem Bezirksbauhof besorgen, egal wie, um die

Zufahrt zur Straße zu versperren. Und er sollte jeden verhaften, der Mrs Washburns Land betrat. Eine zuvorkommend feindselige Haltung gegenüber Gaffern.

»Zuvorkommend feindselig?«, fragte Hirsch, dem der Detective aus Port Pirie immer besser gefiel.

»Die sollen ruhig mitkriegen, dass Sie Gesichter und Nummernschilder fotografieren. Und wenn sie wissen wollen warum, dann lächeln Sie und sagen, ›wir können uns durchaus vorstellen, dass der Täter zurückkommt und sich an seinem Werk ergötzt‹.« Er zuckte kurz mit den Schultern. »Könnte ja sogar stimmen.«

»Der gute alte Polizeiansatz: Wir gegen die«, meinte Hirsch.

Die Dunkelheit brach herein, Hirsch – nun der einzige Vertreter der Staatsmacht im Ort – stand mürrisch am Eingang zur Kitchener Street und betrachtete sein Handy. Eigentlich sollte er heute Abend mit Wendy und Katie Weihnachten feiern, bei ihnen, mit Übernachtung.

Hirsch rief an, Wendy hob ab, Hirsch erklärte alles. »Mal wieder ein verhindertes Schäferstündchen.«

Ein winziges, bedeutsames Zögern. »Man hat mich davor gewarnt, mich mit einem Polizisten einzulassen. *Du* hast mich davor gewarnt.« Sie versuchte, das leichthin klingen zu lassen, schaffte es aber nicht recht.

Sie ist enttäuscht, dachte Hirsch. Das war sie fast nie, wenn seine Arbeit dazwischenkam. Doch diesmal musste man ihr zugutehalten, dass Weihnachten war – und dass sie Zeit mit ihm verbringen wollte. Und ihm auch.

Er stotterte: »Das mache ich nach Weihnachten wieder gut. Ich –«

Mit wieder warmherziger Stimme unterbrach sie ihn: »Sei nicht albern. Wenn du nicht zu uns kommen kannst, dann kommen wir eben zu dir.«

Das mochte er an ihr. Sie hielt sich nicht lange auf, sie suchte nach einer positiven Alternative. »Das wäre toll.«

»Aber wir werden keine Wache schieben.«

»Einverstanden.«

Mutter und Tochter trafen gegen Viertel nach sieben auf dem Revier ein und brachten alles für eine Gemüsepfanne mit. Kaum war Katie aus dem Auto gestiegen, fragte sie schon, wo denn ihr Weihnachtsgeschenk sei.

»Ich habe dich gut erzogen, wie ich sehe«, sagte Hirsch und legte einen Arm um Katie, und Wendy, die sich an den Humor der beiden gewöhnt hatte, schaute zu. Sie warf Hirsch einen vielsagenden Blick zu. So als wolle sie zum Ausdruck bringen, dass er nicht alles als gegeben ansehen sollte. So als wolle sie zum Ausdruck bringen: Sorry wegen vorhin.

Hirsch erwiderte den Blick und wandte sich dann an Katie. »Aber was viel wichtiger ist«, sagte er, »wo ist *mein* Geschenk?«

»Das ist so groß, da brauchten wir einen Laster.«

»Und der Laster ist unterwegs liegen geblieben.«

»Nein, der ist verschwunden. Keiner weiß, wo er ist.«

Das Geplänkel ging zu Ende und wich einer merkwürdigen Beklemmung, so als sei eine unheilvolle Energie von Nan Washburns Straße aus über die Landstraße herbeigerollt.

»Lasst uns was essen«, sagte Hirsch und bat sie ins Haus.

Sie aßen auf dem Hinterhof, trugen Papierhüte und lasen die lahmen Witze vor, die in ihren Knallbonbons versteckt gewesen waren. Dann gab es Geschenke: Von Wendy eine Geschichte des mittleren Nordens, geschrieben von einer ehemaligen Direktorin der Highschool, an der sie Mathematik unterrichtete, von Katie eine CD, die sie ihm gebrannt und mit dem Titel *Songs für alte Knacker* versehen hatte. Die beiden machten recht überzeugend Oh und Ah, als es zu ihren Geschenken kam, und schließlich meinte Wendy: »Wir sollten uns besser auf den Heimweg machen, wir müssen morgen früh los.«

Als sie neben der stillen Landstraße auf dem Gehweg standen, Insekten flatterten um die Straßenbeleuchtungen, gab Hirsch den beiden einen Abschiedskuss. »Gute Fahrt, wir telefonieren am ersten Weihnachtstag.«

»Vielleicht schon vorher«, sagte Wendy und drückte ihren warmen Körper kurz an ihn.

Dann machte sie einen Schritt zurück und sah ihn an. »Am Donnerstag fahren Katie und ich zu meinem Bruder zu einem Nach-Weihnachts-Essen. Wir möchten gern, dass du mitkommst.«

Ihr Bruder würde mit seiner Familie in Morgan leben, sagte sie, am River Murray, und würde beim weihnachtlichen Familientreffen dieses Jahr nicht dabei sein. »Das tun sie selten«, sagte sie bedrückt, »also fahren wir zu ihnen. Sonst krieg ich die nie zu sehen.«

Jedenfalls kommen sie nie zu Besuch, dachte Hirsch. »Gern.«

Wendy lachte. »Weil das aus meinem Mund so einladend klingt.«

Sie umarmten sich noch einmal, dann stiegen die beiden ein, Wendy klimperte zum Abschied mit den Fingern, Katie fummelte ihr iPhone in eine der neuen Hüllen. Hirsch spürte sofort ihre Abwesenheit als kalte Leere in der warmen Nachtluft, dann war von ihnen nichts mehr zu sehen als immer kleiner werdende Rücklichter.

Er überquerte die Landstraße, fühlte sich verlassen, ohne Bezug, ein Mann ohne Wert. Nans Straße war jenseits der Sperre ruhig und leer, der Ort schlief. Hirsch ging in seine Wohnung hinter dem Revier, als sein Handy piepte. Eine SMS von Martin Gwynne: *Kurze Erinnerung wegen Morgen, Aufräumaktion um 9, Abendessen um 18.30 Uhr.*

Ach, verflucht noch mal.

Sonntag, sechs Uhr früh, Hirsch streifte durch den Ort. Er war in der Nacht nicht gerufen worden, und die Landstraße war leer. Er schob einen Bock beiseite, ging die Kitchener Street entlang und kam zu Nan Washburns Einfahrt. Haus und Hof waren still, die Tiere standen am Zaun und warfen die Köpfe hin und her, als sie ihn sahen – nicht aus Furcht, wie er fand. Er ging zurück zur Landstraße und klapperte die Seitenstraßen ab. Die

Luft war sauber und mild, nichts rührte sich außer Hirsch und den morgendlichen Vögeln.

Der Wagen des CIB aus Clare traf um halb neun ein, der Wagen aus Port Pirie um zwanzig vor neun; Sergeant Brandls Kinder – die Hirsch finster anblickten, so als sei das alles seine Schuld – um fünf vor neun. Kaffee und Lagebesprechung auf der Veranda von Ed Tennants Laden. Die einzigen Fahrzeuge, die durch den Ort kamen, waren ein Reisebus, ein Road-Train mit Heuballen und eine Handvoll verstaubter Fahrzeuge – Kirchgänger; Frühstarter in den Weihnachtsverkehr. Dann kam Martin Gwynnes Camry angerollt, und Hirsch erinnerte sich wieder an den Arbeitseinsatz des Tennisclubs.

Seine Laune sank sofort in den Keller. Erstens – Martin Gwynne. Zweitens – Hirsch hatte doch sicher die beste Ausrede, die man haben konnte, um nicht mitmachen zu müssen? Drittens – würde so kurz vor Weihnachten außer Martin noch jemand anderes mitmachen? Viertens – er sollte um halb sieben bei den Gwynnes zum Essen kommen; das reichte doch wohl, oder? Fünftens – Martin Gwynne.

Die Zeit verging. Ein paar Gaffer sammelten sich an der Sperre, Kameramann und Reporter von Channel 10 wurden von Nans hinterem Zaun verscheucht, was die nicht davon abhielt, die Stallungen, den Hof und die überlebenden Tiere zu filmen. Ansonsten blieb es still im Ort. Vielleicht würde es am Nachmittag hektischer werden; schließlich war es ja erst Vormittag.

Zehn Uhr. Kein Lüftchen regte sich, nur Hitze. Die Art von Hitze, die Eukalyptusbäume, Holzbalken und Blechdächer knacken und knistern ließ. Als die Lagebesprechung vorüber war, überließ Hirsch es den Neuankömmlingen, durch den Ort zu patrouillieren, und ging zu den Tennisplätzen, wo sich diesmal nur sechs Paar Hände eingefunden hatten, wo sonst üblicherweise zwanzig oder mehr zum Arbeitseinsatz kamen; Martin und Joyce, wobei Martin übertrieben auf die Uhr schaute, die Grundschuldirektorin – und die Bagshaw-Zwillinge, die Hirsch verschmitzt grüßten.

»Hirsch, Mann«, sagte Ivan Bagshaw. »Wir kommen morgen vorbei …«

»… mit dem Ausbesserungslaster«, vollendete Carl Bagshaw den Satz.

»Und füllen die Schlaglöcher aus«, sagte Ivan. Er schmierte die Netzspannkurbel, Ivan rührte eine Dose weiße Markierfarbe an.

Hirsch schaute besorgt zu Martin hinüber, der in der Nähe stand und sich ganz den Anschein eines Vorarbeiters gab. »Das wäre toll.«

»Gleich als Erstes in der Frühe«, sagte Carl.

»Ich bin da.«

Die Brüder waren beim Bezirk dafür angestellt, die Straßen instand zu halten, von Kugeln durchsiebte Straßenschilder zu ersetzen, kaputte Schaukeln zu reparieren und die Rosen am Ehrenmal zu schneiden. Lässige, schlaksige Männer mit verschlafenem Blick. Hatten sie Tennisschläger in den Händen, verwandelten sie sich im Doppel in schnelle und präzise Haie. Außerhalb des Tenniscourts betrachteten sie die Welt leicht amüsiert: Es gab kaum etwas, das zählte, irgendetwas ändern zu wollen, hatte eh keinen Sinn. Sie trieben Martin Gwynne in den Wahnsinn.

Und jetzt teilte Martin Hirsch mit, dass er bei der Reparatur der Netze helfen sollte. »Aber zügig.«

Die Netze lagen an einem Ende des Hauptcourts und warteten darauf, vor dem Flicken ausgebreitet zu werden. »In der Kiste sind Nadel und Faden.«

»Okay.«

»Sie haben nicht daran gedacht, Lederhandschuhe mitzubringen?«

Nein, Hirsch hatte nicht daran gedacht, Lederhandschuhe oder sonst irgendeine Form von Handschuhen mitzubringen. Sein Leben war voll mit Dingen, an die er nicht gedacht hatte, und mit Dingen, von denen er wusste, dass er sie hätte machen sollen.

»Ich habe noch ein Paar im Pick-up«, sagte Carl Bagshaw und schlenderte mit einem lässigen Winken davon.

Hirsch blieb eine Stunde, dann kehrte er in die Kitchener Street zurück.

»Irgendwas Neues?«

»Nichts.«

Und so blieb es den ganzen Tag, nichts, was sie nicht regeln konnten; Hirsch besprach sich am Telefon mit Comyn und Brandl und schickte alle gegen sechzehn Uhr nach Hause. Er würde die Sperre noch für ein paar Tage stehen lassen, aber das Wochenende war geschafft, und in ein paar Tagen war Weihnachten, deshalb rechnete er nicht in letzter Minute mit einem Zustrom gelangweilter Katastrophentouristen.

Den Rest des Nachmittags verbrachte er damit, den Staub vom HiLux abzuspritzen, seine Eltern anzurufen und die schäbigen Wände seines Büros anzustarren. Sollte er die Wände streichen oder es sich mit einem Bier gemütlich machen?

Blöde Frage. Kurze Zeit später saß er mit einem Bier neben sich unter dem Deckenventilator und las in Wendys Geschenk. Das Buch war interessanter, als er gedacht hatte. Die Familie Keir kam darin vor, der Sitz der Keirs, die Kupfermine Redruth, die Minenarbeiter aus Cornwall, in Text und Bild. Der schneebedeckte Razorback; ein Feld voller Wildblumen im Osten; das Grab des Schäfersohns; ein Ngadjuri beim Steinschleifen; ein Buschfeuer in den Hügeln um Tiverton. Er blätterte durch das Register: Muirs und Bagshaws hatte es hier schon seit Beginn der Aufzeichnungen gegeben.

Bewaffnet mit Weihnachtspralinen und einer Flasche Clare Valley Riesling, klopfte Hirsch um zwanzig vor sieben bei den Gwynnes. Hinter der Tür hörte er Martin: »Kannst du mal aufmachen, Mutter?« Dann öffnete Joyce Gwynne die Tür mit einem merkwürdigen Kopfnicken – halb schüchterner Knicks, halb blankes Entsetzen – und ausweichendem Blick. Hirsch hielt ihr Pralinen und Wein hin und sagte: »Ich hoffe, ich bin nicht zu spät?«

Zehn Minuten nach der vereinbarten Zeit einzutreffen war seine Art, passiven Widerstand gegen Martin zu leisten. Kleingeistig, aber das war Hirsch egal; es war trotzdem befriedigend.

»Kommen Sie herein«, sagte Joyce. Sie trat beiseite, schaute zu Boden, beobachtete, wie Hirschs Schienbeine über die Schwelle traten, dann hob sie den Kopf und warf ihm einen kurzen, suchenden Blick zu. Hirsch konnte ihn nicht deuten. Eine Warnung?

Das Haus war kühl, gedämpft, nur schwach beleuchtet, alles wich vor dem Leben zurück. Es ging einen langen Flur entlang in ein offenes Wohnzimmer mit Essecke, von der Küche nur durch eine lange Theke getrennt. Der Tisch war gedeckt, Salzkartoffeln in der einen Schüssel, blasser Eisbergsalat mit Tomatenachteln deprimierend in der anderen Schüssel drapiert.

»Sie haben morgen ja einen Arbeitstag«, sagte Martin, »deshalb dachten wir, wir essen sofort.«

Er hatte in einem Topf auf dem Herd gerührt. Eine Art Schmorgericht? Bei diesem Wetter? »Riecht toll«, sagte Hirsch.

Martin sah auf die Uhr. »Essen ist fertig.« Er sagte das eher bei sich, aber mit einem *Unterton*: Noch später, dann wäre alles ruiniert gewesen.

»Ausgezeichnet«, sagte Hirsch.

»Setzen Sie sich hierhin«, murmelte Joyce.

»Ich dachte, wir trinken einen Roten dazu«, sagte Martin, als sie sich gesetzt hatten. »Ein interessanter Barossa Shiraz, der Ihnen vielleicht gefallen wird.« Er schenkte Hirsch ein, dann sich selbst – erheblich mehr –, Mineralwasser für seine Frau.

Hirsch wollte schon einen Schluck probieren, doch er überlegte es sich anders, weil Martin etwas sagte. »Wir sprechen gern ein Gebet«, betonte er, dann spürte Hirsch den heißen, trockenen Griff des Mannes um seine rechte Hand, und Joyce' winzige feuchte Finger schlichen sich in seine linke Hand.

»Vater aller Gaben, alles, was wir haben, alle Frucht im weiten Land, ist Geschöpf in deiner Hand. Hilf, dass nicht der Mund verzehrt, ohne dass das Herz dich ehrt, was uns deine Hand beschert. Amen.«

»Amen«, wiederholte seine Frau kaum hörbar.

Hirsch brachte ein unterdrücktes Husten zustande, und sie aßen.

»Köstlich«, sagte Hirsch, und das war es überraschenderweise auch.

Die Unterhaltung kreiste um die Geschehnisse im Ort. Was für eine gute Arbeit Bob Muir geleistet hatte, Bewegungslichter rund um die Tenniscourts zu installieren. Ed Tennant sollte vielleicht mal daran denken, Gemma ein paar praktische Arbeitstipps zu geben, das Mädchen war ja ein nutzloser Klotz.

Und die arme Nan und ihre Ponys …

Dann fragte Martin mit erwartungsvoll glänzenden Augen: »Ich weiß ja, Sie dürfen nichts zu den laufenden Ermittlungen sagen, Paul, aber gehe ich recht in der Annahme, dass die jungen Herrschaften Cobb und Flann etwas damit zu tun hatten?« Er hob eine Hand und zählte einen Finger nach dem anderen ab. »Sie sind Freunde. Es gibt keine anderen Jungen in ihrem Alter, mit denen sie Zeit verbringen können. In Ermangelung eines passenderen Worts – verrückte Mütter. Keine Vaterfigur. Und wahrscheinlich haben sie es gehasst, sich bei Nan entschuldigen zu müssen.«

Hirsch wischte seine Sauce mit einer Kartoffel zusammen. »Ich bin froh, Ihnen sagen zu können, Martin, dass keiner von beiden dafür verantwortlich ist. Die Sache ist also immer noch offen.«

Martin runzelte die Stirn. »Tatsächlich. Überrascht mich, das zu hören.«

Martin wollte mehr wissen, aber Hirsch tat ihm den Gefallen nicht. In der Stille klapperte das Besteck, ein Deckenventilator surrte leise, ein Laster rollte durch den Ort. Dann sagte Joyce: »Wie geht es Mrs Street? Ich hatte gehofft, sie würde Sie heute Abend begleiten. Sie wäre sehr willkommen gewesen.«

Das war mehr, als sie jemals sonst zu Hirsch gesagt hatte. Er wusste dieses Angebot zu schätzen, auch wenn es ihn bei der Vorstellung schauderte, was Wendy wohl zu einem Essen in diesem Haus sagen würde. Er sah Joyce Gwynne neugierig an und bemerkte, dass sie seinem Blick standhielt. Sie schien sagen zu wollen, dass der Abend wohl anders gelaufen wäre, wenn es nach ihr gegangen wäre.

»Wendy geht es gut, danke«, sagte er warmherzig. »Katie und sie sind für ein paar Tage zu einem längeren Weihnachtsbesuch bei der Familie.«

»Zu schade, dass Sie arbeiten müssen«, fuhr sie fort.

»Nun, das liegt in der Natur der Sache.«

Martin folgte ihrem Wortwechsel, als könne er dessen Banalität gar nicht fassen. »Ziehen wir uns ins Wohnzimmer zurück, Paul. Ich muss Ihnen etwas zeigen.«

Das war das Zeichen für Joyce, den Tisch abzuräumen. Sie blieb in der Küche; Hirsch bekam ein zögerliches Tellerwischen und Wasserrauschen mit, während Martin ihn auf ein Ende eines pneumatisch seufzenden braunen Ledersofas bat und sich ans andere Ende setzte. Auf seinem Schoß tauchte ein iPad auf.

»Sind Sie auf Facebook?«

Hirsch schüttelte den Kopf.

»Ich könnte mir vorstellen, dass das ein nützliches Mittel zur Verbrechensbekämpfung ist. Wie auch immer, Mutter und ich sind auf Facebook, und dort gibt es auch eine Tiverton-Seite, die Sie vielleicht interessieren könnte.«

Er rutschte näher an Hirsch und drehte den Bildschirm zu ihm hin. Hirsch schaute unwillig hinein.

»Das ist der Post von Nan«, sagte Martin, scrollte und blieb bei einem Foto stehen. Ein totes Pony im Staub, lang gestreckter Hals, Blut. »Sie schreibt: *Wer immer das getan hat, hat es auf meine Lebensgrundlage abgesehen. Ich werde Monate mit den überlebenden Ponys arbeiten müssen, so verschreckt sind sie. So etwas ist hirnlose, schändliche Brutalität. Kein Respekt für die harmlosen Geschöpfe, die die Welt mit uns teilen. Aber früher oder später rächt sich alles, und man wird die Strolche, die das getan haben, schon noch schnappen.*«

»Da hat sie recht«, sagte Hirsch und kam sich vor, als habe er versagt.

Martin ging nicht darauf ein. »Schauen Sie sich die Kommentare an. *Wer immer das war, war höchstwahrscheinlich gelangweilt, selbstsüchtig und dumm … Ich kann nicht fassen, dass so etwas hier in der Gegend passieren kann … Irgendwer wird damit prahlen, und dann kommt alles raus.*«

»Das hoffe ich doch sehr«, sagte Hirsch.

»Aber das ist nicht der Punkt, Paul. Folgendes habe ich auf YouTube gefunden.«

Und dort sah man, nach der Werbepause, Hirsch. Ein wackliges Video, wie er mit Denise Rennie vor Ed Tennants Laden rangelte. Denise, die überrascht auf Hirschs Dienstwaffe in ihrer Hand glotzte. Denise, die die Waffe fallen ließ.

»Ich werde Ihnen nicht sagen, was man sich erzählt, Paul, ich bin ja nicht grausam. Aber wie man so sagt, Gefahr erkannt, Gefahr gebannt.«

# 13

Heiligabend, sechs Uhr früh.

*Offenbar vergeht keine Woche, ohne dass die Eingeborenen hier in der Gegend mit ihren gierigen Wünschen und ungebildeten Neigungen charakteristische Verschlagenheit und niederträchtige Undankbarkeit beweisen.*

Hirsch trank den Kaffee aus, klappte Mrs Keirs Tagebuch zu und machte sich auf seinen Gang durch den Ort. Die Landstraße war leer, Kitchener Street ebenso. Die Sperre konnte heute abgebaut werden. Der Ort war wohl wieder in Vergessenheit geraten. Zu weit weg von allem; es gab nichts zu sehen; die Ortsansässigen weigerten sich zu kooperieren; irgendwo anders wartete eine neue Grausamkeit.

Hirsch drückte sich an der Sperre vorbei und ging Nans Straße entlang, vorbei an ihren schlafenden Nachbarn. Eine Weile blieb er an ihrer Einfahrt stehen und entschied, nicht hineinzugehen.

»Der frühe Vogel …«, sagte jemand.

Craig Washburn saß auf einem Gartenstuhl auf der Veranda, war aber in den langen, streifigen Schatten der aufgehenden Sonne schwer zu erkennen. Hirsch nahm den Gruß als Einladung und bahnte sich einen Weg durch Sträucher und Gartengrenzen zu ihm hin. »Alles in Ordnung?«

»Bei mir – oder bei Nan?«

»Bei beiden.«

»Das hat sie völlig umgehauen, Mann.«

»Und Sie?«

Washburn zuckte mit den Schultern. »Ich weiß, dass alles gut ist, wenn ich merke, dass es an der Zeit ist, an den Bach zurückzukehren.«

Sie unterhielten sich eine Weile, aber Hirsch hatte noch etwas zu erledigen, bevor er zu seinem vorweihnachtlichen Mittagessen und der Besprechung aufs Revier Redruth fuhr. Um sieben Uhr dreißig war er geduscht, rasiert, steckte in seiner frischen Uniform und vertilgte sein zweites Frühstück – ein kreidiges Müsli, die einzige Sorte, die es im Laden auf der anderen Straßenseite gab.

»Aber du weißt schon, dass es auch noch andere Sorten gibt, Ed«, hatte er dem Ladenbesitzer eines Tages gesagt.

»Hmhm. Und das ist die Sorte, die ich vorrätig habe«, hatte Tennant entgegnet.

Als Hirsch um fünf nach halb acht Druckluftbremsen und das Gepiepe eines rückwärts setzenden Fahrzeugs vor dem Revier hörte, fielen ihm die Bagshaw-Zwillinge wieder ein. Er ließ den Löffel fallen und eilte durchs Haus nach vorn. Er war froh, dass jemand seine Schlaglöcher auffüllte, aber er hätte darauf gewettet, dass die Brüder zwar Asphalt in die Löcher hauen, aber nicht kunstvoll bearbeiten konnten.

Kaum tauchte er auf, meinte Carl Bagshaw: »Manche Leute sitzen den ganzen Morgen faul in der Gegend rum.«

»Während wir uns die Ärsche aufreißen«, ergänzte sein Bruder.

Sie hatten einen kleinen dampfenden Haufen Asphalt auf dem Weg abgeladen und trugen ihn schaufelweise zu jedem Schlagloch; sie füllten die Löcher, strichen glatt, drückten fest und verbanden die Ränder mit der alten, unbeschädigten Schicht; ihre Bewegungen waren rhythmisch, und sie umtanzten einander mühelos auf der schmalen Einfahrt. Nach fünf Minuten waren die Löcher gestopft. Nichts war verschüttet worden, nichts war übrig geblieben, es gab keine Klumpen oder schartigen Ränder. »Ihr seid ja wahre Künstler«, sagte Hirsch.

»Hauptsache, du fährst die nächsten ein, zwei Tage nicht mit deinem Schrotthaufen darüber«, sagte Ivan und zeigte auf Hirschs Privatwagen, einen müden Nissan.

»Was bin ich euch schuldig?«

»He, Mann, der Teer gehört dem Bezirk, und du bist irgendwie Bezirksangestellter. Die Reste werfen wir nach der Arbeit sowieso weg, also mach dir keine Sorgen. Kannst uns das nächste Mal im Pub n Bier spendieren.«

»Deine Gemeindesteuern machen sich bezahlt«, meinte Carl.

Es gab eine Pause, und die beiden Männer, die sich auf ihre Schaufeln stützten, sahen Hirsch nachdenklich an. Carl sagte: »Lass dich nicht von dem Zeug verrückt machen, was Leute so sagen.«

»Die Arschlöcher haben nichts Besseres zu tun«, fügte sein Bruder an.

So unwahrscheinlich das Hirsch auch vorkommen mochte, aber die beiden hatten wohl das YouTube-Video gesehen. »Danke, das weiß ich zu schätzen.«

Die Männer grüßten, stiegen ein und ließen ihn in Abgase gehüllt allein neben seiner gefleckten Einfahrt stehen.

Eine halbe Stunde später war Hirsch auf der anderen Straßenseite und stopfte Kartoffelchips, Mince Pies und Limonaden in einen Einkaufskorb: sein Beitrag zu Sergeant Brandls Weihnachtsessen. Sie würde für Sandwiches sorgen, die »Kinder« brachten Servietten, Pappteller, Plastikbecher und Plumpudding mit. Kein Alkohol: »Wir sind alle im Dienst.«

Dann fiel Hirsch noch ein, eine Packung Knallbonbons dazuzupacken. Er besah sich Ed Tennants mageres Angebot an Weihnachtskarten. Er wusste nicht, wie er Weihnachtsgrüße für seinen Sergeant oder ihre Constables formulieren sollte – er kannte sie ja kaum. Wenn es um Karten ging, rettete er sich immer mit witzigen Motiven, aber die drei Beamten in Redruth waren ihm fremd. Hatten sie überhaupt Humor? Gingen sie in die Kirche? Schließlich entschied er sich für drei Klappkarten mit Schneelandschaften und dem Wort Frieden. Mehr kann sich ein Polizist zu Weihnachten nicht wünschen, fand er. Nicht himmlischen Frieden, sondern einfach das Ausbleiben von Chaos.

Im Laden drängten sich die üblichen Kunden – mindestens fünf Einheimische mit letzten Weihnachtseinkäufen beschäftigt. Alle sagten: »Fröhliche Weihnachten, Paul«, nickten und lächelten, aber keiner redete länger mit ihm. Er war ihnen peinlich. Das YouTube-Video.

Was zum Henker würde Sergeant Brandl sagen? Oder die Interne Ermittlung, was das betraf?

Gemma Pitcher saß an der Kasse. Sie wurde rot, als sie ihn sah – nicht wegen des Videos, nahm er an, sondern weil er wusste, dass sie die Nacht mit Adam Flann verbracht hatte.

Er lächelte sie herzlich, aber neutral an. »Fröhliche Weihnachten, Gemma. Was gibts denn morgen?«

Sie konnte ihn nicht anschauen. »Ma und ich fahren zu Tante Trish zum Essen.«

»Wo denn?«

Gemma sah ihn erstaunt an. »Terowie.«

Das war wohl allgemein bekannt.

»Ach ja, richtig.« Er hatte diese Eigenart schon an vielen der Ortsansässigen bemerkt. Am liebsten hätte er sie angeschrien: »Gebt mir zwanzig Jahre Zeit, dann kenne ich jede einzelne eurer blöden Geschichten.«

Gemma zählte das Wechselgeld ab, wurde wieder rot und sagte: »Fröhliche Weihnachten.«

Gegen Mittag bretterte Hirsch die Landstraße entlang, *25 or 6 to 4* von Chicago – einer der besten Songs, die je geschrieben worden waren, eine Behauptung, die Hirsch nicht leichtfertig aufstellte – wummerte aus den Lautsprechern des Dienstfahrzeugs. Danach kamen andere harte, schnelle Stücke, was aber gut zu seiner Stimmung passte. Selbst wenn das Video auf YouTube nicht viral gehen würde, wusste er, dass noch ganz anderer Mist auf ihn zukam.

Eine halbe Stunde später rollte er durch die Außenbereiche von Redruth. Er sah zu den alten Minengebäuden hinauf, die sich über einen der kleinen Hügel des Städtchens erstreckten, und fragte sich, ob das Museum – früher ein alter Pumpenschuppen – sich für Mrs Keirs Tagebücher interessieren würde. Aber wem gehörten sie überhaupt?

Am Stadtplatz schaltete er herunter und schlich drum herum, schüttelte halb tadelnd den Kopf bei sich halb entschuldigenden, unachtsamen Fußgängern und fuhr ein kurzes Stück die Adelaide Road entlang. Dann bog er in eine Seitenstraße und hielt hinter einem staubigen Streifenwagen der South Australia Police. Auf dem Parkplatz neben dem Revier standen zwei weitere Polizeifahrzeuge. Das Revier ähnelte in keinster Weise seinem Häuschen in Tiverton. Es war zu diesem Zweck errichtet worden, hatte rote Backsteinmauern, ein Ziegeldach und Fensterrahmen aus Aluminium. Büros, Befragungszimmer, ein Aufenthaltsraum und eine Zelle.

Hirsch ging mit seinem Einkauf bepackt hinein; er kannte sich von den wöchentlichen Besprechungen hier aus. Er nickte dem Hilfsofficer zu – einem pensionierten Beamten des Bezirksrats – und trat durch eine zweite Tür in den Hauptteil des Reviers. Stimmen und Gelächter lockten Hirsch in den Aufenthaltsraum. In einer Ecke ein kleiner Weihnachtsbaum, Luftschlangen vor den Fenstern, eine riesige Filzsocke am Notizbrett. Ein paar klapprige Tische waren zusammengeschoben worden, nun standen darauf Tassen, Teller, Servietten und eine Schale mit Rumkugeln.

Auch die »Kinder« waren da. »Prima, Sie haben Knallbonbons mitgebracht«, sagte Jean Landy.

Sie war klein, blass, hatte ein rundes Gesicht und wirkte wie ein Kobold; schwarze, zu einem dicken Pferdeschwanz zusammengebundene Haare. Fünf Jahre lang hatte sie beim Rettungsdienst gearbeitet, bis sie es leid war, andauernd von zugedröhnten Junkies angepöbelt zu werden, und hatte sich zur Polizistin umschulen lassen. Ende zwanzig, aber gerade erst frisch aus der Polizeischule. Hirsch kannte sie noch nicht lange. Sie hatte ihn stets kühl beäugt, so als würde sie die Gerüchte kennen: Hirschhausen, der Verräter.

Im Augenblick allerdings war sie recht herzlich, ihre Fingerspitzen ruhten kurz auf seinem Unterarm, bevor sie ihm dabei half, Chips, Getränke und Knallbonbons auszupacken. Hirsch traute dem Braten nicht recht, bis sie sagte: »Nur damit Sie es wissen, wir sind auf derselben Seite: Tim und ich kennen das YouTube-Ding, und wir finden es Blödsinn. Das ist so unfair.«

Hirsch schätzte sie kurz ein. »Danke.«

»Hätte jedem von uns passieren können«, sagte Tim Medlin.

Er war jünger als Landy, kantig, linkisch, frühzeitiger Haarausfall. Er lächelte Hirsch schüchtern an, schaute weg und sagte: »Können Sie dafür sorgen, dass es vom Server genommen wird?«

Konnte er das? Hirsch bezweifelte, ob YouTube darauf hören würde, wenn er sich beschwerte, aber vielleicht würden sie auf die Polizeiführung hören? »Das vergeht schon wieder«, sagte er und stellte die letzte Flasche in den Kühlschrank im Aufenthaltsraum.

»Paul? Auf ein Wort«, sagte jemand hinter ihm.

»Ich bin gebeten worden, Ihnen ein paar Fragen zu stellen.«

»Sergeant«, sagte Hirsch, der auf einem unbequemen Stuhl saß. Das Büro seiner Vorgesetzten sah aus wie alle Büros dieser Art, mal abgesehen von den Sportabzeichen, die an einer Wand hingen, und den drei Bilderrahmen auf dem Schreibtisch: Brandl mit ihren Eltern, Brandl beim Abschluss, Brandl und ein Mann, die sich gegenseitig umschlungen hielten. Hirsch hatte ihren Mann nie kennengelernt, wusste aber, dass er in Adelaide lebte und arbeitete, zweieinhalb Stunden weiter südlich. Eine moderne Flug-Ehe – der Zeitplan eines Polizisten dürfte da für erhebliche Verwüstungen sorgen, aber das ging Hirsch nichts an. Er wartete auf einen Anschiss.

»Je nachdem, was ich empfehle, kann es zu einer formellen Anhörung kommen oder auch nicht – soll heißen, eine Fahrt in die City, wo Sie am Ende eines langen Tischs sitzen, um von ein paar gesichtslosen Männern ausgequetscht zu werden.«

»Sie brauchen nichts schönzureden, Sergeant.«

»Haben Sie das Video auf YouTube gepostet oder nicht? Eine blöde Frage, die sie dennoch beantwortet haben wollen.«

»Habe ich nicht.«

»Habe ich mir gedacht. Wissen Sie, wer es getan hat?«

»Das hätte jeder sein können. Es waren ziemlich viele Personen anwesend.«

»War Ihre Dienstwaffe vorschriftsmäßig im Halfter verstaut?«

»Ja.«

»Geladen?«

»Ja.«

»Gesichert?«

»Ja.«

»Haben Sie der Frau in dem Video erlaubt, die Waffe aus dem Halfter zu nehmen? Ich weiß, wieder so eine dumme Frage.«

»Ich habe es ihr nicht erlaubt.«

»Beschreiben Sie mir bitte den Zwischenfall mit eigenen Worten.«

Hirsch kam der Bitte nach. Als er damit fertig war, sagte Brandl: »Sie glauben also, die Frau dachte, Sie würden ihr das Kind wegnehmen, und hat überreagiert?«

»Ja.«

»War sie betrunken? Hatte sie Drogen genommen?«

»Nein. Als die Ärztin dazwischenging, hat sie sich schnell wieder beruhigt.«

»Sie waren in Uniform. Also erkennbar Polizist. Hat sie geglaubt, Sie könnten ihr das Jugendamt auf den Hals hetzen oder so etwas?«

»Das habe ich mich auch gefragt. Sie war ganz außer sich, also ging da vielleicht noch etwas ganz anderes vor sich. Sie sagte, sie würde mit ihrem Mann zusammenleben, aber was, wenn nicht? Ist er gewalttätig oder will er das Sorgerecht für das Kind? Ich habe ihren Namen durch das System gejagt, und seinen auch; ich habe keine Spur gefunden.«

»Reden Sie mal ein paar ruhige Worte mit ihr.«

»Das habe ich versucht. Die Adresse, die sie mir gegeben hat, gibt es nicht.«

»Umso wichtiger herauszufinden, was da los ist. Reden Sie noch mal mit Doktor Pillai.«

»Mach ich.«

»Die herrschenden Mächte haben mich außerdem gebeten, Sie zu fragen, warum Sie nicht den Kinderschutz eingeschaltet haben, oder zumindest einen Bericht zu den Unterlagen gaben. Da bin ich selbst neugierig. Sie hat an einem heißen Tag ihr Kind im Auto eingeschlossen. Es hätte sterben können.«

Hirsch war unbehaglich zumute. Er hatte mit dieser Frage gerechnet – sie war zudem ein paarmal in den YouTube-Kommentaren aufgetaucht. »Erstens, ihre offenkundige Verzweiflung. Zweitens, ihre sofortige Entschuldigung, sie war zutiefst beschämt. Drittens, in jeder anderen Hinsicht kam sie mir wie eine hingebungsvolle Mutter vor. Viertens, ich glaube nicht, dass sie sonderlich begütert ist. Fünftens, es ist kurz vor Weihnachten. Sechstens, ich fand nicht, dass sie noch weiter bestraft werden musste. Siebtens, ich war von Menschen umringt, zu denen ich eine gute Beziehung aufzubauen versuche. Ich wollte nicht den Eindruck vermitteln, ich würde die arme Frau schikanieren.«

Brandl sah ihn an und schwieg. Hirsch fuhr fort: »Hören Sie, sie ist nur kurz über die Straße, um ein Rezept abzuholen, das ist alles.« Jetzt hältst du besser mal den Mund, ermahnte er sich. Brandls Miene war versteinert.

Dann veränderte ein Lächeln alles. »Ach, das Präsidium kann mich mal. Wir stehen an der Front, nicht die.«

Die Finessen der Polizeisolidarität, dachte Hirsch dankbar. Die Polizei gegen die ungewaschenen Horden. Die Polizei auf der Straße gegen die Sesselpuper.

Es klopfte an der Tür, und Landy rief: »Die Sandwiches sind gerade geliefert worden, Sergeant.«

Brandl sah Hirsch an. »Hungrig?«

Sie gingen zu den anderen in den Aufenthaltsraum, zogen an ihren Knallbonbons und setzten ihre Papierhüte auf. Sie aßen, tranken, tauschten Polizeianekdoten und Weihnachtsgeschichten aus. Wie bei allen guten Dingen hielt auch das nicht lange an.

»Es ist Heiligabend«, mahnte der Sergeant, als sie sich voneinander verabschiedet hatten. »Die Ersten nippen schon am Punsch.«

# 14

Sonnenaufgang, Weihnachtstag.

*Die Eingeborenen setzen die Verwüstungen unserer Herden fort und sind entschlossen, weiterhin alles zu tun, was ihnen beliebt; Douglas ist entschlossen, dem ein Ende zu bereiten.*

Diese Stelle fand sich zwischen Mrs Keirs Berichten über den Besuch einer Cousine aus Shropshire, über die Lieferung eines Klaviers per Pferdefuhrwerk, über den Nachmittagstee bei einer Nachbarin und über die Verzweiflung eines Schäfers, dessen Sohn ertrunken war.

Schäfer und Sohn wurden nicht namentlich genannt. Hirsch fragte sich, ob Mrs Keir so langweilig und sauertöpfisch gewesen war, wie ihr Schreibstil anzudeuten schien. Sie hatte zwei dicke Bände eines Tagebuchs vollgeschrieben: Sie musste doch Neugier und einen wachen Verstand gehabt haben. Aber sie schien … leicht reizbar. Doch wenn es etwas gab, auf das Hirsch sich seit seiner Ankunft im mittleren Norden hatte verlassen können: Nahezu jede Woche lief er jemandem über den Weg, der ihm von den Pionieren erzählen wollte, wie hart sie es doch gehabt hätten – und damit andeuten wollte, er sei aus demselben Holz geschnitzt.

Hirsch ging durch die Straßen des Orts, und das Licht, das über den Himmel wischte, warf seinen ausschreitenden Schatten fallweise nach vorn, zur Seite und nach hinten. In seinem Winkel der Erde herrschte im Augenblick Frieden. Hier und da waren kleine Kinder wach und erfüllten den stillen Ort mit freudetrunkenem Geschrei, was in Hirsch gewisse Erinnerungen weckte. Im Wohnzimmer lagen Geschenke, er riss das Einwickelpapier auf, und seine Eltern strahlten müde vom Sofa.

Es machte keinen Spaß, eine Weihnachtswaise zu sein, dachte er plötzlich, keinen Spaß, ein Kleinstadtbulle am Weihnachtstag zu sein. Er stapfte zum Revier zurück und fragte sich, wann denn der Ärger so richtig losgehen würde. Das mulmige Gefühl ließ keine Sekunde nach und legte sich über ihn wie eine Decke in sengender Hitze.

»Fröhliche Weihnachten.«

Hirsch hatte gar nicht bemerkt, dass Gemma Pitcher und ihre Mutter hinter der Weinrebe saßen, die die Veranda ihres Hauses bewuchs. Er blieb stehen und blinzelte. Verschlafene Gesichter, ungekämmte Haare; sie waren gerade aufgestanden. Sie tranken Tee und genossen das weiche Morgenlicht.

»Ihnen auch«, sagte er.

Eileen Pitcher war so winzig, wie ihre Tochter groß war, eine vertrocknete, runzlige Frau mit einer Seele aus Stein. Sie sog gierig an einer Zigarette und bot ein klitzekleines Stück Weihnachtsfreude an: »Tee?«

Der alte Hirsch hätte wohl gesagt: Sorry, zu viel zu tun, aber der aktuelle Hirsch hatte den Blues. Vielleicht half da eine Tasse Tee.

»Hätte nichts dagegen.« Er hockte sich auf die Verandadielen und lehnte sich an den Pfosten, von dem die Farbe abblätterte. »Nur schwarz, bitte.«

Gemma, die von ihrer Mutter durch eine knappste Kinnbewegung diese Aufgabe zugewiesen bekam, schlurfte in pinkfarbenen Slippern und einem riesigen T-Shirt über Seidenpyjamashorts durch die Fliegentür ins Haus; Hirsch bemerkte, dass der Stuhl, auf dem sie gesessen hatte, ein Muster in die Oberschenkel gedrückt hatte. Er schaute weg. Wasser plätscherte aus dem Hahn, ein Kessel brummelte, eine Tasse landete auf einer Untertasse.

Eileen sah hinaus in die sonnenhelle Welt und kümmerte sich so wenig um Hirsch, als sei er einer der Verandapfosten.

»Die beste Zeit des Tages«, sagte er.

Sie brummte, dann wurde Hirsch gerettet. Gemma kam mit seinem Tee – schwach, mit Milch und Zucker. Und plötzlich war alles zum Lachen.

Die Unterhaltung – Hirschs Unterhaltung mit Gemma – wanderte von Nan Washburns Tieren zu den Übertragungswagen und zu Hirsch im Santa-Kostüm. Dann fragte Gemma: »Hat dieser Mann Sie gefunden?«

»Welcher Mann?«

»Na, der gestern in den Laden gekommen ist.«

Hirsch wartete. Seiner Erfahrung nach spuckte niemand einfach alles aus. Sie zögerten und hielten Informationen zurück, als würden sie stundenweise bezahlt. »Gestern«, gab er das Stichwort.

»Diese Frau mit dem Baby im Auto.«

»Mrs Rennie?«

»Er meinte, sie würde Reid heißen.«

»Ein Mann kam in den Laden und …?«

»Er wollte wissen, wo sie wohnt.«

»Wie sah er denn aus?«

Das schien eine komplizierte Frage zu sein. Schließlich zuckte Gemma nur und sagte, »Normal, glaub ich.«

»Alter?«

Sie schätzte Hirsch ein. »Ein bisschen älter als Sie?«

»Mitte vierzig?«

»Kann sein.«

»Hat er gesagt, warum er Mrs Rennie sucht? Oder Reid oder was auch immer?«

Gemma zuckte erneut mit den Schultern.

»Weißt *du*, wo sie wohnt?«

Gemma schüttelte den Kopf. »Ich hab ihm gesagt, er soll Sie fragen.«

»Ich hab den Mann nie gesehen«, sagte Hirsch.

Während ihm dieser kleine Vorgeschmack auf Weihnachten ungut im Magen lag, ging Hirsch weiter durch den Ort, schaute bei den Cobbs und den Washburns und einer älteren Frau nach, deren Mann an Demenz litt. Die beiden saßen ebenfalls auf der vorderen Veranda und schauten zu, wie die Sonne über die stille

Welt hinweg immer näher kam. Sie hielten Händchen. Hirsch ging nicht hinein, sondern plauderte kurz vom Gehweg mit ihnen. »Wird wieder heiß«, sagte er, wünschte ihnen einen schönen Tag und hob eine Hand zum Abschied. Die Frau lächelte und nickte, winkte aber nicht zurück, um die Hand ihres Mannes nicht loslassen zu müssen. Sie zählt die Weihnachten, die sie noch gemeinsam haben, fand Hirsch.

Er duschte, zog sich um, kochte Kaffee, rief seine Eltern an, dann Wendy und Katie, dann gab es niemanden mehr, den er anzurufen hatte. Die Wände seines kleinen Hauses zogen sich noch enger um ihn zusammen.

Ein Notruf brachte Erleichterung: ein Autounfall in einer Kurve des Barrier Highway nördlich von Mount Bryan. Hirsch raste über die leere Straße durch schlummerndes Land dorthin und stellte fest, dass der Zeuge ein wenig übertrieben hatte. Es hatte einen Falcon Kombi aus der Kurve getragen, und der Wagen war durch einen Drahtzaun gepflügt. Kein Blut; geringer Schaden. Der Wagen stand mit ein paar Kratzern ein paar Meter weiter auf einer Weide. Das größte Risiko bestand in einem Grasfeuer, ausgelöst durch die heiße Unterseite des Wagens, aber dafür gab es nicht genug Gras. Die Weide lag brach, war nur ein trister Streifen aus roter Erde und kümmerlichen toten Stängeln.

Vorn am Wagen stand ein untersetzter grauhaariger Mann und beugte sich vor.

»Brauchen Sie Hilfe?«

Der Mann richtete sich auf und klopfte sich die Hände ab. Dunkle Hose, staubige schwarze Schuhe, ein weißes, kurzärmliges Hemd und ein Beffchen. Als er einen Mann in Uniform sah, zuckte er zusammen. »Ich habe nur nach dem Kühler und den Scheinwerfern geschaut.«

»Etwas dran?«, fragte Hirsch.

Der Pfarrer schüttelte den Kopf. »Ein paar Dellen und Schrammen.«

Hirsch trat näher und schaute selbst nach. »Nicht gerade der beste Tag, um von der Straße abzukommen.«

»Das kann man wohl sagen. Ich habe heute Morgen drei Gottesdienste und komme schon zum ersten zu spät.«

Ein Pfarrer, der sich um schrumpfende, dahinsiechende Gemeinden kümmert, nahm Hirsch an. »Was ist passiert?«

»Höhere Gewalt?«, meinte der Pfarrer mit fröhlichem Elan.

Hirsch grinste. »Sie haben doch nicht am … Weihnachtssherry genascht?«

»Das kommt erst später. Nein, ich habe für eine Sekunde den Blick von der Straße genommen.«

Hirsch schaute ins Wageninnere. Blätter auf dem Beifahrersitz, mit handschriftlichen Notizen. »Sind Sie noch mal Ihre Predigt durchgegangen?«

Der Mann wurde rot. »Sie haben recht.«

»Kennen Sie die denn nicht auswendig?«

»Nichts bleibt unveränderlich. Meine Predigten entwickeln sich weiter«, sagte der Pfarrer mit gutmütiger Selbstironie.

Hirsch tippte sich leicht an die Mütze. »Es ist nichts passiert, mal abgesehen von Zaun und Auto.« Er sah sich auf der Weide um. Keine Tiere; der Zaun konnte für den Augenblick so bleiben. »Wenn Sie mir Ihren Namen und die Anschrift geben, dann gebe ich alles an den Farmer weiter.«

»Um für den Zaun aufzukommen? Ja, selbstverständlich«, sagte der Pfarrer.

Am späten Vormittag rief Liam Kennedy an. Als die Familie vom Gottesdienst in Redruth zurückgekehrt war, hatten sie festgestellt, dass eingebrochen worden war. Der Großteil der Weihnachtsgeschenke unterm Baum – die noch nicht mal ausgepackt worden waren – waren stibitzt worden, zusammen mit einem Fernseher und dem Schmuck aus dem Schlafzimmer, einem Telefon und einem Laptop aus dem Kinderzimmer.

Die Farm der Kennedys lag zehn Kilometer westlich von Tiverton, Vorortstil der Siebziger mit Ziegelverblendung, am Ende einer gewundenen Piste auf einem Abhang mit Blick auf mit Luzernen bewachsene Ebenen. Hirsch bog von der Zufahrtsstraße ab und sah in kurzer Entfernung entlang der nahe gelegenen Seitenstraße die Sonne aufblitzen. Dort stand ein Wagen.

Aber zuerst die Kennedys.

Er parkte auf dem geschotterten Wendeplatz hinter einem Subaru Kombi. Das war das Zeichen für die Familie, aus dem Haus zu kommen: Liam, Fiona, zwei Mädchen im höheren Grundschulalter. Sie baten ihn herein in die enge, warme Luft und zeigten ihm die Hintertür. Sie war aufgebrochen worden. Dann führten sie ihn zum künstlichen Weihnachtsbaum, unter dem ein paar einsame Päckchen lagen. Dann in die Küche.

»Die haben den Kühlschrank geplündert!«, sagte Fiona mit angespannter Miene. »Man hört ja oft, wie verletzlich sich Leute fühlen, wenn sie ausgeraubt worden sind …«

»Ein fürchterliches Gefühl«, bestätigte Hirsch.

Er sah Liam an. Ein großer Kerl, narbig und geschunden von einem Leben auf dem Land, für die Kirche frisch gekämmt und fein gemacht. Ruhiger und robuster als seine Frau. Gut, dass er den Einbrecher nicht in die Finger gekriegt hat, dachte Hirsch.

Das Auto, das er gesehen hatte …

»Darf ich mich mal draußen umschauen?«

»Hier entlang«, sagte Kennedy.

Sie waren keine zehn Sekunden weit auf den Hof hinausgegangen, als Hirsch das dunkle Reflektieren eines Flachbildfernsehers unter einem Rosenstrauch neben den Verandastufen sah. Mit entschlossener Stimme sagte er: »Liam, ich möchte, dass Sie Fiona und die Mädchen holen und sich alle ins Auto setzen. Verstanden? Sagen Sie nichts zu ihnen, geben Sie nur Handzeichen.«

Kennedy schaltete schnell. Seine Stimme klang rau, als er sagte: »Ich hole –«

»Liam, Sie müssen sich um Ihre Familie kümmern«, sagte Hirsch mit etwas mehr Schärfe in der Stimme.

»Wenn einem alles genommen wird, dann –«

»Ich habe schon verstanden, danke«, sagte Hirsch.

Er wartete und sah zu, wie die Familie hinausmarschierte und in den Subaru stieg, bevor er erneut das Haus betrat. Er ging schnell und leise alles durch: Zimmer für Zimmer; hinter den Türen; unter den Betten.

Blieben nur noch die Einbauschränke.

Elternschlafzimmer. Zwei Teenager, ein Junge und ein Mädchen, die sich auf dem Boden des begehbaren Schranks zusammenkauerten. Rucksäcke, aus einem davon ragte die Ecke eines Weihnachtspapiers heraus, aus dem anderen die schmale, silberne Kante eines Laptops. Sie hatten Angst, blickten finster unter den Jacketts und Kleidern über ihren Köpfen hervor. Hirsch war sich recht sicher, dass sie nicht aus der Gegend waren.

»Bleibt, wo ihr seid«, sagte er. »Seid ihr mit dem Auto gekommen?«

Schweigen.

»Ihr habt gehört, wie die Familie nach Hause gekommen ist, und habt Panik gekriegt? Habt den Fernseher draußen versteckt, als ihr den Wagen gehört habt, und seid mit dem restlichen Zeug wieder ins Haus gerannt …«

Immer noch nichts.

»Nicht sonderlich klug von euch«, wollte Hirsch schon sagen, aber sie waren noch Kinder; man rechnete nicht damit, dass sie über so etwas nachdachten.

»In der Nähe steht ein Auto, auf der nächsten Straße. Ist das euer Auto?«

Nichts. Dann kam Liam Kennedy hereingeschlendert. »Ich dachte, Sie hätten Schwierigkeiten. Ich dachte – «

Das Mädchen kreischte auf und drückte sich noch weiter in ihre Ecke. *»Bleiben Sie weg von mir.«*

Der Junge legte einen Arm um sie; halb wandte er den Kopf vom Zorn der Erwachsenen ab, halb machte er sich bereit, das Mädchen zu verteidigen. Kennedy starrte die beiden an, als seien Aliens in seinem Haus aufgetaucht.

»Kennen Sie die beiden?«, fragte Hirsch.

»Die habe ich noch nie gesehen.«

*Und warum hat dann das Mädchen solche Angst vor dir?*

Hirsch fand später die Antwort darauf, als die Youngsters mit ihm im Wagen saßen und in den Ort zurückfuhren. Die Geschwister stammten aus Peterborough, eine Stunde nördlich von Tiverton. Ihr Stiefvater hatte am Abend vor Weihnachten seinen Job als Getreidehändler verloren und sich vollaufen lassen. Er hatte das Haus demoliert und ihre Mutter krankenhausreif geschlagen. Als er in den frühen Morgenstunden des Weihnachtstags endlich umkippte, hatten die beiden Geschwister den Wagen gestohlen und waren nach Süden gefahren. Als sie kaum noch Benzin hatten, hungrig und abgebrannt waren, hatten sie die Landstraße verlassen und zufällig mitbekommen, wie die Kennedys in ihrem Subaru abbogen. Sie gingen das Risiko ein und schauten nach, ob das Haus leer war. Sie aßen, schliefen ein, wachten noch rechtzeitig auf, um mit ihrer Dieberei anzufangen, als die Familie von der Kirche nach Hause kam.

Das alles – mithilfe der Kollegen von der Polizei in Peterborough, die in der Zwischenzeit den Stiefvater wegen Tätlichkeit und Sachbeschädigung festgenommen hatten – auseinanderzuklamüsern und den Geschwistern zeitweilige Unterkunft zu besorgen, kostete Hirsch den halben Nachmittag. Die Kennedys gaben den beiden je fünfzig Dollar und sagten, sie würden keine Anklage erheben – was ein wenig wie aus dem Fernsehen klang. Hirsch wusste, dass es nicht so einfach werden würde. Allerdings konnte er die Vergehen ein wenig herunterspielen.

Wieder so ein verkorkster Weihnachtsmist. Hätte schlimmer sein können.

Dann klingelte das Handy zum dritten Mal.

# 15

Sergeant Brandl war dran. »Ich muss Sie bitten, mal bei einer Familie nachzuschauen, ob alles in Ordnung ist.«

»Okay …«

»Eine Familie namens Redding. Die Angehörigen sind besorgt, weil niemand ans Handy geht.«

»Okay«, sagte Hirsch und schrieb die Adresse auf: 6 Hamel Road. Wohin man sich drehte und wendete, fand man sich auf einer Straße wieder, die nach einer Schlacht aus dem Ersten Weltkrieg benannt war, fand er. Er ging die Landkarte im Kopf durch. Drüben beim Mischance Creek.

»Ich wurde angerufen«, sagte Brandl, »aber ich habe es gerade bei Farrell Flat mit einem dreifachen Auffahrunfall zu tun und kann keinen entbehren.«

»Ich bin eh näher dran«, sagte Hirsch.

Brandl fuhr mit einem merkwürdigen Unterton in der Stimme fort: »Der Punkt ist, der Anruf landete direkt auf meinem Handy, ein Mann stellte mir eine Reihe Fragen, um herauszufinden, wer ich bin, bevor er mir erzählte, dass er aus dem Polizeipräsidium in Sydney anruft.«

Der Unterton: Misstrauen. Sie hatte noch nicht alles erzählt: Pass auf.

»Okay«, sagte Hirsch und las zwischen den Zeilen. Warum sollte der Mann ihr Handy anrufen, nicht die Büronummer? Woher hatte ein Polizist in Sydney überhaupt ihre Handynummer? Und warum kam der Anruf aus der Zentrale? Wer in Sydney wohnte und sich Sorgen machte, warum die Verwandten in einem anderen Bundesland am Weihnachtstag nicht ans Telefon gingen, würde doch wohl das örtliche Polizeirevier anrufen.

Die würden die Anfrage nach Adelaide weiterreichen, die dann wiederum das Revier anrufen, das dem gesuchten Ort am nächsten lag.

»Vielleicht hat die Telefonzentrale ihm die Nummer gegeben«, meinte Hirsch.

»Vielleicht«, sagte Brandl skeptisch. »Rufen Sie mich an, sobald Sie etwas herausgefunden haben, und ich versuchs mal in Sydney.« Pause. »Dieser Kerl klang ein wenig angespannt.« Noch eine Pause. »Fröhliche Weihnachten.«

Sich an die Polizei zu wenden, um nach dem Wohlbefinden anderer zu schauen, war nach Hirschs Erfahrung durchaus üblich; meist handelte es sich um eine Person, die die betagten Eltern, einen drogensüchtigen Sohn oder eine Freundin in einer Missbrauchsbeziehung nicht erreichen konnte, auch mal einen Nachbarn, bei dem sich die Zeitungen vor der Tür stapelten. In einem Fall hatte er tatsächlich eine Leiche entdeckt – natürliche Todesursache –, doch in den meisten Fällen war die Erklärung ganz einfach: die geliebte Person oder der Nachbar waren taub, unangekündigt in den Urlaub gefahren oder gingen der Verwandtschaft aus dem Weg.

Es war später Nachmittag, als er den Abzweig Bitter Wash Road erreichte und ostwärts fuhr, die Sonne hinter ihm stand niedrig und ließ die Hügel vor ihm aufleuchten. Sein Eindruck, in die Vergangenheit zurückzureisen, war noch stärker als sonst – Straßen, die sich seit den Zeiten der Ochsenkarren nur wenig weiterentwickelt hatten, alte Gebäude, durchhängende Telefondrähte, uralte Laster auf toten Reifen. Doch jenseits und unter den Dingen, die er sah, lag eine noch fernere, trostlosere Vergangenheit, zumindest wenn es nach Mrs Keirs Tagebüchern ging.

Hirsch schob Katies CD in den Schlitz. Leonard Cohen, *Closing Time*. Genau das Richtige, um seine vielen wirren Gedanken in eine Ordnung zu bringen. Redding, 6 Hamel Road, Mischance Creek. Bevor man darum bat, bei einer ganzen Familie nachzuschauen, musste schon etwas ziemlich schiefliegen.

Selbst wenn alle Familienangehörigen den Weihnachtstag anderswo oder mit anderen Personen verbringen würden, würde nicht mindestens ein Familienmitglied über Handy erreichbar sein, auf Facebook gepostet oder eine SMS geschickt haben?

Die Straße kurvte durch Ödland. Hirsch nahm die Route, die er schon zu Craig Washburn genommen hatte, bis er an den Wegweiser kam. Dort bog er nach rechts ab zu Mischance Creek (Ruinen) und kam schließlich auf die Hamel Road. Eine Reihe von Eukalyptussträuchern; zähe, erdfarbige Merinoschafe; eine Herde Emus. Hirsch blieb stehen und schaute überrascht: Er hatte noch nie Emus in freier Wildbahn gesehen. Leonard Cohen, der seine dunkle, urbane Lyrik brummelte, ein Polizeifahrzeug auf einer Mallee-Ebene, Emus, die im Outback den Staub aufwirbelten ... welche Logik steckte hinter diesen drei Tatsachen?

Hirsch fuhr weiter, die Reifen schlugen auf den Bodenwellen wild aus, Steinchen schlugen gegen das Chassis – die Begleitmusik seiner Tage. Er hatte in der Entfernung ein paar Farmhäuser gesehen, Dächer über Gruppen von Eukalyptusbäumen am Ende langer Zufahrten. Bei der Hausnummer 6 befand sich eine Laderampe am Kopfende einer Schotterpiste, die von schütteren Zypressen gesäumt war, einen sanften Anstieg nahm und dann außer Sicht geriet. Hirsch bog ein.

Die Zypressen zogen sich auch jenseits des Anstiegs weiter bis zu einem steinernen Farmhaus mit einem von der Sonne ausgebleichten roten Dach. Ein Haus, wie es in dieser Gegend typisch war – vielleicht kleiner, gedrungener als die meisten anderen – mit einer Garage direkt an der linken Seitenwand. Auf der anderen Seite des Hauses standen der Regenwassertank aus Wellblech und ein zehn Meter hoher Turm, der nur so vor Antennen strotzte. Fernsehen sicherlich, dazu noch allerlei Kommunikationskram; vermutlich Telefon und Internet.

Hinter dem Haus Geräteschuppen, Lagerplätze und ein Wollschuppen. Alles, was eine Farm täglich brauchte, nur war das hier keine Farm: keine Spur von Schafen, Heu, Traktoren oder irgendwelchen anderen Maschinen. Ein kahler Baum auf dem Hof, dessen Äste und Zweige vor dem Himmel wirkten wie festgefrorene, gezackte schwarze Blitze.

Hirsch schaltete den Motor ab, stieg aus und blieb einen Augenblick lang stehen; er schaute sich um nach Hunden, dann nach einem mörderischen/selbstmörderischen Ehemann und Vater. Zwischen dem Toyota und der Haustür lagen eine Rasenfläche, ein paar sich mühende Rosensträucher und ein hingebungsvoll gepflegter Trockengarten, erst der zweite, den Hirsch je gesehen hatte. Extra angelegte Steinhaufen, die von zähen kleinen Sträuchern, Sukkulenten und Bodendeckern festgehalten wurden; das Ganze wirkte erst recht grau, bis man die zarten Töne von Pink, Gelb, Oliv und Kaki entdeckte.

Die Schatten waren lang, die Sonne färbte die westlichen Hügel ein. Windstill. Geräuschlos bis auf die Tiere, die den Abend für sich beanspruchten. Es musste doch jemand gehört haben, dass Hirsch eintraf? Er zögerte, den Hof zu überqueren. Das Haus wies ihn nicht ab, aber es war nicht nur ein Haufen Steine. Es schien eine Art schamvoller Gefühle für sich zu behalten. Eindringlinge waren nicht erwünscht.

Hirsch schüttelte diesen Eindruck ab. Das Rolltor der Garage war geschlossen – das hatte nicht notwendigerweise etwas zu bedeuten, doch seiner Erfahrung nach ließen die Ortsansässigen die Garagen offen, wenn sie nicht beabsichtigten, für länger fort zu sein. Er zog Latexhandschuhe über und fing mit der Garage an.

Das Tor war nicht verschlossen. Er schob es hoch und fand einen staubigen, pinkfarbenen Hyundai Excel mit einem mit schwarzem Plastik zugeklebten, kaputten hinteren Seitenfenster. Hirsch durchfuhr es wie ein Ruck: Denise Rennies Wagen. Ihre Angst, ihre Ausflüchte: »Redding« klang fast so wie »Rennie«; die falsche Adresse.

Hirsch schaute in den Wagen. Leer.

Die Garage selbst nicht. Hirsch schob sich am Wagen entlang zu einer Werkbank am Kopfende: Schraubstock, Werkzeuge zur Holzbearbeitung, Hämmer und Sägen an einer Werkzeugtafel.

In der angrenzenden Seitenwand befand sich eine Tür, die wohl ins Haus führte. Sie war verschlossen.

Hirsch sah nach unten. Der Wagen stand über einer altmodischen Werkstattgrube, die mit Holzlatten abgedeckt war. Auf dem Boden Spuren von hastigem oder unterbrochenem Geschenkeverpacken: ein leerer Karton mit dem Bild eines pinkfarbenen Dreirads, eine Rolle Weihnachtspapier, Klebeband, pinkfarbene Bänder. Keine Spur von dem Dreirad, das noch nicht komplett zusammengebaut worden war – Sattel und Pedale lagen noch auf dem fleckigen Betonboden.

Ein Dreirad für ein kleines Mädchen, dachte Hirsch. Anna Rennie? Es ist Heiligabend, Anna schläft endlich, und nun können Ma und Dad ihr Geschenk von Santa einpacken. Die Rolltür geschlossen, nur für den Fall, dass sie aufwacht und neugierig wird.

Dann eine Unterbrechung. Das Geschenk wird nicht fertig eingepackt.

Hirsch schauderte es, dann riss er sich zusammen. Er verließ die Garage und ging zum Haus. Er trat auf die Veranda und klopfte fest an die Tür.

Er wartete und versuchte, die Tür zu öffnen. Zu. Er klopfte noch mal. Keine Antwort. Hirsch ging zur Rückseite des Hauses.

Die Hintertür war nicht abgeschlossen.

Hirsch drückte sie mit dem Unterarm auf, trat ein, als sie ganz geöffnet war, und stellte fest, dass er in einer Art Dreckschleuse stand: Arbeitsschuhe, Gummistiefel und alte Trainingsschuhe an der einen Wand, Mäntel an Haken, ein kleiner Schrank mit einer Schuhbürste auf der Ablage, ein Besenhalter. Zwei Türen: eine in die Küche, die andere in die Waschküche. Beide Räume menschenleer.

Auf einem Gestell neben der Spüle glänzte allerdings sauberes Geschirr – Teller und Suppenteller von einer Hautmahlzeit. Von gestern Abend? Nicht von heute Mittag, nach dem nicht fertig montierten Dreirad zu urteilen.

Hirsch trat in den schwach erhellten Flur, der zur Haustür

führte; dabei fielen ihm drei Dinge auf: eine wirklich schön gemusterte Zinndecke; Wandvertäfelung; am Boden am Ende des Flurs eine Frau mit dem Gesicht nach unten. Durch die Glasscheibe in der Vordertür fiel genug Licht, dass er nackte Beine, blassblaue Shorts und ein früher mal gelbes T-Shirt erkennen konnte, das nun fast überall dunkel war vor Blut.

Ein Schuss in den Rücken, bevor sie die Tür erreichen konnte? Bevor sie jemanden in den vorderen Räumen warnen konnte?

Hirsch suchte ganz automatisch den Boden nach Patronenhülsen ab, dann löste er seine Dienstwaffe aus dem Halfter. Er stand eine Weile da und lauschte. Das Haus klang wie jedes alte Haus, doch Hirsch hatte nicht den Eindruck, dass hier drin menschliche Herzen pochten. Er ging leise den Flur entlang und blieb an der ersten Tür stehen.

Das Zimmer eines Teenagers: Poster, verstreute Wäsche, allgemeine Unordnung. Er ging hinein. Niemand tot, niemand versteckt. In dem gegenüberliegenden Raum standen zwei Betten. Verknülltes Bettzeug auf einem davon, dazu Plüschtiere und ein Arielle-Poster an der Wand. In dem anderen Bett für ein größeres Kind hatte niemand geschlafen. Fantasy-Serienromane auf dem Nachttisch, Boyband-Poster an der Wand, ein kleiner Schreibtisch mit einem Laptopkabel neben einem klobigen Tonbecher, in dem eine Reihe von Buntstiften steckte.

Kein Blut, keine Leichen.

Doch Hirsch konnte noch eine weitere Falschaussage zu Denise Rennie auf die Liste setzen: Offenbar hatte sie drei Kinder, nicht eins.

Er ging bis zum Ende des Flurs und kniete neben der Frau. Die Fliegen hatten sie bereits gefunden. Sie war kalt, kein Puls, und das Blut auf dem T-Shirt war geronnen. Den Kopf hatte sie nach links gedreht, die Wange auf dem Boden, deshalb konnte er ihr Gesicht gut erkennen. Ja: Denise Rennie.

Hirsch sammelte sich wieder. Die Türen zu beiden Seiten standen halb offen. Links ging es ins Elternschlafzimmer: Doppelbett, ein massiver alter Kleiderschrank und ein moderner

Schreibtisch mit ADSL-Modem und zwei großen Monitoren. Er schaute im Schrank und auf dem Boden links und rechts vom Bett, dann kehrte er in den Flur zurück. Er trat um die Leiche und drückte die nächste Tür mit den Knöcheln auf.

Ein Wohnzimmer, in einer Ecke der Weihnachtsbaum, ringsherum ein Durcheinander aus Geschenkpapier, Schachteln und Geschenken. Erst eingepackt und unter den Baum gelegt, dachte Hirsch, dann geklaut. Er wollte eigentlich nur diese banale Beobachtung machen und das Zimmer verlassen, doch sein Blick fiel auf das Sofa und die überwältigende Tatsache, dass dort ein Teenager im Tod zusammengesunken saß, mit dem Gesicht zu Grand Theft Auto auf einem Breitwandfernseher, großer Kopfhörer über den Ohren, Game Controller auf dem Schoß. Er hatte wohl weder die Schreie seiner Mutter gehört noch den Schuss, der sie niedergestreckt hatte – aber er hatte das Spiel auf Pause gestellt, als der Schütze ins Wohnzimmer kam. Ein Schuss in die Brust, bevor er sich noch erheben konnte.

Hirsch stand da, und alles Mögliche ging ihm durch den Kopf. Mutter tot, Sohn tot. Aber wo war der Mann? Wo Anna, das kleine Kind? Die ältere Tochter? War der Mann mit ihnen abgehauen? Hatte er sie in einem der Schuppen niedergemetzelt? Sich selbst irgendwo erschossen?

Dies war nicht der richtige Augenblick, um wilde Vermutungen anzustellen. Erneut schaute er sich nach Patronenhülsen um und durchsuchte das Haus, diesmal gründlicher: unter den Betten, in Schränken, hinter Möbeln. In einigen Zimmern waren Schubläden und Schränke durchsucht worden. Hirsch ging zurück ins Schlafzimmer: keine Männerbekleidung oder Sonstiges. Dann fotografierte er die Leichen.

Während das Licht langsam aus dem Himmel wich, suchte er noch die Außengebäude ab. Niemand im Kofferraum des kleinen Hyundai oder unter der Werkbank. Niemand unter dem Wassertank oder im Geräteschuppen. Dann betrat Hirsch den Wollschuppen. Er war seit Jahren nicht mehr benutzt worden, aber der Geruch war unverkennbar: Lanolin, Schafdung;

die Holzbegrenzungen und Dielen noch immer schmierig. Ein Ort voller Schatten. Einen Augenblick stand Hirsch still da und horchte, ob er Kinder flüstern hörte, die sich aus Angst vor dem nächsten Schuss versteckt hatten. Nur Stille. Hirsch durchsuchte den Schuppen, fand aber nichts.

Es war Zeit, Sergeant Brandl anzurufen. Kein Empfang, außerdem wollte er den Tatort nicht noch weiter dadurch kontaminieren, dass er das Festnetztelefon benutzte. Das Modem … er ging zu den WiFi-Einstellungen seines Handys: »Hamel Road«, nicht gesperrt. Niemand hier draußen würde sich in die Daten der Familie einhacken, dachte Hirsch. Er mailte Brandl die Fotos, dazu eine kurze, unzweideutige Nachricht, und umrundete das Haus.

Die Telefonleitung war gekappt worden.

Während Hirsch das alles fotografierte, meldete sich sein Handy: ein Glücksbalken Empfang. »Sergeant.«

Brandl, deren Stimme immer wieder abbrach, sagte: »Ich habe Ihre SMS und die Fotos nach Sydney geschickt, und die haben mir ziemlich den Kopf gewaschen. Nichts anrühren, nicht herumsuchen, niemanden hineinlassen. Haben Sie noch weitere Leichen gefunden?«

»Negativ – aber wie viele weitere Leichen könnte es denn geben?«

»Genauso gut hätte ich denen ein Staatsgeheimnis entlocken können. Familienname Redding, Mutter Denise, Sohn Nick, Tochter Louise, Tochter Anna. Mehr haben sie mir nicht verraten. Sind Sie sicher, dass es sich um die Frau handelt, die ihr Kind im Auto eingeschlossen hat?«

»Ja. Sie meinte, ihr Name sei Rennie, kein Wort von anderen Kindern, und sie würde bei ihrem Mann leben. Noel oder Ned, eins von beiden. Es gibt allerdings keinerlei Anzeichen, dass hier ein Mann gewohnt hat.«

»Zerstritten? Hat sie aufgespürt und die Mädchen mitgenommen?«, fragt Brandl.

»Gut möglich. Und was jetzt, Sergeant?«

»Als Allernächstes? Ich soll zu Ihnen fahren und sicherstellen, dass Sie, Zitat, den Tatort nicht versaut haben, Zitatende. Wir sollen auf das CIB aus Port Pirie warten, und schließlich wird ein Team der Mordkommission aus Adelaide übernehmen.«

»Kommt auch jemand aus Sydney her? Die würden ja erst morgen Nachmittag eintreffen.«

»Keine Ahnung«, antwortete Brandl. »Niemand hat – «

Das Signal brach ab. Er schätzte, dass Brandl eine Stunde brauchen würde, um herzukommen, und setzte seine Runde durch Haus und Außengebäude fort. Schließlich stand er nervös und unruhig abseits des Hauses und schaute hinaus. Es gab noch eine Sache, die er unternehmen konnte, bevor das Dämmerlicht ganz verging.

# 16

Hirsch schaute sich zu Fuß in allen Richtungen um: über das fleckige, trockene Gras hinter dem Hof und den Schuppen, um einen Trupp Eukalyptusbäume herum und hindurch, über die Nachbarweiden, zum Rand des Mallee und entlang eines trockenen Bachbetts. Er suchte nach Leichen, nach Kleinigkeiten. Nach Staub, der pudrig genug war, um Fußspuren festzuhalten.

Sinnlos. Es war zu dunkel. Er kehrte zum Haus zurück und suchte die überwucherten Abflusskanäle zu beiden Seiten der Zufahrt ab. Sie endete an der Verladerampe an der Hamel Road, gleich neben einem Zauntor. Hier war die von Autoreifen aufgewirbelte Erde lockerer, halb Puder, halb Schotter. Keine Schuhabdrücke, aber damit hatte Hirsch auch nicht gerechnet. Wenn die Mädchen entführt worden waren, dann in einem Fahrzeug. Und wenn sie weggelaufen waren, dann hinaus ins Land, nicht über die Piste.

Hirsch ging zum Haus zurück; die Welt war ein stiller Ort geworden, voller Schatten, die eine Mondsichel warf. Da er nichts anderes zu tun hatte, setzte er sich in den HiLux und hörte sich seine CD an. Dylan, *Desolation Row*. Volltreffer.

Dann meldete sich seine Berufserfahrung. Er schnappte sich eine Rolle Tatortband und ein paar Gartenpflöcke und sperrte damit den von Autoreifen aufgewirbelten Boden zwischen dem Straßenanfang und der Rampe ab. Dann öffnete er das Weidetor und markierte einen Pfad zum Haus, der parallel zur Piste verlief, alle zwanzig Meter ein Pflock; am Tatortband sparte er dadurch, dass er jeden Pflock mit einer Schleife versah. Schließlich markierte er auf fleckigem Gras abseits von Hof, Haus und Schuppen einen Parkplatz für die zu erwartende Flotte an

Dienstfahrzeugen. Mehr konnte er zur Sicherung des Tatorts nicht tun. Er ließ den HiLux stehen, setzte sich auf den Boden, lehnte an einem Pfefferbaum und wartete.

Sergeant Brandl traf als Erste ein; die Scheinwerfer ihres Commodore schlingerten auf Hirschs angelegtem Parallelpfad über Steine, Soden und Grasbüschel hin und her. Hirsch stand auf, damit sie ihn sah, wies auf die Parkfläche, die er abgesteckt hatte, und schaute zu, wie sie parkte und ausstieg.

»Ich würde ja gern reingehen und selbst nachschauen«, sagte sie, »aber mir wurde klipp und klar befohlen, nicht mit meinen Nagelschuhen alles zu zertrampeln.« Sie besah sich Hirschs Gartenpflöcke. »Gute Idee, das mit den Bändern.«

»Sergeant.«

»Haben Sie Fotos gemacht?«

Hirsch reichte ihr sein Handy und schaute zu, wie sie die Fotos durchblätterte.

»Und wo sind die beiden Mädchen?«

»Ich habe mich schnell umgesehen, bevor es dunkel wurde. Ich habe nichts entdeckt.«

»Wenn sie nicht da draußen sind, tot sind oder sich verstecken«, wies sie hinaus auf die endlose Ebene, »dann sind sie vielleicht bei dem Mörder.«

»Vielleicht. Nehmen wir mal an, ein zerstrittener Mann oder Freund stöbert sie auf. Warum bringt er sie nicht alle um?«

»Weil ihm die Mädchen etwas bedeuten?«, vermutete Brandl.

Hirsch sah sich um, wollte seinen Blick auf etwas ganz Gewöhnliches heften. Doch der Pfefferbaum, der Wassertank und das Haus waren kauernde Schatten im Sternenlicht. Und wie jeder Angehörige der Polizei wusste er um die chaotische Denkweise eines Haustyrannen.

Hirsch unterbrach ihr Schweigen. »Was ist mit *Sydney*, Sergeant?«

Brandl legte den Kopf schräg und sah ihn an. »Sie denken, dass sie ziemlich weit weg sind von zu Hause, wenn sie ursprünglich von dort stammen.« Sie zuckte mit den Schultern. »Ein gutes Versteck.«

»Oder auch nicht«, entgegnete Hirsch. »Jemand hat sie aufgespürt.«

Dann packte ihn ein eisiges Gefühl. »Oh, Gott …«, stammelte er und versuchte, die Einsicht zu verdrängen. »Das YouTube-Video.«

»Ja.« Brandl drehte sich zu ihm um und berührte ihn kurz am Unterarm. »Ist ja nicht Ihre Schuld, Constable. Sie fühlen sich dafür verantwortlich, aber das sind Sie nicht.« Sie tat einen Schritt zurück. »Na, statt einfach nur hier rumzustehen und Däumchen zu drehen, bis die anderen kommen, können wir ja mal unser Hirn anstrengen. Was können Sie mir noch über die Mutter erzählen?«

»Eigentlich nichts«, antwortete Hirsch. »Dr. Pillai weiß vielleicht mehr. Aber gestern hat jemand nach ihr gesucht.« Er berichtete von seinem Gespräch mit Gemma Pitcher. »Allerdings benutzte er weder den Namen Rennie noch Redding, sondern Reid.«

»Wir brauchen eine Beschreibung von ihr. Was hat sie ihm gesagt?«

Hirsch schüttelte den Kopf. »Sie konnte ihm nichts sagen. Sie wusste ja auch nichts. Niemand von uns kannte Mrs Rennie bis letzten Freitag. Sie ist nur nach Tiverton gekommen, weil sie ein neues Rezept brauchte und Dr. Pillai freitags Sprechstunde hat.«

Brandl dachte nach. »So wie sie überreagiert und Ihnen einen falschen Namen und eine falsche Adresse gegeben hat. Und so, wie die Polizei von Sydney ganz verschlossen und diensteifrig tut, fühlt sich das eher nach Zeugenschutzprogramm an, nicht einfach nur nach einer Familie, die sich vor einem verwirrten Kerl versteckt.«

Fahrzeuge. Hüpfende Scheinwerfer. Die Detectives aus Port Pirie und ein Einsatzfahrzeug der KT, vermutete Hirsch. Er dachte an seinen armen, geplagten kleinen Ort. »Zwei Verbrechen in einer Woche, Sergeant. Bei mir wird es nur so vor Reportern wimmeln.«

Wieder berührte Brandl ihn am Arm. »Bei *mir*, meinen Sie wohl. Die Mordkommission wird ihre Einsatzzentrale im Rathaus Redruth einrichten. Die Hälfte der Zimmer in der Stadt sind schon ausgebucht.«

Hirsch bezweifelte, dass das Tiverton vor den Medien bewahren würde. Er schaute zu, wie ein Zivilwagen neben Brandls Commodore hielt. Die KT hielt neben dem Absperrband, das dem Haus am nächsten war.

Detective Comyn saß hinterm Steuer, mit ihm John Alwin, der neue Inspector von Port Pirie CIB, in einem knittrigen Hemd, ein paar Büschel karottenrote Haare um einen verletzlich wirkenden Schädel drapiert. Der Mann selbst wirkte alles andere als verletzlich. Er war eher von der kurz angebundenen Art, die das Kommando übernahm.

Er grüßte Brandl mit mürrischem Gesicht und wandte sich an Hirsch. »Ich weiß, wer Sie sind.«

Hirsch war auf der Stelle angepisst. »Ach, tatsächlich, Sir.«

»Kommen Sie mir ja nicht schlau, Constable. Also, Sie sind hergekommen, weil …?«

»Sir«, unterbrach Brandl, »ich erhielt einen Anruf aus der Polizeizentrale Sydney, die darum bat, nach dem Wohlergehen der Familie zu schauen. Wir waren mit einem Verkehrsunfall beschäftigt, deshalb habe ich Constable Hirschhausen gebeten, das zu übernehmen.«

»Ich habe Constable Hirschhausen gefragt. Wann sind Sie hier eingetroffen?«

»Vor etwa drei Stunden.«

»Und haben zwei Tote vorgefunden.«

»Ja, Sir«, sagte Hirsch. Er sah, wie die KT hinter dem Inspector Flutlichter aufbaute.

»Haben Sie irgendetwas angefasst?«

Hirsch dachte zurück. »Ich habe geprüft, ob sie tot sind. Bin durch alle Zimmer gegangen. Hab mich hingekniet, um unter die Betten zu schauen. Habe Türen, Schränke und Schubladen geöffnet.« Dann fügte er an: »Mit Handschuhen.«

»Warum sind Sie das Haus durchgegangen? Hat man Ihnen nicht gesagt, dass Sie sich fernhalten sollen?«

»Nicht zu diesem Zeitpunkt. Ich habe nach weiteren Opfern gesucht.«

Entweder war der Inspector schwer von Begriff, oder man hatte ihn im Dunkeln gelassen – oder er war einfach nur ein Arschloch. Er klang verächtlich, wollte Hirschs Nerven auf die Probe stellen. »Nach weiteren Opfern gesucht, aha. Und dann?«

Hirsch hielt sich an den Dienstjargon. »Im restlichen, mir verbliebenen Tageslicht habe ich die Schuppen und angrenzenden Weideflächen abgesucht.« Er hielt kurz inne. »Sir, wir werden bei Tagesanbruch eine Suchmannschaft brauchen.«

»Ach, tatsächlich? Haben Sie bei Ihrer Suche irgendetwas gefunden?«

»Nein, Sir.«

»Und es ist Ihnen nicht aufgegangen, dass man hätte auf Sie schießen können?«

»Ich wollte die vermissten Mädchen finden, Sir.«

Alwin brummte und wendete sich ab. »Gute Idee, das mit dem Tatortband. Waren Sie das?«

»Ja, Sir.«

Alwin klatschte in die Hände. »Also gut. Detective Comyn wird Ihre Aussage aufnehmen. Wenn die KT Ihren Wagen und die Gegend drum herum kontrolliert haben, können Sie verschwinden.«

»Sir.«

»Sergeant Brandl, ich brauche den Kontakt in Sydney, dann können Sie ebenfalls verschwinden.«

»Sir.«

»Ich möchte, dass Sie beide heute Nacht am Telefon hängen. Wir brauchen Freiwillige aus der ganzen Gegend, um bei Tagesanbruch die Gegend abzusuchen. Wenn irgendeiner der örtlichen Viehzüchter ein Erkundungsflugzeug hat, umso besser.

Ich werde sehen, ob das Fluggeschwader uns einen Hubschrauber abstellen kann.«

»Sir«, sagte Brandl.

»Constable Hirschhausen, Sie halten sich für eine Befragung irgendwann im Laufe des morgigen Tages bereit.«

»Mordkommission, Sir?«

»Keine Ahnung, wen die schicken.«

# 17

Zweiter Weihnachtsfeiertag. Hirsch, der noch ganz verschlafen war, ging im ersten Morgenlicht zwischen Martin Gwynne und einer Apothekerin aus Redruth namens Delia Paley das Bachbett entlang. Umherstreifende Reihen aus Freiwilligen hielten links und rechts von ihnen Schritt. Der Suchhubschrauber schnatterte über dem Mallee im Nordosten. Weitere Suchtrupps, die vom Haus an der Hamel Road starteten, suchten die trockenen Weizenflächen ab.

Gwynne konnte einfach nicht den Mund halten. »Ich habe darin Erfahrung, müssen Sie wissen.« Er war stinksauer, weil man ihm nicht einen Suchtrupp unterstellt hatte.

»Das liegt nicht in meiner Entscheidung«, sagte Hirsch.

Zum Glück. Er hatte letzte Nacht Stunden damit zugebracht, herumzutelefonieren und eine Telefonkette einzurichten, dann hatte er vier Stunden geschlafen und war einer der Ersten wieder am Tatort. Er hatte die Parkerei der Freiwilligen überwacht, und danach wurde ihm, genau wie allen anderen, mitgeteilt, wohin sie gehen sollten und was sie zu tun hatten.

»Wie bei diesen Touristen letzte Ostern«, ließ Gwynne nicht locker.

Ein japanisches Pärchen, das eine Reifenpanne hatte und ins Buschland davongewandert war, nur um ein paar Stunden später von einem schnell zusammengestellten Suchtrupp aus Bewohnern von Tiverton aufgespürt zu werden, womöglich die schnellste und am wenigsten beschwerliche Suche in der Geschichte der Menschheit.

»Wir sind hier alle gleich, Mr Gwynne«, sagte Delia Paley – warmherzig, höflich, aber mit einem gewissen Extra.

Ein Gefühl von Schmähung war auf dem wenigen zu sehen, was Hirsch unter dem vernünftigen breitkrempigen Hut von Martins Gesicht erkennen konnte. Die Zinkcreme auf der Nase wirkte fettig.

Hirsch richtete seine Aufmerksamkeit wieder aufs Bachbett. Im Halbdunkel des Vorabends war es sinnlos gewesen, nach Schuhabdrücken zu suchen; nun hoffte er, dass die Sonne die Hinweise freigeben würde, die sie brauchten. Der Helikopter wendete, überflog sie und verschwand in Richtung der Ruinen von Mischance Creek. Das wird ein Vormittag voller falscher Sichtungen, dachte Hirsch. Ein anderer Ton schnitt durch die Luft, und er blickte auf: ein Sprühflugzeug vom Flugplatz Clare.

Martin blieb wichtigtuerisch stehen, stoppte die anderen mit einer gegen die Wand der heißen, reglosen Luft gestreckten Hand und linste hinunter auf Steine und Sand. Er kauerte sich hin, richtete sich wieder auf, zückte sein Handy und fotografierte, was immer da zu seinen Füßen war; dann schaute er sich links und rechts nach Landmarken um. Er fotografierte auf der einen Seite einen krummen Ast, auf der anderen Seite eine kleine Senke im roterdigen Bachufer.

Delia Paley war stehen geblieben und hatte sich Martins Fund angeschaut. »Eine Star-Wars-Figur«, sagte sie und streckte die Hand aus. »Chewbacca.«

»Was um alles in der Welt machen Sie da? Das ist ein Beweisstück.«

Paley richtete sich auf und wurde rot. »Die Figur ist alt.«

»Sie könnte von Bedeutung sein.«

»Ich glaube, Delia hat recht«, sagte Hirsch. »Die liegt schon eine ganze Weile da.«

Ausgeblichen, rissig, ein fehlender Arm. Hirsch sah zum Ufer hinauf, wo Bob Muir geduldig wartete und zu ihnen hinunterschaute.

»Bob, wird das hier gerne als Picknickplatz genutzt?«

Muir nickte.

Hirsch drehte sich zu Gwynne um und klopfte ihm auf die

Schulter. »Gut, dass Sie es bemerkt haben, Martin. Mir wäre das überhaupt nicht aufgefallen.«

Gwynne dachte darüber nach und nickte dann. »Man kann nie vorsichtig genug sein.«

»Da haben Sie völlig recht«, sagte Delia Paley und warf Hirsch einen Blick zu.

Er lächelte verkrampft zurück. Er stand häufig zwischen verfeindeten Parteien. Er trank einen Schluck aus der Flasche an seinem Gürtel. »Weiter gehts.«

Sie gingen fünf Kilometer weit; Hirsch gab ihren Fortschritt an die anderen Teams und an Sergeant Brandl weiter, die alles vom Haus aus koordinierte. Es wurde heißer und heißer, nichts wehrte die Sonne ab. Hirschs nackte Arme brannten. Delia Paley verdrehte sich den Knöchel, als ein runder Stein gegen den anderen rollte.

»Suchhunde?«, fragte Bob nach einer Weile.

»Zwei Hunde, zwei Hundeführer, sollen am späten Vormittag eintreffen.«

»Polizei oder Rettungsdienst?«

»Polizei.«

Wahrscheinlich als Spürhunde ausgebildet. Hirsch stellte es sich bildlich vor, wie die Hundeführer einem Deutschen Schäferhund ein T-Shirt hinhielten, dem anderen Hund ein Unterhemd, und sich dann mit ihnen auf den Weg machten.

»Die werden doch sicherlich einen erheblich besseren Job erledigen als wir«, meinte Muir, »wir zertrampeln doch nur alles.«

»Ja, Bob, aber wie Paul schon sagte, dauert es noch eine Weile, bis sie hier sind«, entgegnete Gwynne. »In der Zwischenzeit ist es wichtig, dass wir die Suche fortsetzen.«

Jetzt sagt er gleich *Zeit spielt eine wichtige Rolle*, dachte Hirsch.

»Die Zeit ist hier von kritischer Bedeutung«, sagte Gwynne. »Das könnte den Unterschied ausmachen zwischen zwei toten Mädchen und zwei lebenden Mädchen.«

»Hmhm«, machte Muir.

Hirsch schaute zu ihm hinüber. Neutral. Suchte den Boden sorgsam ab. Leichte Verärgerung, nur erkennbar an der Kopfhaltung.

Sie kamen an eine Furt, wo der Bach eine Schotterpiste kreuzte. Hirsch schaute auf seine Karte: Hope Hill Drive. Bevor sie die Piste kreuzten, schnauzte Martin Gwynne: »Was machen denn diese Trottel da?«

Die Flann-Brüder näherten sich aus entgegengesetzter Richtung im Bachbett. Sie blieben stehen, und Wayne lächelte sie schläfrig an: »Constable Hirschhausen, Sir.«

Witzbold, wollte Hirsch schon sagen, aber bei Wayne wäre das reine Zeitverschwendung gewesen; er war zu allen so spöttisch. Schlank, locker; oberflächlich betrachtet durchaus charmant, aber darauf fiel niemand herein. Frauen erkannten hinter dem guten Aussehen eine gewisse Gefühlskälte und wandten sich ab. Männer waren argwöhnisch.

Jetzt trug er ein enges Kaki-T-Shirt mit hochgerollten Ärmeln, eine ölfleckige Jeans und Stiefel mit seitlichem Gummieinsatz und hatte sich ein kleines Gewehr Kaliber .22 über die Schulter gehängt. Mit der Waffe, den dunklen Haaren, dem schmalen Gesicht, der olivdunklen Haut und der geschmeidigen Anmut hätte er im Film auftreten können. Allerdings nicht als Held.

Hirsch ging nicht auf die Waffe ein und sah an Wayne vorbei zu Adam. Der schien sich hinter der Schulter seines Bruders zu verstecken. »Alles in Ordnung, Adam?«

»Dem gehts gut«, meinte Wayne.

Martin Gwynne ging dazwischen. »Gehören Sie zur offiziellen Suchmannschaft? Wenn nicht, woher können wir dann wissen, ob Sie alles gründlich abgesucht haben?«

Wayne grinste. »Ich bin hier, oder nicht? Ich weiß, was ich tue.«

Hirsch berührte mahnend Martins Unterarm. »Wo habt ihr Jungs angefangen?«

»Drei, vier Kilometer weiter.«

»Habt ihr irgendetwas gesehen?«

»Nein.«

»Ich würde vorschlagen, Sie lassen sich umgehend bei Sergeant Brandl registrieren«, sagte Gwynne.

»Das würden Sie vorschlagen, hm?«, meinte Flann. »Gut zu wissen.«

»Wozu das Gewehr?«, fragte Hirsch.

Wayne Flann lächelte und ließ die Schultern leicht rollen. »Keine Ahnung, ob Sies schon mitbekommen haben, aber hier läuft ein Mörder frei herum. Außerdem Schlangen.«

Er schaute zu Boden, auf Hirschs Füße und suchte dann das Gras in der Nähe ab. Hirsch schaute unwillkürlich ebenfalls um sich.

Wayne musste darüber grinsen. »Immer auf der Hut, ist mein Motto, Mann.«

»Eine Schrotflinte wäre aber besser gegen Schlangen«, meinte Hirsch, der die Waffe betrachtete und in einem Winkel seines Polizistenhirns abhakte, dass es sich nicht um die Tatwaffe handelte.

»Hab keine, wie Sie wissen.«

Hirsch nickte. Zu seinen Pflichten gehörte es auch, Waffenscheine und korrekte Lagerung zu kontrollieren. Er musste Flann dazu bringen, die Waffe wegzustecken, ohne ihn öffentlich zu blamieren. Dankbar hörte er Bob Muir murmeln: »Wayne, nach dem, was gerade passiert ist, sieht es nicht gut aus, mit einer Waffe herumzuspazieren.«

Nicht harsch. Nicht verunglimpfend. Muir mahnte nur Vorsicht und Menschenverstand an; dabei klang er wie der weise Vater. Hirsch bemerkte eine Veränderung bei Wayne, ein schnelles, zustimmendes Nicken. »Okay.«

»Gut«, sagte Muir. »Schön, euch beide dabeizuhaben. Wie wärs, ihr meldet euch bei Sergeant Brandl und schließt euch einer der Suchteams an, damit hier nichts doppelt läuft?«

Die Brüder Flann kletterten aus dem Bach, Adam machte Hirsch und Muir gegenüber schnell ein entschuldigendes Gesicht und folgte seinem Bruder über die Weide zur Hamel Road. »Was wollen wir wetten, dass die sich nicht melden?«, sagte Martin.

Hirsch kümmerte sich nicht weiter darum. Er hatte nie behauptet, dass Wayne jemand war, der einfach mitspielte.

»Ich traue diesen Flanns nicht.«

»Ach? Wie das, Martin?«, fragte Muir.

»Vor allem dem Älteren nicht. Wie er einen schon anglotzt.«

Hirsch begriff. Die lässige Eleganz und offene Unverschämtheit. Er ging weiter. Martin packte ihn am Arm. »Haben Sie bei dieser Pferdegeschichte auch an *ihn* gedacht, Paul?«

»Martin, können wir uns auf die Suche konzentrieren?«

»Die halten doch alle zusammen, in dieser Familie. Ich kann mir gut vorstellen, wie der ältere Kerl es Nan heimzahlt, weil sie seinen kleinen Bruder gedemütigt hat.«

Hirsch ging nicht darauf ein. Es war mitten am Vormittag, und die Sonne brannte gnadenlos. Er hatte seine Wasserflasche fast geleert und sah, dass es den anderen nicht besser ging. Er wies die Richtung. Die Ruinen von Mischance Creek lagen vor ihnen, ein halbes Dutzend einsamer Schornsteine, die an eingestürzten Wänden klebten; ein paar Wellblechdächer, die mit ein paar rostigen Nägeln in sinnloser Starrköpfigkeit durchhielten.

»Suchen wir uns etwas Schatten und machen eine Pause. Ich rufe Sergeant Brandl an und bitte sie, uns Wasser zu schicken.«

Sie gingen weiter. Kurze Zeit später fiel Hirsch auf, dass Delia Paley am Bachufer nicht mehr neben ihm Schritt hielt. Ihr Knöchel musste wohl schlimmer geworden sein, nahm er an und blickte auf. Ihr Gesicht strahlte vor Entdeckungseifer und Hoffnungen. »Schuhabdrücke«, sagte sie mit zitternder Stimme.

»Sichern Sie den Ort und warten Sie«, befahl Comyn Hirsch am Telefon. »Die Hunde sind schon auf dem Weg. Wenn sie die Hundeführer zu Ihnen führen, dann wissen wir Bescheid.«

»Wir brauchen Wasser.«

»Sie warten, verstanden?«

Hirsch gesellte sich zu den anderen im dürftigen Schatten einer eingefallenen Mauer. Sie alle schauten hinüber zum Bachufer, wo sich auf einem Flecken pudriger Erde zwei winzige nackte Fußabdrücke und zwei Paar Schuhabdrücke befanden. Die Mädchen hatten dort eine Pause gemacht, dachte Hirsch. Vielleicht hatte das ältere Mädchen die Kleine getragen. Wenn sie noch wach gewesen war und der Mutter beim Einpacken des Dreirads geholfen hatte, dann hatte sie Sandalen oder Turnschuhe getragen. Als die Schießerei vorbei war, ist sie ins Haus gestürmt, hat die Kleine aus dem Bett geholt und ist losgerannt. Sie ist zur Straße gekommen, hat die Kleine abgesetzt und …

Und offenbar sind sie dann verschwunden. Keine weiteren Spuren, soweit Hirsch erkennen konnte. War es der Mörder, der angehalten und sie mitgenommen hatte? Keine Schleifspuren im Staub. Zu müde, um sich noch zu wehren?

Fünfzehn Minuten später sah er die Hundeführer und ihre Hunde, Gestalten, die auf dem flachen Land zwischen Mischance Creek und dem Mordhaus waberten und verschmolzen. Doch ihr Fortkommen war unaufhaltsam, die Richtung eindeutig. Hirsch stand auf, um sie zu begrüßen, sah, wie die Tiere stehen blieben, mit den Nasen über den Boden fuhren und den flüchtigen Geruch auszuspüren suchten. Das Ende der Fährte. Die Tiere keuchten, schluckten, setzten sich. Einer der Hundeführer meinte: »Bis hierhin sind sie gekommen.«

Hirsch nickte bedrückt. Er wusste, dass die Piste nichts Nützliches hergeben würde. Er war gestern hier entlanggekommen; heute Morgen war Wayne Flann über diese Piste gefahren; die Hälfte der Freiwilligen ebenfalls. Hirsch blickte nach oben, in der verrückten Hoffnung, dass einer der Luftbeobachter vielleicht auf magische Weise das Fahrzeug gefunden hatte, das die Mädchen vor zwölf Stunden gerettet – oder entführt – hatte.

Die Freiwilligen kehrten nach und nach zurück. Sie bekamen Tee, Orangen, Sandwiches, die sich in der Hitze wellten. Hirsch erhielt den Befehl, seinen Hintern nach Redruth zu schwingen.

»Sergeant?«

»Die Einsatzzentrale im Rathaus ist in vollem Einsatz, und ein Inspector der Mordkommission will mit Ihnen sprechen.«

»Jetzt?«

»So schnell wie möglich.«

Hirsch stieg in den Toyota und fuhr davon. Auf den Weg zu einem weiteren Anschiss, nahm er an.

# 18

Nachmittags traf Hirsch in Redruth ein. Die Hauptstraße, die an jedem anderen zweiten Weihnachtsfeiertag menschenleer gewesen wäre, war nun vollgestopft mit Streifenwagen und Zivilfahrzeugen, Transportern und SUVs – alle mit der Schnauze zum Gehweg voran außerhalb der Büros von Rathaus und Bezirksrat. Hirsch rollte vorbei und fand einen Parkplatz vor dem Woolpack, einem Pub gegenüber der Rotunde. Er überquerte den Platz, berührte die kleine Rotunde, um sich Glück zu wünschen, und ging hügelan.

Er stieg die Stufen zum Rathauseingang hinauf und betrat kühlere, dämmrigere Luft. Der knarzende alte Ballsaal war umgewandelt worden: Telefone, Computer, Schreibtische, Beamte in Hemdsärmeln, die in Bildschirme starrten, telefonierten, mit den Fingern über Tastaturen huschten. Es war wie der Handelssaal einer Börse: Alles machte den Anschein unterdrückter Panik. Hirsch schaute nach oben. Staubiges Sonnenlicht kroch durch hoch in den Wänden angebrachte Fenster. Wunderschöne Vertäfelung, wunderschöne Zinnverkleidung der Decke; er dachte an die Wände und die Decke in dem Haus an der Hamel Road und wurde von Emotionen gepackt.

Hirsch schluckte und trat auf eine Zivilbeamtin zu, die ein Whiteboard hereinschob. »Können Sie mir bitte sagen, wer der Diensthabende ist?«

Sie registrierte seine staubigen Stiefel, die dreckige Hose und die Schweißränder auf seinem Hemd. Dann wies sie auf einen langen Schreibtisch hinter Trennwänden in einer Ecke des Ballsaals. »Inspector Kellaher.«

Hirsch sah am hinteren Ende des Schreibtischs zwei Männer,

die ihre Stühle zueinandergedreht hatten und sich unterhielten. Er durchquerte den Raum, und die alten, polierten Dielen knarzten unter seinen Schritten. Der Raum diente noch immer als Ballsaal – erst vor ein paar Monaten hatte er mit Wendy dort den Highschoolball besucht –, doch seine erste Erinnerung an diesen Raum war eine öffentliche Versammlung gewesen, bei der sich Ansässige über die brutalen Methoden der Polizisten beklagten, die damals in Redruth stationiert gewesen waren. Es hatte funktioniert: Die Rowdys waren durch Brandl und ihr kleines Team ersetzt worden.

Hirsch klopfte an eine der Trennwände und trat heran. »Inspector Kellaher? Constable Hirschhausen, Sir. Ich sollte mich melden.«

Der Ältere schaute auf die Uhr. Weißes Hemd, blaue Krawatte, hochgekrempelte Ärmel, die kräftige, geäderte Unterarme enthüllten. Ein robuster Mann mit kantigem Kinn und einem Gebüsch aus braunen, mit Grau durchsetzten Haaren. Etwa fünfzig; er beugte sich vor, sein Gesicht verspannte sich, und er reckte Hirsch das Kinn entgegen. »Ich hatte schon vor einer Weile mit Ihnen gerechnet.«

Das wollte Hirsch nicht so stehen lassen. »Ich habe bei einem der Suchtrupps mitgemacht, Sir. Außerdem ist es ein Stück zu fahren.«

Kellaher brummte und wies dann auf den Mann neben sich. »Sergeant Dock.«

Dock stand auf. Etwa dreißig, perlgraues Hemd mit offenem Kragen, enge, anthrazitfarbene Hose. Gepflegt, ordentlich geschnittene, dunkle Haare. Er beugte sich über den Tisch und streckte die Hand aus, wenn auch mit leichtem Amüsement, so als wisse er von dem Ärger, den Hirsch erwartete. Fester, trockener Handschlag. Er setzte sich wieder und strich sich Hemd und Hose glatt. Ein Mann, der keine Falten duldet, dachte Hirsch. Ein Mann, der unterwegs schon an den Kauf der nächsten Sonnenbrille denkt.

»Setzen Sie sich«, sagte Kellaher.

Ein Stuhl stand so, dass er zu den beiden diensthöheren Männern zeigte – die ganze Zeit schon für mich bestimmt?, fragte sich Hirsch. Ein biegsames Plastikding mit geradem Rücken. »Sir.«

Kellaher starrte Hirsch eine Weile mit unergründlichem Blick an. Ein alter Befragungstrick, einer, den manche Menschen nur schwer aussitzen konnten. Gnadenlos, distanziert, entlarvend. Hirsch verließ der Mut: Er sah Dock an, der ihm den Hauch eines Haifischgrinsens gönnte. Die beiden Männer wollten ihn verunsichern, jeder auf seine Art. Hirsch spürte, dass die beiden allem, was er gesagt und getan hatte, und allem, was er sagen und tun würde, Misstrauen entgegenbringen würden.

Als Kellaher schließlich etwas sagte, klang seine Stimme gedämpft und angespannt. »Wenn ich recht verstehe, hatten Sie mit der toten Frau und ihrer Familie zu tun?«

»Das kann man so nicht sagen, Sir. Ich bin ihr und dem jüngsten Kind kurz begegnet.«

»Erklären Sie mir das.«

Hirsch beschrieb den Zwischenfall mit dem Kleinkind in dem Auto, dann zückte er sein Handy, um die Aufnahme abzuspielen, die er auf der Fahrt zum Krankenhaus gemacht hatte. »Sie hören meine Stimme, die Stimme einer Frau, die mir unter dem Namen Denise Rennie bekannt ist – und Doctor Pillai. An einer Stelle singt das Kind kurz.«

Sie lauschten. Hirsch unterbrach die Aufnahme. »Zwei Sachen: Sie erwähnte einen Mann, aber keine weiteren Kinder. Und die Adresse, die sie mir gegeben hat, war falsch, wie ich ein paar Tage später herausfand, als ich sie aufsuchen wollte.«

»Gibt es irgendeinen Grund dafür, dass Sie sie aufsuchen wollten?«, fragte Dock harsch.

»Das gehört zu meinem Job«, antwortete Hirsch sanft. »Ich mache zwei Mal die Woche die große Patrouille und schaue bei den Leuten vorbei.«

Der Inspector schaute Dock an und fragte: »Und was denken Sie jetzt darüber, Constable Hirschhausen?«

Hirsch war erstaunt. Kellaher schien ihn darum zu bitten, seinen Eindruck zu schildern. Er dachte darüber nach, was er antworten wollte, und hörte hinter sich Telefonklingeln, Rufe, ein Lachen.

Hirsch holte tief Luft. »Angesichts der Ereignisse scheint ihr früheres Benehmen von Bedeutung zu sein. Die Bitte aus der Polizeizentrale in Sydney, sich um das Wohlergehen der Familie zu erkundigen, landete direkt auf Sergeant Brandls Handy. So als würde man dort schon wissen, wen man anrufen müsste, falls die Familie vom Radar verschwindet. All das scheint darauf hinzuweisen, dass sich die Familie versteckt hat.«

»Sauber deduziert«, sagte Dock.

Kellaher verzog ganz unmerklich das Gesicht. Er spielt mit offenem Visier, fand Hirsch. Doch wie weit konnte er ihm trauen? »Sir, gibt es einen Ehemann oder Freund? Verstecken sie sich vor ihm?«

»Das kann ich Ihnen nicht sagen – ich weiß es selbst nicht. Ich hoffe auf Antworten, wenn die Beamten aus Sydney hier eintreffen.«

»Zeugenschutz vielleicht?«, fragte Hirsch.

»Constable, ich weiß es nicht. Was können Sie mir noch sagen?«

Hirsch nahm an, dass die beiden Männer zumindest ein kleines bisschen mehr wussten. Außerdem erhielten sie sicherlich Neuigkeiten aus dem Mordhaus von ihren Kollegen von der Mordkommission. Er änderte die Taktik. »Könnte sein, dass Mrs Rennie auf einem YouTube-Video erkannt worden ist, in dem ich, ähm, prominent vorkomme.«

Kellaher war nicht sonderlich amüsiert. »Gut möglich.«

Aha, er hat das Video also gesehen, dachte Hirsch. »Jemand hat sie erkannt und nach ihr gesucht.«

»Spüren Sie da eine gewisse Verantwortung, Constable Hirschhausen?«, fragte Dock.

Hirsch ging nicht darauf ein, sondern sprach Kellaher an. »Eine junge Frau, die im Laden in Tiverton arbeitet, meinte, ein

Mann sei hereingekommen und habe gefragt, wo die Frau aus dem Video wohnen würde.«

»Beschreibung?«

»Sie war sich nicht sicher. Durchschnittlich, Mitte vierzig.«

»Wir werden mit ihr sprechen müssen«, sagte Kellaher.

»Vielleicht hilft es, wenn ich anwesend bin«, sagte Hirsch. »Sie kennt mich.«

»Jeder kennt Sie«, sagte Dock.

Jetzt kommen wir endlich auf den Punkt, dachte Hirsch. Er beschloss, den Stier bei den Hörnern zu packen. »Vor achtzehn Monaten hatte ich das Pech, mich in einem korrupten Team des CIB in einem Vorortbezirk wiederzufinden. Es wurde aufgelöst. Etwas von dem Dreck ist an mir kleben geblieben, ich wurde degradiert und bin hier draußen im Busch gelandet. Ende der Geschichte.«

»Die Geschichte ist noch nicht zu Ende. Sie haben Ihren Mund nicht gehalten.«

Hirsch beugte sich vor. »Sind Freunde von Ihnen im Gefängnis gelandet, Sergeant?«

»Genug«, ging Kellaher seufzend dazwischen. »Sie waren gestern Abend der Erste am Tatort, Constable Hirschhausen, und Sie haben den Vormittag dort verbracht. Seien Sie doch so nett und beschreiben Sie uns, was Sie gesehen haben. Frei von der Leber weg.«

Hirsch berichtete, wie er die Leichen entdeckt hatte, wie er die Schuppen und angrenzenden Weiden abgesucht hatte, den Suchtrupp mit den Freiwilligen vom Vormittag, die Schuhabdrücke. Er schloss: »Sieht so aus, als seien die Mädchen geflohen und später am Straßenrand aufgegabelt worden. Ob durch den Mörder oder einen örtlichen Irren oder sonst jemanden, der gerade vorbeikam – wer weiß. Ich habe keine Ahnung, wo sie sich jetzt aufhalten. Sie liegen tot irgendwo, jemand hat ihnen Unterschlupf geboten, oder sie liegen gefesselt in einem Kofferraum.«

Kellaher wählte die Kontaktliste auf seinem Handy und hielt

es Hirsch hin. »Tragen Sie sich bitte ein.« Das tat Hirsch. »Fahren Sie nach Hause und nehmen Sie sich den Rest des Tages frei«, sagte Kellaher. »Sorgen Sie dafür, dass die Verkäuferin morgen befragt werden kann. Punkt zwölf Uhr.«

»Soll ich sie herbringen?«

»Das würde sie nur verschüchtern. Bei Ihnen, morgen um zwölf.«

»Sir.« Dann hielt Hirsch kurz inne. »Gibt es schon Ergebnisse von der Ballistik, Sir?«

Kellaher sah ihn fragend an. »Ein Gewehr mit schwerem Kaliber, mehr weiß ich noch nicht. Warum?«

Hirsch dachte an Wayne Flann und sein kleines Gewehr Kaliber .22. »Hab ich mir schon gedacht, Sir, nach den Schusswunden zu urteilen.«

Hirsch ging wieder hügelab, die Sonne brannte ihm auf den Rücken. Er dachte an nichts anderes als die Dusche, wenn er erst mal zu Hause war. Und an Aloe Vera für seinen Sonnenbrand. Saubere Klamotten, ein kaltes Bier. Abendessen mit Wendy und Katie – dann fiel ihm ein, dass er ihnen versprochen hatte, am nächsten Tag mit ihnen zum Bruder zu fahren, verflucht. Er zerbrach sich den Kopf: Die Einsatzgruppe lief auf vollen Touren und konnte auch gut ohne ihn auskommen – aber es war wichtig, dass er der Mittelsmann bei der Befragung von Gemma Pitcher war.

Übertragungswagen hatten den Stadtplatz besetzt. Hirsch stieg in seinen Toyota und fuhr langsam auf dem Barrier Highway nach Hause. Länger werdende Schatten streiften das Land; das Licht war grell. Als Nächstes auf der CD für alte Säcke: Canned Heat, *On the Road Again*. Hirsch hörte sich den Song zu Ende an, dann versuchte er es mit dem Radio.

In den Fünf-Uhr-Nachrichten wurde bereits über den Fall berichtet. Hirsch sprang von einem Sender zum nächsten: »Welches Übel verbindet diese verschlafenen Gemeinden?« … »wird befürchtet, dass die Schwestern entführt worden sind« …

»entführt, möglicherweise ermordet« … »vermutlich ursprünglich aus Sydney.«

Und natürlich brachte ein Sender das YouTube-Video mit ins Spiel.

Dann ein Radiosprecher: »Nicht ausgeschlossen, dass ein und derselbe Täter für beide Massaker verantwortlich ist – und ja, es handelt sich um Massaker.«

»Jemand, der eskaliert? Erst Pferde, dann Menschen?«

»Nicht ausgeschlossen, wie gesagt. Die Methoden ähneln sich nicht, aber die … die Wut, der emotionale Exzess – sexuelle Frustration? All dies lässt sich in beiden Fällen finden.«

Hirsch schaltete aus. Er wollte nur noch die Arme seiner Geliebten um sich spüren, ihren vertrauten Duft einatmen: die Melancholie verbannen, den Frieden wieder in sein Leben holen, und sei es nur für kurz. Zumindest bis er beichtete, dass er morgen arbeiten musste.

# 19

Donnerstag. Mit einem Wimpernschlag wechselte Hirsch von todesähnlichem Schlaf zur klarsten Wachheit, ohne zu wissen warum. Er wusste nicht, wo er war. Doch im nächsten Augenblick wusste er es: Er lag in Wendys Bett, und die blanke Gewohnheit hatte ihn geweckt. Seine Gliedmaßen und sein Gehirn wollten hinaus ins erste Morgenlicht, das durch die Jalousie am Fenster fiel. Er schaute zur Seite. Wendy schlief fest; ihr Gesicht, ihr Duft und seine Erinnerungen an ihren Sex ließen ihn wieder einschlummern.

Oder waren das Erinnerungen an frühere Zeiten? Er schlug die Augen wieder auf. Sie hatten miteinander geschlafen, aber … hatte Wendy sich zurückgehalten? Sie wusste, wie schwer es für ihn gewesen war, die Leichen zu finden. Sie begriff, dass er heute anwesend sein musste – sie hatte gewusst, auf was sie sich bei einem Polizisten einließ. Aber es war offenkundig, dass ihr das nicht immer gefiel.

Hirsch machte die Augen zu, und dann war es neun Uhr, und er wischte sich übers Gesicht.

Dann wieder. Was war los? Er schlug die Augen auf, und da kniete Katie neben dem Bett und kitzelte ihn mit einer Feder. Sie verzog keine Miene, so als würde sie ein Experiment beobachten.

»Aufwachen.«

»Find ich nicht lustig«, sagte Hirsch.

»Ma meint, wir fahren in ein paar Minuten.«

Hirsch drehte den Kopf zur Seite. Wendys Kissen lag verlassen auf der anderen Hälfte des Betts. »Jetzt schon?«

»Hmhm.« Wieder folterte ihn die Feder. »Also aufwachen.«

Hirsch sah an Katie vorbei zu dem Stuhl, auf dem er seine

Sachen warf oder ablegte, wenn er über Nacht blieb. Er war nackt unter der Decke, die Tochter seiner Freundin befand sich zwischen seiner Hose und ihm, und er fragte sich nicht zum ersten Mal, wie das wohl in anderer Leute Augen aussehen mochte. Wer diese anderen Leute sein mochten, wusste er nicht, aber solche Leute gab es ja immer.

»Ähm«, machte er.

Katie erhob sich. »Ma sagt, du kannst so lange im Bett bleiben, wie du willst, aber ich finde, du solltest uns Tschüss sagen.«

»Ach ja?«

Eine veränderte Katie schaute ihn an. »Ich weiß, du musst heute arbeiten, aber Arbeit ist nicht alles.«

Wieder machte er: »Ähm.«

»Es gibt *drei* Polizisten in Redruth. Einer von denen hätte doch heute für dich übernehmen können.«

»Katie«, sagte Hirsch, wusste aber nicht weiter.

Katie war schneller. »Ma mag dich. *Ich* mag dich auch.«

Hirsch bemühte sich, sich aufrecht hinzusetzen und eine wohlüberlegte Antwort zu geben, aber Wendy war in der Tür aufgetaucht, und ihr duschnasses Haar färbte Ausschnitt und Ärmel eines blauen Sommerkleides dunkel. »Gib dem armen Mann doch mal etwas Frieden.«

Hirsch wollte sie vor allem wieder bei sich im Bett. »Gib dem armen Mann mal etwas *Freiraum* eher.«

Wendy lächelte unbestimmt, ging durch das Zimmer und gab ihm einen flüchtigen Kuss. »Du bist wieder eingeschlafen.«

Das tat er meistens nicht. Normalerweise schlich er sich bei Sonnenaufgang aus ihrem Bett. »Das kleine Biest meint, ihr fahrt gleich los?«

»In fünf Minuten«, antwortete Wendy.

Sie hatte ihrer Tochter die Hände auf die Schulter gelegt und sah Hirsch ernst an, so als müsse sie ihre Gefühle entwirren. Sie fragt sich, ob ich das alles wert bin, fand er. Und sie hofft, dass ich nicht über noch mehr Gemetzel stolpere. Er versuchte ein Lächeln. Sie nickte kurz und schob Katie zum Zimmer hinaus.

Hirsch duschte und zog sich innerhalb von vier Minuten an, dann gesellte er sich zu den beiden, als sie Taschen ins Auto luden. Nach einer weiteren Minute umarmte er sie zum Abschied, dann fuhr Wendy geschickt mit ihrem Mazda um den Wendeplatz neben der Veranda. Der Wagen verschwand die Zufahrt entlang.

Hirsch, der sich ein wenig zurechtgewiesen fühlte, kehrte ins Haus zurück. Es roch nach Toast und Kaffee. Die Vase, die er Wendy geschenkt hatte, leuchtete auf der Anrichte. Plötzlich kam er sich ganz beraubt vor. Ankerlos, unbedeutend. Er machte sich Toast und aß auf der Veranda. Es schmeckte nach Pappe. Er sah zu Wendys Rosen hinüber, nahm die Gartenschere und schnitt ein paar verblühte Köpfe ab. Es drohte wieder mal ein heißer Tag zu werden.

Zwanzig Minuten später fuhr er zurück in den Ort; er hatte Soundgarden laut aufgedreht, um sich wach zu rütteln. Die Straße folgte den Konturen der ungezähmten Landschaft, hob und senkte sich und machte Kehren. Die Musik half, aber noch immer war er unruhig – die Einsamkeit schlich sich an, das Haus in der Hamel Road, die vermissten Kinder. In Gedanken kehrte er an das Grab des Schäfersohns zurück. Die Vergangenheit war ganz nah und beunruhigend – in Stein gemeißelt, und wenn man hier lebte, konnte man sie nie abschütteln. Nicht die Gräber und das öde Leben dort draußen, nicht das vergossene Blut, von dem keiner mehr sprach.

Hirsch erreichte die Getreidesilos und durchquerte langsam den Ort. Er briet in der morgendlichen Sonne, die Rollos waren heruntergelassen, Türen und Fenster geschlossen, Klimaanlagen rasselten. Alle blieben im Haus. Dennoch wirkte der Ort nicht so, als würde er gegen die Hitze ankämpfen, sondern als würde er sich an diesem Morgen eng zusammenkauern. Furcht oder Scham oder etwas von beidem. Nans Tiere; die Morde in der Hamel Road.

Hirsch hielt vor dem Revier, senkte die Seitenfenster einen

Spalt weit herunter und stieg aus. Die Werkstatt auf der anderen Straßenseite war geschlossen, keine Autos am Straßenrand. Der Pub war auch geschlossen? Zum ersten Mal.

Er schloss den Toyota ab, prüfte seine Zufahrt – der frische Teer war angenehm weich – und trat auf die Veranda. Unter der Tür schaute eine Nachricht vor.

Große, runde Buchstaben: LIEBER PAUL DARYL IST LETZTE NACHT NICHT NACH HAUSE GEKOMMEN LAURA.

Er machte auf dem Absatz kehrt und ging die Straße entlang; wieder brannte ihm die Sonne auf den Schultern.

Hirsch fragte sich, ob Marie Cobb sich seit seinem letzten Besuch überhaupt von ihrem Stuhl am klebrigen Tisch erhoben hatte. Dieselbe zusammengesunkene Haltung, derselbe Aschenbecher, dieselben langen, bewusstlosen Pausen zwischen einem verzweifelten Zug an der Zigarette und dem nächsten.

Laura hingegen war ganz geschäftig. Sie bewegte sich durch die Küche, als gehöre ihre Mutter zum festen Inventar, holte Hirsch ein Glas Wasser, stellte es auf den Tisch und setzte sich ihm gegenüber.

»Gemma ist hergekommen und hat ihn mitgenommen.«

»Irgendwann letzte Nacht?«

Laura nickte.

»Früh? Spät?«

»Spät.«

»Hat er gesagt, wohin er will?«

»Nein«, schnaubte sie. »Das sagt er mir nie.«

»Hat Gemma irgendwas gesagt?«

»Sie hat gar nicht mit mir gesprochen. Sie hat nur draußen gehupt, und schon war er weg.«

»Sie hat doch gar kein Auto.«

»Das von ihrer Mutter«, sagte Laura.

Ich wette, sie sind zu Adam Flann rausgefahren, dachte Hirsch. »Hat Daryl ein Handy?«

»Da geht nur die Voicemail an.«

»Ich würde mir keine allzu großen Sorgen machen. Schließlich sind Feiertage. Sie haben wahrscheinlich ein paar Biere bei Adam getrunken und haben beschlossen, die Nacht über zu bleiben.«

»Ich habe heute Morgen sechs Mal angerufen. Es geht keiner dran.«

Wayne dürfte weiterhin bei der Suche nach den vermissten Mädchen teilgenommen haben. War Brenda immer noch im Krankenhaus? Wenn sie zu Hause war, war sie zu steif und wund, um ans Telefon zu gehen? Oder zu betrunken. »Hast du die Nummer von Gemma?«

Laura schüttelte den Kopf – dann stand sie auf, äußerst feinfühlig, wie sie war, stellte sich hinter ihre Mutter, schlang ihre Arme um die schmale Gestalt und legte ihr Kinn in die strähnigen Haare. Erst jetzt bemerkte Hirsch, dass Marie stumm weinte; Tränen flossen ihr über die Wangen. Er sah Laura an. Laura warf ihm einen Blick zu: *Sie wissen, was Sie zu tun haben.*

Auch Eileen Pitcher schien sich seit Tagen nicht gerührt zu haben, denn noch immer hockte sie wie ein dürrer Vogel im gesprenkelten Schatten hinter ihrem Weinlaub.

Hirsch lehnte sich an einen Verandapfosten und fragte: »Machen Sie sich keine Sorgen, dass sie nicht nach Hause gekommen ist?«

»Sie ist schon groß«, erwiderte Eileen und starrte mit ihren toten Augen an seiner Brust vorbei. Da draußen gab es nichts und niemanden zum Anschauen, nur grelle Sonne auf leerer Straße.

»Hat sie ein Handy?«

Ein kurzer erstaunter Blick: *Natürlich* hatte ihre Tochter ein Handy.

Hirsch zog seins aus der Tasche. »Kann ich ihre Nummer haben?«

Eileen sagte sie langsam auf und machte Pausen zwischen den Ziffern. Hirsch rief an: Voicemail.

Er schaute auf die Uhr: In zwei Stunden wollten Kellaher und Dock hier sein. »Hat sie etwas davon gesagt, dass sie Daryl Cobb abholen wollte? Und wohin sie wollten?«

»Nein.«

»Der Mann, der neulich nach Mrs Rennie gefragt hat – ist der wieder aufgetaucht?«

»Keine Ahnung.«

»Hat Gemma ihn nicht wieder erwähnt?«

Sie zuckte mit ihren schmalen Schultern.

»Kam Gemma Ihnen gestern aufgeregt oder nervös oder ängstlich vor?«

»Nein.«

Hirsch fragte sich, ob Eileen überhaupt wusste, was ihre Tochter mit Adam Flann trieb. Vorsichtig fragte er: »Vielleicht wollten Daryl und sie zu einem Freund? Zu Adam Flann, vielleicht?«

Pause, und zum ersten Mal zeigte Eileen Pitcher einen Anflug von Gefühl. Es war, als würde man jemandem beim Wachwerden zuschauen. »Hat Gemma Schwierigkeiten?«

»Nicht mit der Polizei, Eileen. Ich bin sicher, sie hat nur die Nacht mit ein paar Freunden verbracht. Aber wir müssen mit ihr sprechen.«

Sie rieb sich unaufhörlich die knochigen Hände, als wollte sie sie waschen. Der Blick war nach innen gerichtet.

»Ich sag Ihnen was«, meinte Hirsch, »ich fahr mal rüber zu Adams Haus, und wenn sie da ist, sage ich ihr, sie soll Sie anrufen, wie wär das?«

»Wird er ihr was antun?«

Sie meint den Fremden, dachte Hirsch, nicht Adam. »Nein«, log er. »Das war nur ein neugieriger Reporter.«

Hirsch hatte nicht mehr viel Zeit, um Gemma zu finden, bevor Kellaher und Dock eintrafen. Er stieg in die heiße Kabine des Toyota und rief im Krankenhaus Redruth an: Brenda Flann hatte sich ein paar Schmerzmittel gekrallt und alle auf einmal genommen. Jetzt war ihr hundeelend.

»Wir beobachten ihren Zustand. Und bevor wir sie entlassen, muss sie sich einer psychologischen Begutachtung unterziehen.«

»Sind ihre Söhne bei ihr?«

»Die haben wir schon seit ein paar Tagen nicht gesehen.«

Hirsch beendete das Gespräch und fuhr durchs holprige Hinterland zu Flanns heruntergekommenem Haus. Keine Spur von Waynes Pick-up, aber jemand – Wayne vermutlich – hatte Brendas alten Falcon vom Bauhof in Tiverton geholt. Die verbeulten Karosserieteile waren bereits abgeschraubt worden, und Ersatzteile vom Schrottplatz lagen bereit – ein Anflug von bravem Sohn.

Hirsch klopfte: keine Antwort, die Außentüren waren verschlossen. Er schaute durch die Fenster, entdeckte niemanden und wanderte durch die Schuppen. Keine toten Teenager. Nur Staub, Ölflecken, Bierflaschen, aufgeplatzte Müllsäcke und ein alter Traktor. Rattenkot und Jutesäcke. Ein einzelner Schimmer neues Metall – ein ziemlich großer, abschließbarer Schrank in der Ecke eines Heuschuppens. Er versteckte sich halb hinter ein paar großen splittrigen, weiß gestrichenen, mit Rollen versehenen Platten. Sahen aus wie die Schiebetüren eines Einbauschranks. Hirsch hatte keine Möglichkeiten, den Schrank zu durchsuchen, und auch keinen Grund, um einen Durchsuchungsbefehl zu beantragen, aber die Versuchung war groß.

Er ging zum Haus zurück, spitzte die Ohren und rief erneut Gemma an. Dann Daryl. Nichts. Stille im Haus.

Vielleicht hatte sich das Trio dem Suchtrupp oben bei Mischance Creek angeschlossen. Hirsch fuhr über Land zur Hamel Road, fand Sergeant Brandl und bat sie, in ihrer Liste nachzuschauen.

»Nein, sorry, keine Gemma Pitcher, kein Daryl Cobb oder Adam Flann. Woher das Interesse?«

»Die Jungs von der Mordkommission wollen mit Gemma über den Mann reden, der in den Laden gekommen war, aber ich kann sie nirgendwo finden.«

»Irgendeinen Grund zu der Annahme, dass der Mann hinter ihr her ist?«

»Keine Ahnung. Ich weiß nur, dass Gemma gestern am späten Abend mit dem Auto ihrer Mutter Daryl Cobb abgeholt hat und die beiden nicht zurückgekehrt sind. Adam ist ihr Freund, die beiden Jungs hängen miteinander ab, aber die drei sind nicht bei Adam.«

»Daryl Cobb und Adam Flann – auf die haben wir in der Pferdesache ein Augenmerk, richtig? Vielleicht geht es darum, dass Ms Pitcher ihnen hilft zu verschwinden.«

Hirsch nickte. »Das ist ein Gedanke, allerdings bin ich ziemlich überzeugt davon, dass sie nichts damit zu tun haben.«

»Vielleicht denken die anders darüber. Ich wette, Comyn hat ihnen hart zugesetzt.«

»Ja.«

»Vielleicht denken sie, okay, okay, die Polizei wird mir früher oder später irgendwas anhängen, also bitten sie das Mädchen darum, ihnen dabei zu helfen zu verschwinden. Welche Dynamik läuft denn zwischen denen ab?«

Hirsch dachte darüber nach. »Gemma wirkt träge, reagiert aber gut unter Stress. Sie ist ein Jahr älter als Adam, der wiederum ein Jahr älter als Daryl, der sich leicht manipulieren lässt. Ich habe den Eindruck, dass Adam bei ihr nach einem gewissen Halt sucht. Sein Dad sitzt im Gefängnis, sein Bruder ist nie da, und seine Mutter nüchtert im Krankenhaus ungewollt aus.«

»Sie wissen ja, wie Jugendliche so sind«, meinte Brandl. »Sie stürzen sich auf halbgare Theorien, reden sich ein, die ganze Welt sei gegen sie, und verschwinden in den Sonnenuntergang, um irgendeinen Blödsinn anzustellen.«

Aber welche Art Blödsinn? Hirsch wollte schon gehen. Brandl berührte ihn am Ärmel. »Sagen Sie gleich bei der Mordkommission Bescheid.«

»Mach ich.«

Hirsch ging zu seinem Dienstwagen zurück, lehnte sich an die Karosserie und rief an. Die Sonne zog die Bänder rings um seinen Kopf fester.

Kellaher war, wie nicht anders zu erwarten, stinksauer.

»Sorry, Sir.«

»Hat sie denn wenigstens zugestimmt, mit uns zu reden?«

»Das habe ich gestern Abend schon geklärt, Sir.«

»Ohne zu zögern?«

»Ja.«

»Irgendwelche Vermutungen?«

»Ich glaube, sie ist mit zwei Freunden im Auto ihrer Mutter unterwegs.«

»Sie ist also einfach nur gedankenlos?«, fragte Kellaher. »Wir sollten uns um das Verschwinden keine Sorgen machen?«

»Verschwinden« hatte eine hässliche Bedeutung angenommen, wie in »verschwunden, womöglich tot«. Hirsch stieg ein, schaltete die Klimaanlage an und sagte mit Bedacht: »Ich hoffe, die drei sind gestern Nacht auf eine Party gegangen und schlafen ihren Rausch aus.«

»Und haben Sie das Nummernschild weitergegeben?«, fragte Kellaher.

Hirsch schluckte. Das hätte er schon vor einer Stunde oder früher machen müssen. »Hatte ich mir als Nächstes vorgenommen, Sir.«

»Kümmern Sie sich darum. Sonst noch irgendeine kluge Idee, wohin diese Youngsters verschwunden sind – abgesehen von irgendeiner Sauferei?«

»Nein, Sir. Ich werde mich umhören.«

Dann war die Leitung tot. Hirsch nutzte die Zulassungsstelle, um die Daten zu Eileen Pitchers Wagen aufzurufen und eine Suchanfrage herauszugeben. Es war kurz vor eins, und ein paar Freiwillige des Suchtrupps tauchten aus dem Mallee hinter dem Haus auf, darunter Nan Washburn. Eine dringend benötigte Ablenkung, dachte Hirsch.

Wo war Craig?

Hirsch stieg aus und gesellte sich zu Nan an einen schattigen Tisch voller Teekannen, Wasserflaschen auf Eis und Tellern mit Sandwiches. »Irgendwas gefunden?«

»Eine Schlange, eine schläfrige Eidechse.«

Hirsch schraubte eine Wasserflasche auf und reichte sie ihr.

»Danke.«

Er beobachtete die Bewegungen ihrer Kehle beim Trinken. Staubige Schuhe, Schweißflecken auf der Bluse. »Ist Craig hier?«

Sie schüttelte den Kopf. »Zu viele Menschen für seinen Geschmack. Das macht ihn nur nervös.«

»Ist er wieder in seinem Wohnwagen?«

Nan Washburn reckte sich und schaute hinaus auf das trockene Land, das Haus und die Fahrzeuge, die auf dem dafür vorgesehenen Streifen toten Grases standen, wich aber Hirschs Blick aus. »Der ist noch bei mir.« Sie lachte grimmig. »Ich will einfach nur mein Leben zurück. Alle im Ort lassen mich in Ruhe, aber Craig macht mich wahnsinnig, ehrlich gesagt. Er meint es gut, und die ersten paar Tage fand ich es schön, dass er da war, aber jetzt will ich nur, dass er wieder dorthin zurückkehrt, wo er hingehört. Ist das schrecklich von mir?«

Hirsch schüttelte den Kopf. Manche Beziehungen überstanden das tägliche Zusammenleben. Andere brauchten Grenzen. Er konnte sich die Szene vorstellen, wie Nan zu Craig sagte, er solle wieder in seinen Wohnwagen zurückkehren, dann die angespannte lange Fahrt zum Mischance Creek mit ihm neben sich in ihrem Auto …

»Hören Sie«, sagte er. »In ein, zwei Tagen, wann es ihnen beiden am besten passt, könnte ich vorbeikommen und ihn zurückfahren. Dann brauchen Sie sich nicht die Mühe zu machen.«

Nan legte sich eine Hand auf die Brust. »Oh. Ich wollte nicht … aber das wäre ganz prima.«

»Okay, rufen Sie mich einfach an«, sagte Hirsch. Er winkte zum Abschied und holperte dann über die provisorische Fahrspur zur Hamel Road. Er blieb stehen. Hatte jemand Craigs Platz neben dem Bach kontrolliert? Er bog nach rechts ab statt nach links, fort von Tiverton, an den Ruinen vorbei zum Wohnwagen. Er klopfte, wartete und versuchte dann, die Tür zu öffnen. Abgeschlossen. Er ging hinaus auf die Lichtung, wartete eine Weile und überließ es seinen Sinnen, etwas wahrzunehmen und einzuordnen. Die Geräusche des Wohnwagens, der sich in der Hitze ausdehnte, das war alles. Der Schweiß stand ihm salzig auf den Lippen.

Hirsch ging den Bach entlang zum Grabstein. Er zog ihn an – das würde er wohl immer tun –, und er blieb eine Weile dort stehen. Flechten wuchsen auf der behauenen Fläche und füllten die Kerben und Rillen, die den Namen und das Schicksal des Jungen buchstabierten, dazu die Anrufung des Vaters. Hirsch blinzelte. Dann bemerkte er, dass er eine Hand auf sein Herz gelegt hatte. Merkwürdig. Er drehte sich um und sah in den Bach hinunter, wo sich trübes Wasser um die Rohrkolben sammelte. Es kräuselte sich ein wenig – ein Krebs oder eine Wasserpflanze, wie ins Wasser verwoben.

Hirsch ging weiter; er interessierte sich für das Bachbett jenseits des Grabsteins, hoffte auf Schuhabdrücke im feuchten Boden an den stehenden Pfützen oder Bachkiesel, die von kleinen Füßen weggekickt worden waren und mit der Wetterseite nach unten lagen. Der Bach war meist breit und gerade, das Bett lag keine zwei Meter unterhalb der Weiden links und rechts, aber dort, wo er eine Biegung machte oder zwischen kleinen Hügeln hindurchschnitt, waren die Ufer erheblich höher. Er bahnte sich einen Weg durch einen solchen Einschnitt, wobei die abgeschliffenen, rosigen Steine, die sich trocken und merkwürdig hodenförmig angesammelt hatten, ruckartig unter seinen Schritten rasselten, als eine kleine Lawine aus Staub und Steinchen abwärtsglitt und sich über seine Schuhe ergoss. Er legte den Kopf in den Nacken; die sieben, acht Meter zerfurchter roter Erde, in die die Steine eingesunken waren, ließen ihn zwergenhaft wirken. Oben war ein Stück totes Gras zu sehen. Irgendein Tier dort oben, dachte er. Oder die Erde war instabil.

Hirsch machte kehrt und kam in einer letzten stummen Würdigung an dem Grabstein vorbei. Dann die lange Heimfahrt, während der er an Wendy dachte, und als er schließlich das Revier in Tiverton erreichte, warteten zwei Polizisten aus Sydney mit harten, verschlossenen Gesichtern auf ihn.

# 20

Senior Sergeant Vita Roesch von der Abteilung Organisiertes Verbrechen und Robert Hansen, Senior Constable der Mordkommission. Beide leicht ramponiert, so als hätten sie den Tag in einem Flugzeug und dann in einem Auto verbracht, was ja auch stimmte. Sie drängten sich in Hirschs kleines Wohnzimmer, das abgewohnt und ungeliebt war, und drängten ihn in die Defensive. Der Deckenventilator zerhackte die abgestandene Luft. »Setzen Sie sich«, sagte Hirsch.

Hansen betrachtete abschätzig das Sofa, bevor er sich auf die Kante setzte, als fürchte er, der Möbelstoff könne ihn beschmutzen. »Der schöne Schick aus zweiter Hand, hm?«, fragte er.

»Na, na, Robert«, sagte Vita Roesch. Dann wandte sie sich an Hirsch. »Wir haben nur kurz ein paar Fragen, dann sind wir auch schon wieder weg.«

Sie setzte sich ans andere Ende des Sofas; Vita war um die vierzig, hatte das schlanke, suchende Aussehen einer Jägerin, was sie durch ein buntes Sommerkleid aus Baumwolle kompensierte, das gepflegte braune Beine und Schultern frei ließ. All das machte das Wohnzimmer gleich freundlicher.

Hirsch blieb stehen. »Tee? Kaffee? Was Kaltes?«

»Wasser, bitte«, sagte Roesch.

»Für mich auch«, sagte Hansen. Er lehnte sich schließlich zurück und ergab sich dem Sofa; Hansen war klein, mit hängenden Wangen und der reinlichen Präzision eines Bankers: ein Mann, der bei allem, was er tat, geschniegelt und gestriegelt wirkte. Auf der Straße würde man ihn leicht übersehen. Bei Senior Sergeant Roesch hingegen würde man genauer hinschauen und sich fragen, wann sie es auf einen absehen würde.

Hirsch schlenderte durch den Bogen, der in die Küchennische führte, und machte eine Riesenschau daraus, Hängeschränke zu öffnen und zu schließen und das Wasser laufen zu lassen, und als die Detectives aus Sydney durch diese häusliche Farce ausreichend abgelenkt waren, schoss er heimlich ein Foto von ihnen. Dann füllte er drei Gläser, kehrte ins Wohnzimmer zurück und setzte sich gegenüber von Roesch und Hansen hin. Es juckte ihm in den Fingern: der Druck von Andrew Wyeths *Christinas Welt*, der an der Wand hinter den Detectives hing, musste geradegerückt werden.

»Da haben Sie ja einen ganz schönen Mediensturm ausgelöst, Mann, selbst in Sydney«, sagte Hansen. »Riesenschlagzeile im *Daily Telegraph* von heute: ›Massaker im Mallee‹.«

Hirsch war die Taktik bekannt: Herabsetzung, um den Befragten zu verunsichern, in der Hoffnung, er würde eine Schwachstelle enthüllen, an der man ansetzen könnte. »Und Sie glauben nicht, dass die Medien den Sturm selbst angerührt haben?«, erwiderte er leichthin.

Hansen kräuselte die Lippen zu einem Lächeln und wollte schon nachsetzen, als Roesch dazwischenging.

»Bleiben Sie fair, Robert. Constable Hirschhausen ist einfach nur über diese, ähm, Tatorte gestolpert. Ich bin sicher, dass ihm diese Aufmerksamkeit nicht sonderlich lieb ist. Stimmts nicht, Constable?«

Hirsch nickte. »Senior Sergeant.« Er war nicht sicher, ob er ihrem Lächeln trauen konnte.

»Wir sind heute Morgen hergeflogen und direkt nach Redruth gefahren«, sagte Roesch ganz geschäftsmäßig. »Kurzes Briefing von den Leuten der Mordkommission, dann einen kurzen Blick auf den Tatort, und nun sind wir hier und beehren Sie mit unserer Anwesenheit.«

Kellaher dürfte ihnen von Gemma Pitcher erzählt haben, vermutete Hirsch und wurde ganz angespannt. »Wie kann ich Ihnen helfen?«

Hansen beugte sich vor, stützte die Unterarme auf die Knie

und hatte noch immer vor, Hirsch aus der Fassung zu bringen. »Wo waren Sie?«

Hirsch biss an und fragte sich, ob er das bedauern würde. »Ich bin der einzige Polizist. Ich sitze nicht den ganzen Tag im Büro.«

Hansen machte ein verächtliches Gesicht. »Wollen wir nur hoffen, dass Sie auf der Suche nach einer gewissen Verkäuferin waren, mit der wir gern ein paar Worte wechseln würden.« Dann wurde sein Gesicht hart. »Eine Person, von der Sie versprochen haben, sie würde zu einem Gespräch bereit sein.«

»Ich habe tatsächlich nach ihr gesucht. Und nach den beiden Burschen, mit denen sie vermutlich zusammen ist.«

Hansen lächelte ihn leer an. »Doch ohne Glück.«

Roesch ging dazwischen: »Wir müssen unbedingt mit diesem Mädchen reden, Constable Hirschhausen.«

»Gemma Pitcher«, sagte Hansen mit dem Anflug eines Mannes, der in Besitz aller Fakten ist, »die behauptet, ein Mann sei in ihren Laden gekommen und habe sich erkundigt, wo eine gewisse Mrs Reid wohnen würde. Wir möchten gern mehr über diesen Mann erfahren. Hat sie Ihnen irgendetwas gesagt – eine Beschreibung gegeben vielleicht? Haben Sie sie gefragt?«

Der Kerl war ein Arschloch, aber Hirsch wollte nicht schon wieder anbeißen. »Sie ist jung, wenig präzise, nimmt nicht viel Notiz von den Dingen. Durchschnittlich gebaut, Mitte vierzig, das war alles. Sie hat das alles mir gegenüber nur deswegen erwähnt, weil sie wissen wollte, ob der Mann zu mir gekommen sei, was sie ihm vorgeschlagen hatte.«

»Und nun wird sie vermisst. Irgendeine Vorstellung davon, warum oder wohin sie verschwunden ist?«

Hirsch schüttelte den Kopf. »Ich weiß nur, dass sie den Wagen ihrer Mutter fährt und zwei Burschen, Freunde von ihr, womöglich dabei sind. Es sind die Feiertage, vielleicht haben sie gefeiert und schlafen irgendwo ihren Rausch aus. Sie haben niemandem gesagt, wohin sie wollten. Andererseits reden wir hier nicht von völlig geordneten Familienverhältnissen. Sie würden nicht auf die Idee kommen, jemandem Bescheid zu sagen.«

Hansen sah ganz danach aus, als wolle er die nächste schnippische Bemerkung machen, doch Roesch unterbrach ihn. Sie warf ihrem Kollegen einen Blick zu, der einem leichten Klaps gleichkam, und sagte: »Lassen Sie uns fortfahren, Robert, in Ordnung? Denken Sie daran, dass Constable Hirschhausen nicht der Aufpasser dieses Mädchens ist. Zumindest konnte er sie dazu bringen, mit uns zu reden, richtig, Constable?«

Hirsch nickte dankbar. Vita Roesch strahlte einen kurzen Wärmeblitz zur Antwort aus, der schon wieder verschwunden war. Er räusperte sich.

Roesch fuhr fort: »Wichtig ist, zwei Angehörige einer Familie sind ermordet worden und zwei werden noch vermisst.«

Hirsch wartete.

»Wir haben Ihren Sergeant getroffen«, sagte Roesch. »Sie sagte, dass die Suche heruntergefahren wird.«

Hirsch zuckte mit den Schultern. »Ich war gestern Morgen dort draußen. Ich bin nicht auf dem Laufenden, was die neuesten strategischen Überlegungen betrifft. Aber ... wir haben nichts gefunden, und wenn die Mädchen von jemandem mitgenommen worden sind, der mit einem Fahrzeug vorbeikam, tja, dann ist es sinnvoll, anderswo zu suchen. Familie, Freunde ...«

Dann schwieg er und wartete ab. Noch so eine Verhörtechnik, die darauf abzielte, anderen Informationen zu entlocken. Er rechnete allerdings nicht damit, dass diese Taktik bei den beiden fruchtete. Höchstwahrscheinlich würden sie ihn weiter kaltstellen.

Doch Roesch überraschte ihn. »Warum verraten Sie uns nicht, wie Sie den Fall sehen?«, fragte sie aufmunternd. »Nicht nur die Fakten, sondern auch Ihre Theorie, Ihre Meinung.«

Sein Verstand lief auf Volltouren, suchte nach Fallstricken. Oberflächlich betrachtet, war er nur der Ortsbulle, dem Mrs Rennie aus Versehen vor die Füße gelaufen war – und der sie dann später erschossen in ihrem Haus vorfand. Was hatte er denn den Detectives aus Sydney schon zu bieten? Dann dachte er: Die haben ihre Hausaufgaben erledigt. Jemand hat eine Bemerkung fallen lassen, die beiden haben in der Vergangenheit gebuddelt und herausgefunden, dass ich mal Detective gewesen war, also nicht nur der Ortsbulle bin.

Wer waren die beiden überhaupt? Roesch – Organisiertes Verbrechen. Hansen – Mord. Irgendeine Sondereinheit in New South Wales? Wie gut kannten sich die beiden? Wie gut arbeiteten sie zusammen?

»Ich hatte den Eindruck, dass Mrs Rennie und ihre Kinder im Zeugenschutzprogramm steckten«, sagte er und beobachtete die beiden genau.

Hansen warf Roesch einen Blick zu und sagte streng: »Wie kommen Sie denn darauf?«

Zwischen den beiden herrschte eine merkwürdige Dynamik. Vielleicht arbeiteten sie nicht oder erst seit Kurzem zusammen. War es Hansen gewesen, der Sergeant Brandl angerufen und darum gebeten hatte, nach dem Wohlergehen zu schauen?

Hirsch zuckte mit den Schultern. »Mrs Rennie war sehr ausweichend. Sie log wegen ihrer Adresse, ihrem Mann und der Zahl ihrer Kinder, deshalb habe ich mich gefragt, ob sie sich wohl versteckt.«

»Es gibt einen großen Unterschied zwischen sich verstecken und im Zeugenschutzprogramm sein«, sagte Hansen. Er hielt den Kopf schräg und verzog den Mund. »Außerdem hat dieses YouTube-Video auch nicht sonderlich geholfen.«

Arschloch. Hirsch hätte ihm am liebsten das Grinsen vom Gesicht gefegt.

»Robert …«, sagte Roesch.

Der zuckte nur mit den Schultern.

Mit einem letzten leichten Stirnrunzeln und einem entschuldigenden Lächeln wandte sich Roesch an Hirsch. »Sie wollten gerade sagen …?«

Hirsch meinte: »Ich frage mich, was Mrs Rennies Telefonverbindungen uns verraten würden, vor allem Anrufe von und nach Sydney.«

»Ach, tatsächlich?«, sagte Hansen.

»Wir kümmern uns darum«, sagte Roesch, ihren Kollegen unterbrechend. »Wenn wir davon ausgehen, dass Mrs Rennie sich vor jemandem versteckte – hätten Sie eine Vermutung, vor wem?«

»Das Übliche: Ehemann oder Freund. Und wenn sie hier oben am Arsch der Welt landet, dann muss er ziemlich entschlossen sein oder über beste Verbindungen verfügen. Aber das sind ja nur Mutmaßungen, wie Sie wissen; *Sie* wissen wahrscheinlich, vor wem sie sich versteckt. Und warum.«

Roesch warf ihm ein winziges, komplizenhaftes Lächeln zu. »Mutmaßen wir weiter. Nehmen wir mal an, diese Person hat sie aufgestöbert – warum hat er sie dann nicht alle erschossen?«

»Wenn er die Mädchen hat«, sagte Hirsch, »dann sind sie ihm wohl aus irgendeinem Grund wichtig. Ist er der Vater?«

Wieder lächelte Roesch. »Gute Frage. Würden sie freiwillig zu ihm in den Wagen steigen?«

»Keine Ahnung. Vielleicht wussten sie nicht, dass er der Schütze ist, also sind sie einfach eingestiegen, als er mit dem Wagen auftauchte. Oder sie waren erschöpft und haben aufgegeben. Oder sie wussten, dass er der Schütze war, und sind trotzdem eingestiegen, um ihn nicht zu verärgern.«

»Der reinste Sherlock«, meinte Hansen amüsiert.

Hirsch hatte endgültig genug. »Ich würde nicht mutmaßen müssen, wenn Sie beide nicht so geheimniskrämerisch und so voreingenommen wären. Mein Sergeant bekommt einen Anruf auf ihrem Handy aus Sydney und wird gebeten, sich nach dem Wohlergehen einer Person zu erkundigen – was mir verrät, dass jemand a) die Rennies im Auge behält, und b) das nötige Wissen besaß, um in einem Notfall bei der örtlichen Polizei anzurufen.«

Stille, so als seien das für sie neue Informationen. Roesch warf Hansen einen bedeutungsschweren Blick zu. Sie strich sich das Kleid über einem schlanken Knie glatt und sagte: »Ich kann bestätigen, dass eine Person von polizeilichem Interesse Sydney verlassen hat, ein paar Stunden, nachdem das Video online gestellt worden ist. Wir haben seinen silbernen Passat bis auf den Princes

Highway verfolgen können, bevor er entkommen konnte. Haben Sie diesen Wagen gesehen?«

»Nein. Um wen handelt es sich?«

»Diese ach so passend verschwundene Verkäuferin«, sagte Hansen. »Hat sie gesehen, welchen Wagen dieser Fremde fuhr?«

»Weiß ich nicht. Wir werden sie fragen müssen, wenn sie wieder auftaucht.«

»Der Punkt ist«, sagte Vita Roesch, »wenn Ms Pitcher nicht wusste, wo die Rennies wohnten, wie hat dann der Schütze die richtige Anschrift herausgefunden, was meinen Sie?«

»Ich habe nicht die leiseste Ahnung«, antwortete Hirsch.

»Na, ich schätze, Sie fragen sich, ob Ms Pitcher wohl tot aufgefunden wird«, sagte Hansen, so als sei Hirsch daran schuld, falls es dazu kommen sollte. Er hielt inne. »Erzählen Sie uns von dem YouTube-Video.«

Hirsch gehorchte und erzählte die Geschichte zum zigsten Mal. »Und nein, ich habe das Video nicht hochgeladen.«

Hansen lächelte träge. »Manche Menschen mögen ein wenig kostenlose Publicity.«

Roesch ging dazwischen. »Ich finde, wir sollten Ihnen reinen Wein einschenken, Constable Hirschhausen.«

Was, wie Hirsch vermutete, einen Haufen Lügen und ein paar Halbwahrheiten bedeutete. »Okay.«

»Ich kann bestätigen, dass Mrs Rennie und ihre Familie im Zeugenschutzprogramm waren.«

Hirsch rechnete mit mehr und wartete. Nichts. Er schaute die beiden nacheinander an. »Und?« Wieder wartete er. »Darf ich erfahren warum?«

Mit einem Blick zu Roesch sagte Hansen mit menschlicherem Ton in der Stimme: »Ich fürchte nein.«

»Na, vielleicht sollte ich einfach mal nach ihnen googeln, oder?«, meinte Hirsch leichthin.

In Sekundenbruchteilen senkte sich eine undurchdringliche Wand zwischen die Detectives aus Sydney und Hirsch. Er wurde ermahnt, es nicht zu versuchen, diese Mauer zu überwinden. Er gab auf und hob die Hände. »Okay. Ich glaube, Folgendes ist passiert: Mrs Rennie hatte sich vor jemandem versteckt, nur um in einem YouTube-Video wieder aufzutauchen, und dieser Jemand hat nach ihr gesucht – wobei er einen silbernen Passat fuhr.«

»So die Arbeitshypothese«, sagte Roesch und schaute wieder auf ihre Knie.

Hirsch musste mitspielen. »Sie wissen offenkundig, um wen es sich dabei handelt. Warum warten Sie dann nicht und verhaften ihn, wenn er nach Sydney zurückkommt?«

»Eine klitzekleine Sache: Beweise«, sagte sie.

Hirsch sah sie an. »Können Sie denn zumindest sagen, um wen es sich bei ihm handelt?«

»Das liegt jenseits Ihrer Gehaltsklasse, Mann«, ging Hansen dazwischen.

Hirsch ging nicht darauf ein. »Senior Sergeant, hätten wir denn nicht zumindest darüber informiert sein sollen, dass wir Personen im Zeugenschutzprogramm in unserem Bezirk haben?«

»Sie wissen doch, wie das funktioniert, Constable.«

Das schien alles zu sein. Roesch und Hansen standen auf und gaben Hirsch die Hand; er begleitete sie zu ihrem Wagen. Auf dem Gehweg vor dem Revier blieb Roesch plötzlich stehen und drehte sich zu Hirsch um. Sie legte ihm flüchtig eine Hand auf die Brust, nur um sie mit einem leicht entschuldigenden Lächeln sofort wieder zurückzuziehen. »Wie ist denn Ihr Draht so?«

Einen verrückten Augenblick lang glaubte Hirsch, sie würde tatsächlich den Draht meinen, mit dem er das Gartenspalier im Hinterhof gezogen hatte. Doch sie meinte Kontakte und Informanten. »Nicht schlecht.«

»Zapfen Sie den doch mal an. Vielleicht sind diese Kinder von jemandem in der Gegend aufgegabelt worden, der noch keine Nachrichten gehört hat. Oder jemand gibt ihnen Unterschlupf.«

»Oder irgendein Perversling hat sie«, meinte Hansen. Er hielt den Kopf schräg und sah Hirsch an. »Sie kennen nicht zufällig irgendeinen Perversling?«

»Es gibt verschiedene Möglichkeiten, was sich abgespielt

haben könnte«, sagte Roesch schnell. Es hatte den Anschein, als wollte sie Hansen von dort fortschaffen.

»Mal sehen, was ich herausfinden kann«, sagte Hirsch. Als wäre er nicht von selbst darauf gekommen, weitere Nachforschungen anzustellen.

Es war später Nachmittag geworden; Hirsch schob den Wyeth gerade, wischte Staub, saugte und fragte sich, ob er wohl die alte Frau nebenan bitten könnte, ihm ein paar von ihren Rosen abzugeben. Es ging nur darum, seine Nerven zu beruhigen: Hansen hatte ihn ziemlich aufgewühlt und Roesch ebenfalls ein wenig. Hansens Haltung war leicht zu verstehen: Alle sind verdächtig. Roesch war warmherziger und zugänglicher – und sie hatte ihm ein wenig von ihren Reizen gezeigt, bei denen er sich leicht schuldig fühlte und die ihn erheblich fröhlicher zurückgelassen hatten. Es freute ihn, dass sie Hansen nicht mochte: Willkommen im Club. Ihre Ausstrahlung hing noch in dem schäbigen kleinen Zimmer.

Dann rief Hirsch Wendys Handy an. Katie ging dran: Sie saßen gerade im Auto, waren auf dem Rückweg vom Bruder, das Zwielicht war tückisch, und ständig hüpften Kängurus über die Straße. Dann war Wendys Stimme im Hintergrund zu hören; Katie wiederholte die Worte: »Wir sprechen später am Abend, sonst morgen.«

»Fahrt vorsichtig«, sagte Hirsch.

Es wurde später am Abend, dann noch später. Gegen zweiundzwanzig Uhr zog Hirsch T-Shirt und kurze Hose an, um ins Bett zu gehen, als es an der Tür klopfte. Vita Roesch stand da, immer noch strahlend in ihrem Sommerkleid, aber mit einer Baumwolljacke darüber, die ihr Autorität verlieh. Hirsch schaute an ihr vorbei zu dem Mietwagen, der die Einfahrt blockierte. »Senior Sergeant.«

»Ich bin allein«, nahm sie seine Frage vorweg. »Ich bräuchte noch mal ein paar Minuten Ihrer Zeit.«

Sie gingen wieder ins Wohnzimmer, wo sie ihre Jacke ablegte

und den Raum erhellte. Hirsch, der sich ganz unbeholfen vorkam, fragt: »Wo übernachten Sie?«

»Irgendein Hotel in Redruth – hab den Namen vergessen.«

Sie übernahm die Führung, setzte sich an ein Ende des Sofas und wies auf das andere Ende. »Setzen Sie sich bitte, Constable Hirschhausen.«

Das tat er, und ihre langen Beine drehten sich in seine Richtung. Daraus konnte er alles oder gar nichts deuten, doch Roesch wirkte ganz geschäftsmäßig, als sie ihr iPhone zückte, darauf herumdrückte und wischte und es ihm hinhielt.

»Um Ihnen meine guten Absichten zu beweisen. Erkennen Sie jemanden davon?«

Ein Foto von Roesch mit Denise Rennie. Ein Büro irgendwo, im Hintergrund hemdsärmelige Männer und Frauen an Schreibtischen. »Sie haben zusammengearbeitet?«, fragte Hirsch. »Sie war bei der Polizei?«

»Ja und nein. Wir waren Kolleginnen – Freundinnen, könnte man sagen. Denise war Zivilbeamtin – Datenanalytikerin. Verdeckte Ermittlungen. Wir haben an einer großen Sache gearbeitet.«

»Was ist passiert?«

Roesch betrachtete ihn eine ungemütliche Weile lang. »Ich werde Sie ein wenig weiter einweihen, aber nichts davon darf diesen Raum verlassen, verstanden?«

Mit Hansen stimmt etwas nicht, dachte Hirsch. »Okay«, sagte er und fragte sich, wie viel er tatsächlich von der eigentlichen Geschichte erfahren würde.

»Denise' tatsächlicher Nachname lautete nicht Rennie oder Redding, sondern Reid.«

»Okay.«

»Sie sollte bei einer Reihe von Prozessen aussagen; ihr Leben war in Gefahr, deshalb haben wir ihre Familie in den Zeugenschutz aufgenommen. Der Aufenthaltsort wurde verraten, ihr Mann kam ums Leben, und sie floh – mit den Kindern.«

»Vor wem haben sie sich denn versteckt?«

»Das kann ich Ihnen leider nicht sagen, Constable.«

»Ist sie von sich aus hierhergezogen? Nicht von Ihnen hierher versetzt?«

»Nein. Bis jetzt haben wir nicht gewusst, wohin Denise ihre Familie gebracht hat.«

»Jemand anderer schon. Jemand hat meinen Sergeant angerufen und ihr die Adresse gegeben.«

»Ein echtes Rätsel«, sagte Roesch.

»Haben Sie ihre Anrufliste kontrolliert?«

»Ja. Sie hat nur in der Gegend angerufen. Die Klinik in Redruth zum Beispiel.«

Hirsch grübelte. »Darf ich fragen, wer genau Sie eigentlich sind? Ihre ursprüngliche Zeugenschutzbetreuerin?«

Roeschs Gesichtszüge verhärteten sich, Nase und Wangenknochen zeichneten sich plötzlich deutlicher ab. »Lese ich da Kritik heraus, Constable?«

Hirsch hob entschuldigend die Hände, und ebenso plötzlich war Roesch wieder warmherzig. »Senior Constable Hansen ist von der Mordkommission – der Mord an Denise' Mann ist noch immer ungeklärt. Ich arbeite bei der Abteilung Schwerverbrechen, inklusive Betrug und organisiertes Verbrechen innerhalb des State Crime Command. Dabei habe ich Denise kennengelernt. Wir sind sehr eng befreundet gewesen. Das hier ist für mich eine persönliche Angelegenheit.«

»Wie schade, dass Mrs Rennie – *Reid* – Sie nicht erneut kontaktiert hat«, sagte Hirsch. Beim Anblick des Bedauerns auf Roeschs Gesicht fühlte er sich tollpatschig und beschämt, deshalb fügte er schnell hinzu: »Haben Sie herausgefunden, wie der erste Aufenthaltsort verraten worden ist?«

»Constable, bitte. Glauben Sie nicht, dass ich für ihre Sicherheit gesorgt hätte, wenn ich gekonnt hätte?«

Pass auf, wo du mit deinen Quadratlatschen hintrampelst, Hirsch. »Sorry.« Er kaute auf der Unterlippe herum. »Hätte Senior Constable Hansen wissen können, wo die Familie sich aufhält?«

Sie wirkte amüsiert. »Na, Sie beide haben sich ja hübsch gegenseitig auf die Palme gebracht – tut mir leid.« Sie beugte sich ein wenig zu ihm hin und zeigte ein echtes Lächeln. »Ich kenne den Mann kaum, aber im Augenblick sind wir aufeinander angewiesen.«

Hirsch erwiderte das Lächeln, spürte aber, dass sie ihm etwas anderes zu sagen versuchte als nur die Hintergrundgeschichte zu Rennie. Wollte sie ihn vor Hansen warnen? »Danke, dass Sie mich eingeweiht haben. Ich habe keinen sonderlichen Einfluss, aber es ist gut, ein wenig mehr von dem zu erfahren, was eigentlich los ist.«

»Sie sollten Ihr Licht nicht unter den Scheffel stellen, Paul«, sagte Roesch. »Ich erkenne einen scharfsinnigen Polizisten, wenn ich ihn sehe.« Sie hielt inne. »Haben Sie mir alles erzählt?«

Hirsch schaute zur Decke hinauf, dachte über die Frage nach und fand die Antwort. »Ja.«

»Die Mädchen brauchen vielleicht Schutz, wo immer sie sich auch befinden«, sagte Roesch. Sie berührte ihn leicht am Arm.

»Ich habe keine Ahnung, wo sie sich befinden«, meinte Hirsch und fragte sich, warum er sich schuldig fühlte.

## 21

Freitag früh ging Hirsch durch den Ort und rekapitulierte noch einmal die Begegnung mit Vita Roesch, während die Morgendämmerung in Vogelgezwitscher überging. Er hatte den Eindruck, einer Kugel entkommen zu sein. Wie knapp? Was für eine Art Mann war er eigentlich? Gott sei Dank war sie nicht lange geblieben. Die Luft war sanft und sauber rings um ihn, aber er wusste, dass ihm Staub und Hitze schon bald und gnadenlos zusetzen würden. Eigentlich war es fast gut, am Leben zu sein – wenn man sich auf seine Sinne verließ, nicht auf seine Erinnerungen.

Es sind die kleinen Dinge, die einen retten. Als er gerade bei den Getreidehändlern in der Hallett Street vorbeikam, piepte sein Handy. Wendy: *Pancakes um 9.* Hirsch ging mit federnden Schritten nach Hause, und es machte auch nichts, dass Sergeant Brandl ihm ein paar Minuten später schrieb: *Briefing Punkt 11.* Liebe und Arbeit, die Pole seines Lebens. Hirsch ging aufs Revier zurück, duschte, zog sich für sein Pancake-Frühstück an und fuhr hinaus.

Eine halbe Stunde später erlebte er eine Seite von Wendy, die er bislang noch nicht kannte, und stellte fest, dass ihm das gefiel.

Sie ließ sich über Bruder und Schwägerin aus. »Weil Rose sich selbst als schwach und passiv sieht, überlässt sie Matt alle Entscheidungen.«

»Selbsterfüllende Prophezeiung«, meinte Hirsch.

»Genau.«

Sie saßen auf der Seitenveranda auf Gartenstühlen, einen kleinen Tisch zwischen sich, der mit den Resten ihres Frühstücks vollgestellt war. Katie schaukelte ein paar Meter entfernt in ihrer Hängematte, las und hörte zu.

»Ernsthaft«, sagte Wendy kopfschüttelnd und blickte zu Boden, »die Familiendynamik in dem Haus. Ganz gut, dass du nicht mitgekommen bist.«

Dann hob sie den Kopf wieder. »Ich weiß auch gar nicht, warum ich mir die Mühe mache, sie essen eh nie das, was ich mitbringe.«

Hirsch legte ihr eine Hand beruhigend auf die Faust. Sie drehte sich enttäuscht und mit feuchten Augen zu ihm hin. »Sorry.«

Hirsch lächelte. Es war gut, mit ihr auf der Veranda zu sitzen. Und er mochte Tiraden, wenn sie klug und amüsant waren.

Wendy war noch nicht fertig. »Das Essen war vielleicht komisch. Kaum ein Wort, alle beugten sich über ihre Teller und schaufelten ihr Essen rein. Befremdlich. So schlimm waren sie sonst nie.«

»Wie Gefangene im Speisesaal«, sagte Hirsch.

Wendy warf ihm einen interessierten Blick zu. »Und nach dem Essen sind alle in ihre jeweiligen Ecken verschwunden und haben auf ihren verfluchten Dingern herumgespielt. Sorry, Sweety.«

Katie flötete: »Schon okay, Ma.« Pause. »Erzähl ihm von Ostern.«

»Du meine Güte, Ostern«, sagte Wendy. »Wir sind wie üblich zu ihnen gefahren und haben eine Ostereiersuche veranstaltet; die Idee war, dass alle hinterher teilen, aber deren Kinder krallten sich ihre Funde, statt mit meiner lieben, süßen, weisen, freundlichen Tochter zu teilen.«

»Erzähl ihm von dem Geld«, sagte Katie.

Wendy schloss kurz die Augen und schaute Hirsch verzagt an. »Willst du das wirklich wissen?«

»Je schmutziger, desto besser«, sagte Hirsch. Die Untiefen und Rückschläge des Lebens waren meist lächerlich und manchmal sogar lustig. Tausendmal besser als Blutvergießen.

»Vor einem Jahr habe ich Matt siebenhundertfünfzig Dollar

geliehen – was völlig in Ordnung war, er hat mir nach Glens Tod auch Geld geliehen, und ich habe ihm alles zurückgezahlt. Doch gestern gibt er mir *sechshundertfünfzig* Dollar und tut so, als sei damit alles abgegolten. Ich hab kein Wort gesagt. Und jetzt kann ich auch nichts mehr sagen. Es sind nur hundert Dollar, aber, na ja, das ist irgendwie …«

»Symptomatisch?«

Wendy packte Hirschs Hand und drückte fest. »Und was ist mit dir? Irgendwelche verrückten oder verkorksten Familienangehörigen, von denen ich wissen sollte?«

Hirsch ging sie alle durch. Eine farblose Generation nach der anderen. »Ich könnte mir was ausdenken.«

Wendy beugte sich vor und gab ihm einen Kuss. »Mir reichen *deine* Verrücktheiten.«

Mit dem Magen voller Pancakes und in einer guten Stimmung wie seit Tagen nicht mehr, nahm Hirsch den Barrier Highway nach Redruth. Eine halbe Stunde später saß er mit Brandl und den Kindern um den Einsatztisch, und sie brachten sich auf den neuesten Stand. Einbrüche, Verkehrsunfälle, Viehdiebstahl, ein Weihnachtsselbstmord.

»Neujahr steht ins Haus«, sagte der Sergeant, »wir müssen uns also auf weitere Selbstmordversuche einstellen, von Pubschlägereien, häuslicher Gewalt und Alkohol am Steuer ganz zu schweigen.«

Ihr Gesicht wirkte abgespannt, und sie hatte Augenringe nach all den Stunden, in denen sie die Suchmannschaften an der Hamel Road koordiniert hatte. »Ich nehme mir morgen einen Tag frei; Sie werden für mich einspringen, Constable Hirschhausen. Die anderen gehen auf Streife.«

»Sergeant.«

Sie klatschte in die Hände. »Also gut, sonst noch was?«

Tim Medlin blätterte durch sein Notizbuch. »Ein Anruf von einem gewissen Trevor Wesley, dem ein Grundstück in der Nähe von Porters Lagoon gehört und der sich fragt, warum es nach seiner Meldung im Mai keinen weiteren Kontakt gegeben hat.«

Hirsch wusste warum. Im Mai hatte der Polizeibezirk Redruth unter einer Übergangsverwaltung gestanden, eine Atempause zwischen der stillschweigenden Entfernung des alten Sergeants und seiner Gaunertruppe und der Einsetzung des neuen Teams.

Brandl zuckte zusammen. »Die Altlasten. Du meine Güte, was für ein Schlamassel. Was hatte er denn gemeldet?«

Medlin schaute stirnrunzelnd in seine Notizen. »Er hat sich eines Nachts bettfein gemacht, als es an der Tür klopfte. Er hat sich gewundert, dass er kein Auto gehört hat, also ist er mit der Schrotflinte in der Hand an die Tür gegangen. Zwei Männer liefen davon, und als er den Notruf wählen wollte, stellte er fest, dass jemand die Telefonleitung gekappt hatte.«

Bei Hirsch kribbelte es, und er rührte sich. »Bei den Rennies wurde ebenfalls die Leitung gekappt. Und ich weiß von noch einem weiteren Fall.«

Der Sergeant sah ihn müde an und dachte kurz über seine Worte nach. Schließlich sagte sie: »Aber reicht das schon für ein Muster? Also eigentlich nur zwei Vorkommnisse, wenn man die bekannten Umstände des Falls Rennie im Auge behält.«

Hirsch blieb stur. »Aber ich könnte doch mal tiefer graben?«

Der Sergeant war zu müde, um lange zu widersprechen. »Tun Sie, was Sie nicht lassen können. Aber verschwenden Sie nicht stundenlang Ihre Zeit damit.«

Nach dem Briefing trennten sie sich, Sergeant Brandl verschwand in ihr Büro, Landy und Medlin gingen ihren örtlichen Pflichten nach, Hirsch machte sich auf den Weg zu seinem Toyota. Bewaffnet mit der Adresse an der Porters Lagoon, fuhr er zwanzig Minuten lang über die Straße nach Adelaide, bis Google Maps ihn nach links in eine Seitenstraße in die Hügel dirigierte. Heutzutage war die Lagune nur eine von Schilf gesäumte Salzpfanne, aber er hatte Fotos von vor hundert Jahren gesehen, als man auf der Lagune rudern – sogar segeln – konnte und Stelzenläufer,

Säbelschnäbler und andere Wasservögel an den Ufern nach Nahrung suchten. Die Straße stieg in einer flachen Kurve einen langen, niedrigen Hügel hinauf, dann holperte Hirsch über eine Einfahrt zu einem alten Farmhaus. Zweigeschossig, eine Seltenheit, aber das Gebäude wirkte eher wie eine Anhäufung von Zimmern und Anbauten, nicht wie ein Anwesen. Ansehnlich, wenn auch ein wenig willkürlich. Es gab eine Panorama-Aussicht über die Lagune und das Farmland im Tal bis hin zu den Hügeln und einem weiten Horizont auf der anderen Seite. Staubiges Rosa und Braun, mit kakifarbenen Stellen, die weit entfernt liegende Farmen und Eukalyptushaine markierten.

Hirsch schaltete den Motor aus und wurde von einem sabbernden Kelpie belagert. Er beugte sich vor und wollte ihn tätscheln, als ein alles durchdringender Pfiff aus einem schattigen Schuppentor ertönte und eine Stimme knurrte: »Zurück, du verfluchte rote Töle.«

Der hechelnde Hund schaute Hirsch mit einem entschuldigenden Grinsen an und trottete zum Schuppen. Ein freundlich wirkender Mann Mitte fünfzig tauchte auf und wischte sich die Hände an einem dreckigen Lumpen ab. Er hatte eine ziemliche Wampe, trug in seinem Overall kein Hemd und hatte alte, offene Stiefel an den Füßen. »Ich geb Ihnen nicht die Hand«, sagte er. »Ich versuche gerade, den Vergaser zu reparieren.«

»Mr Wesley?«

»Höchstpersönlich.«

Hirsch stellte sich vor und erklärte den Grund für seinen Besuch.

»Hab schon gedacht, ihr hättet mich ganz vergessen«, sagte Wesley.

»Sie wissen ja, es hat einen Personalwechsel gegeben«, entschuldigte sich Hirsch. »Die neuen Leute haben einen Haufen Altlast geerbt.«

»Na, jetzt sind Sie ja da«, meinte der Farmer. Er schaute Hirsch aufmerksam an. »Sind Sie nicht der Polizist aus Tiverton?«

Hirsch nickte. »Ich kann immer noch einen offiziellen Bericht aufsetzen und Ihnen alle Informationen geben, die Sie für die Versicherung brauchen, aber eigentlich bin ich hier, weil ich von zwei weiteren Fällen mit gekappter Telefonleitung weiß.«

»Tatsache? Die Versicherung ist mir egal, nicht egal sind mir Fremde, die mitten in der Nacht herumschleichen. Sie wollen also wissen, was passiert ist?«

»Ja, bitte.«

Wesley legte sofort los. »Hier leben nur noch die Dame des Hauses und ich, die Kinder sind schon alle ausgeflogen. Alle Jubeljahre kommt mal jemand von der Landstraße vorbei und fragt nach dem Weg oder bittet um etwas Benzin, solche Sachen, und üblicherweise bei Tag. Aber wenn es elf Uhr nachts ist, und es klopft an der Tür, ohne Motorengeräusche oder Scheinwerfer, da wird man doch vorsichtiger. Ich schnappe mir also meine Schrotflinte Kaliber zwölf – keine Sorge, alles legal, ich habe ordentliche Papiere dafür – und mache die Tür auf. Da stehen zwei Kerle. Ein Blick auf die Flinte, und schon nehmen sie die Beine in die Hand. Wenn ich nicht barfuß gewesen wäre, wäre ich hinterhergelaufen. Ein, zwei Minuten später höre ich ein Fahrzeug auf halbem Weg den Hügel hinunter.«

»Und Sie haben versucht anzurufen?«

Wesley rieb sich das Kinn dreckig. »Habe ich. Die Leitung war tot. Ich hab nachgeschaut, sauber durchtrennt.«

»Wurde irgendetwas gestohlen?«

»Eine Kettensäge.«

»Ich gebe Ihnen eine Aktennummer für die Versi-«

»Machen Sie sich keinen Kopf«, sagte Wesley. »Die Säge war steinalt. Die können sie gerne behalten.«

»Können Sie die Männer beschreiben?«

»Eigentlich nicht. Jünger, mit Hoodies und Jeans.«

»Das Fahrzeug?«

»Keine Ahnung. Der Mond war draußen, deshalb haben die ihre Scheinwerfer erst auf der Landstraße eingeschaltet.«

»In welche Richtung?«

»Redruth.«

Dorthin fuhr Hirsch, stellte seinen Wagen in der Nähe des Rathauses ab und suchte im Einsatzraum nach Kellaher oder Roesch.

Er traf nur auf Hansen, der an einem iPad arbeitete und nicht gewillt war, Zeit für Hirsch zu haben. Der Hitze wegen trug er Shorts und ein kurzärmliges Hemd. Er sah nicht mehr wie ein Banker aus, aber immer noch wie das Arschloch, das er war. »Was wollen Sie?«

Hirsch sagte es ihm und fügte hinzu: »Das ist jetzt der dritte Fall. In anderen Bezirken könnte es noch weitere geben.«

»Hören Sie, Mann«, sagte Hansen, »ich bin von der New South Wales Police. Das geht mich alles nichts an.«

»Es könnte mit den Rennie-Morden zu tun haben.«

Hansen, der es hasste, vom Bildschirm seines iPads gerissen zu werden, sagte: »Loggen Sie sich ein, schreiben Sie es rein, fragen Sie herum, Sie kennen doch die Vorschriften.«

»Und Sie halten das nicht für wichtig?«

»Alles ist wichtig. Loggen Sie sich ein, und so weiter.«

»Na, danke für Ihre Hilfe«, sagte Hirsch, doch Ironie war an Hansen verloren. Er zuckte mit den Schultern, als wolle er sagen, das sei das Mindeste, was er tun könne, und konzentrierte sich wieder auf sein iPad.

Im Toyota schaute Hirsch auf sein Handy. Brandl: *Rufen Sie mich an.* Nicht jetzt, dachte er. Ich muss erst noch mit anderen Leuten reden.

Hirsch fand Monica Fuller in ihrem Hinterhof, wie sie gerade ein paar Pflöcke aufrichtete, die unter dem Gewicht der dicht behangenen Tomatenpflanzen umgefallen waren.

»Möchten Sie welche? Das sind mehr, als wir jemals essen könnten.«

»Das wäre schön«, sagte Hirsch. Ed Tennants Tomaten waren meist weich und mehlig.

Monica führte ihn in die Küche, wusch und trocknete ein halbes Dutzend Tomaten ab und packte sie in eine Papiertüte. »Bitte schön. Tee, Kaffee, Wasser?«

Hirsch entschied sich für Tee. Nach einem kleinen Schwatz,

um wieder auf dem Laufenden zu sein: »Damals, als Ihre Telefonleitung gekappt wurde.«

»Was ist damit?«

»Waren Sie beide zu Hause?«

»Ja.«

»Könnte jemand angenommen haben, dass Sie fort waren?«

Darüber dachte sie nach. »Ich wüsste nicht wie. Beide Autos standen im Carport.«

»Hat Kip gebellt?«

»Er war außer sich. Hat sich losgerissen.«

»Und es wurde nur eine Schaufel gestohlen?«

»Selbst da ist Graham nicht sicher. Sie kann auch irgendwann vom Pick-up gehüpft sein.« Sie schluckte. »Aber wenn sie ins Haus eingedrungen wären … der Fernseher ist nichts Besonderes, aber noch okay, und dann war da noch mein Laptop, der ist ziemlich neu.«

»Und wer hat die Telefonleitung repariert?«, fragte Hirsch, der auf den Gedanken gekommen war, dass ein örtlicher Telefontechniker vielleicht von weiteren, nicht gemeldeten Fällen wissen könnte.

»Bob Muir. Wir haben aus leidiger Erfahrung gelernt, wenn wir bei Telstra anrufen, dann kriegen wir jemanden in Mumbai an den Apparat, der nicht die leiseste Ahnung hat, wovon wir überhaupt reden.«

Hirsch fuhr nach Tiverton zurück und schaute bei den Muirs vorbei. Bob verkabelte in seiner Werkstatt gerade einen Generator neu. »Constable.«

»Mr Muir.«

Hirsch schaute eine Weile fasziniert zu, wie geschickt die Finger seines Freundes mit dem glänzenden Kupfer hantierten. »Ich habe gerade mitbekommen, dass du die gekappte Telefonleitung bei den Fullers repariert hast?«

Bob wandte den Blick nicht von den Fingern. »Habe ich.«

»Beschreib mir mal den Schaden.«

»Keine Abnutzungserscheinung, falls du das denkst. Mit einem sauberen Schnitt ganz durchtrennt.«

»Weißt du noch von anderen Fällen?«

Jetzt sah Muir ihn an. »Nein. Aber ich wette, du weißt davon.«

Hirsch erklärte, Muir hörte zu.

»Statistisch nicht signifikant.«

»Nein«, musste Hirsch zugeben.

»Aber vielsagend.«

»Ja«, sagte Hirsch, froh, dass ihm jemand zustimmte.

Den restlichen Freitagnachmittag verbrachte Hirsch damit, nach Gemma Pitcher, Daryl Cobb und Adam Flann Ausschau zu halten. Eileen Pitcher war aufgeregt, weil sie ihren Wagen für einen Friseurtermin in Redruth brauchte, Laura Cobb war aufgebracht – ihre Mutter hatte wieder mal ihre Medizin gehortet –, und bei den Flanns war niemand zu Hause.

Hirsch kehrte aufs Revier zurück. Er schaute auf seinem Telefon nach, als er hereinkam, und der Anruf des Sergeants fiel ihm wieder ein. Er rief zurück, und sie sagte: »Sie werden in der Stadt erwartet, Paul. Interne Ermittlung, Montag in der Frühe.«

## 22

Am Samstagmorgen rief Hirsch seine Eltern an.

»Ich plane, morgen bei euch vorbeizukommen und über Nacht zu bleiben«, sagte er.

Seine Mutter freute sich, war aber auch misstrauisch. »Oh, schön, endlich ein verspäteter Weihnachtsbesuch. Alles in Ordnung?«

Sie spielte damit auf den alten Ärger an, die Auflösung seines Vorortteams des CIB, die Befragungen der Internen Ermittlungen, die Verhöre, die Verurteilungen. Hirsch machte reinen Tisch. »Ich muss Montagfrüh um halb neun im Polizeipräsidium erscheinen.«

»Ach, Paul, was ist denn dieses Mal?«

»Ma, ich habe keine Ahnung.«

»Brauchst du einen Anwalt?«

»Wenn es verzwickt wird, werde ich einen verlangen.«

Seine Mutter war forsch und praktisch veranlagt. »Bist du zu Mittag hier?«

»Kommt auf den Verkehr an.«

»Wenn wir außer Haus sind, stell ich dir Aufschnitt und Salat in den Kühlschrank«, sagte seine Mutter.

Seine Eltern gingen bestimmt aus dem Haus. Sie waren lebhaft und rüstig und so gut wie nie daheim: Golf, Bridge, Straßensäuberungsaktionen, Märsche durch den Busch, das Verteilen von Informationszetteln, wie man wählen ging. Hirschs eigene Geschäftigkeit war pragmatischer: Gut nachbarliche Beziehungen zu pflegen und in der Gemeinde mitzuarbeiten schmierte die Räder seiner Polizeiarbeit.

Und zu seiner Polizeiarbeit gehörte es, ab und zu für einen der Kräfte in Redruth einzuspringen. Hirsch kam um acht Uhr früh in dem Städtchen an, setzte sich hinter den Empfangstresen und wartete. Die Stunden vergingen. Er bezeugte drei eidesstattliche Erklärungen, wies drei deutschen Rucksacktouristen den Weg zum Touristenbüro und führte eine dieser – seiner Erfahrung nach recht häufigen – Unterhaltungen, die bewiesen, dass die meisten Kriminellen Idioten waren.

Ein Mann kam herein und erklärte: »Ich bin bestohlen worden.«

Hirsch zückte seinen Stift und schnalzte mitfühlend. »Name und Anschrift bitte, Sir.«

Tony Alford, eine Straße hinter der alten Bahnstation.

»Und was wurde gestohlen?«

»Mein ganzes Gras.«

Alford war einer dieser Menschen, die so groß waren, dass sie sich krumm hielten. Etwa vierzig, fettige Haare, Dreitagebart, knochige Arme und Schultern in einem Poloshirt mit Redruth-Highschool-Logo. Von seinem Sohn? Aus dem Secondhandladen? Die dreckige Jeans klammerte sich nur mühsam an die hüftlose Taille.

»Ihr Gras wurde gestohlen«, sagte Hirsch.

»Alles. Es stand in Töpfen auf der hinteren Veranda.«

»Ihr Gras.«

»Ja, Gras, Sie wissen schon«, sagte Alford. »Dope.«

Sein Blick hatte sich weder auf Hirsch noch auf sonst etwas im Revier geheftet. Er war so unruhig, dass Hirsch es kaum ertragen konnte. »Aber Sie wissen schon, dass es Gesetze gibt, die die Aufzucht von Gras verbieten?«

Aber Alford kannte seine Rechte. Er verschränkte die Arme und verkündete, dass es ja wohl ebenfalls Gesetze gegen Diebstahl gäbe.

Na, wenn ich schon mal dabei bin, dachte Hirsch, dann kann ich ja auch gleich das ganze Drogenimperium ausheben. »Wissen Sie zufällig, wer es gewesen sein könnte?«

Doch Alford zuckte nur mit den Schultern. »Das sollen Sie herausfinden.«

»Von wie viel Gras reden wir hier?«

»Drei Topfpflanzen.« Alford kicherte. »Drei Pötte Pot.«

»Vielleicht«, sagte Hirsch, »können wir unsere Kriminaltechnik schicken, die Ihr Haus durchgeht, innen und außen, die nimmt dann Fingerabdrücke und andere Spuren fürs Labor.«

Jetzt schimmerte ein spätes Erwachen in Alfords glasigen Augen auf. »Nee, nee, ist ja recht, ich hak das wohl besser als Lehrgeld ab«, sagte er, huschte hinaus und verschwand die Straße entlang.

Hirsch trug das alles ins Tagesbuch ein.

Dann passierte eine ganze Weile nichts. Um halb eins schloss er ab, schrieb Medlin und Landy, dass er Mittagspause mache, und ging zum Stadtplatz von Redruth. Obwohl die Zahl der Polizeikräfte im Ort reduziert worden war, waren Bistro und Deli übervoll, also kaufte er sich ein Salatsandwich in der Milchbar, suchte sich einen Platz im Schatten bei der Rotunde und aß es dort. Gegen ein Uhr überquerte er die Straße, um zum Revier zurückzugehen; als er am Bistro vorbeikam, sah er ein ihm bekanntes Gesicht im Profil. Er blieb stehen und schaute hinein. Die Sicht bis in die hintere Ecke war ihm verwehrt, also veränderte er seine Position. Vita Roesch und Inspector Kellaher. Kellaher entdeckte Hirsch und nickte, woraufhin Roesch sich umdrehte. Sie lächelte Hirsch zu. Verunsichert ging er weiter, weil er nicht wollte, dass sie auf den Gedanken kämen, er würde ihnen nachspionieren.

Am Schaufenster von Thorburn Real Estate, dem einzigen Makler im Bezirk, blieb er stehen. Häuser, Farmen, Geschäfte zu verkaufen. Ein paar zu vermieten. Da kam ihm eine Idee. Er wollte gerade das Büro betreten, als Vita Roesch ihn leicht am Arm anstieß und sagte: »Große Geister denken gleich.«

Die Art von Polizistin, die Verdächtige, Täter, Zeugen und Opfer überrascht. Sie trug ein schlichtes, groß gemustertes ärmelloses Kleid, ein Hauch von Shampoo umgab sie, sie grinste warmherzig, und die Luft um sie herum war leicht elektrisiert. »Also gut«, sagte Hirsch, »was denke ich gerade?«

»Sie denken: Hat Denise Rennie das Haus an der Hamel Road gekauft oder gemietet, und wenn, von wem, und was verrät uns der Papierkram?«

»Das denke ich tatsächlich.«

»Wir waren schneller – das haben wir gestern schon getan.«

»Und?«

»Sie hat es voll möbliert gemietet. Selbst für schlappe tausend Dollar im Monat kein Mieter in den letzten zwei Jahren, da war der Makler froh, dass sie es ihm aus der Hand genommen hat.«

Hirsch sah an Roesch vorbei und rechnete schon halb damit, Hansen dort lauern zu sehen. »Wo ist denn Mr Persönlichkeit heute?«

Sie warf ihm ein schiefes Lächeln zu. »Seien Sie nett.«

»Aber immer doch«, meinte Hirsch. »Haben Sie herausgefunden, wem das Haus gehört?«

»Irgendeiner anonymen Agrofirma.«

»Wie hat sie bezahlt?«

»Ausgezeichnete Frage. In bar.«

»In bar«, sagte Hirsch. »Hatte sie Zugang zu einem Bankkonto? Das haben Sie doch überwacht, richtig?«

Vita Roesch strahlte. »Das haben wir tatsächlich. Es hat den Anschein, als hätten ihr Mann und sie am Tag, bevor sie ins Zeugenschutzprogramm kamen, fünfzigtausend Dollar von ihren Ersparnissen abgehoben.«

Hirsch nickte. In weiser Voraussicht.

Roesch stupste ihm gegen die Brust. »Hier draußen sind Ihre Talente vergeudet.«

»Nicht geeignet für den Job als Landbulle?«

»Ich bin vom Land«, sagte Roesch. »Dagegen ist gar nichts zu sagen. Man darf nur nicht darin versauern.«

Der Rest seines Arbeitstags war ereignislos; gegen achtzehn Uhr war er wieder zurück in Tiverton.

Am Sonntagmorgen packte er sich eine kleine Reisetasche, befestigte seine Handynummer an der Reviertür und fuhr erneut südwärts über den Barrier Highway. Bei jeder anderen längeren Fahrt hätte er eine CD eingeschoben, doch heute rasten seine Gedanken wie wild durcheinander. Er hasste es, nicht zu wissen, was die Interne gegen ihn in der Hand hatte oder wer ihn morgen grillen wollte. Er versuchte, darauf zu kommen, ging verschiedene Szenarien im Kopf durch. Er malte sich aus, wie er jede Anschuldigung klinisch sauber zerlegte und den Kopf hochhielt. Dann kamen die Zweifel. Er stellte sich vor, wie sie alte Anschuldigungen hervorzerrten – diesmal aber mit neuen, unwiderlegbaren Beweisen unterfüttert.

Oder ging es um etwas Neues? Hatte er in Tiverton Mist gebaut, ohne es zu merken?

Das YouTube-Video? Er hatte gedacht, das sei Schnee von gestern.

Seine Finger krallten sich weiß um das Lenkrad, und er biss die Zähne zusammen.

Er fuhr durch Tarlee; eine Minute später wurde er von dem Chaos in seinem Kopf dadurch abgelenkt, dass er an dem alten steinernen Farmhaus vorbeikam, in dem die Großeltern seines Vaters gelebt hatten. Sein Vater zeichnete *seinen* Vater als einen schroffen, distanzierten, aufrechten Mann, der von den Erinnerungen an den Grabenkrieg an der Westfront geplagt wurde. In den Zwanzigern hatte er sich in Tarlee niedergelassen, um den Besitz des Viehbarons Sidney Kidman zu beaufsichtigen, Weizen anzubauen und Herden von Wildpferden zu hüten, die mit der Eisenbahn herangeschafft worden und für die Indische Armee bestimmt waren. *Meine Sorgen sind nicht so wichtig,* sagte sich Hirsch. Er spürte, wie die Last von ihm abfiel.

Gegen Mittag fuhr er in die Zufahrt zum Haus seiner Eltern. Umarmungen, Hausmannskost, freundliche Abendrunde; seine Eltern beäugten ihn mit Sorge, waren aber wie immer äußerst taktvoll. Sein altes Zimmer, sein altes Bett …

# 23

Um halb neun am Montagmorgen saß Hirsch mit zwei Beamten der Internen Ermittlungen an einem nichtssagenden Tisch in einem kleinen, nichtssagenden Zimmer. Er hatte schon mit beiden zu tun gehabt und hielt Rosie DeLisle für eine Freundin; Inspector Gaddis war ein Feind. Beide hatten sich während der Korruptionsermittlungen, derentwegen er zum Streifendienst im Buschland degradiert worden war, auf ihn eingeschossen, doch während Rosie schließlich davon überzeugt war, dass er mehr oder weniger sauber gewesen war, war Gaddis der Ansicht gewesen, dass Hirsch hätte rausgeschmissen werden müssen.

Gaddis fing an. »Wissen Sie, warum wir Sie heute hergebeten haben, Constable Hirschhausen?«

Die Sonne stand hinter dem Inspector und verlieh seinen dünnen Haaren einen feinen Schein. Nicht heilig, nicht unheilig, nur störend. »Nein, Sir.«

Gaddis kleidete sich stets farblich abgestimmt. An diesem warmen Sommertag trug er einen leichten braunen Anzug und ein sandfarbenes Hemd, dessen Kragen zu weit war für seinen mageren Hals, dazu eine beigefarbene Krawatte. Goldenes Brillengestell; astdürre Finger, die die Aufgabe beherrschten, durcheinandergeratene Blätter wieder in Form zu klopfen und nach dem nächsten Aufzählungspunkt zu stechen.

Nun nahm er einen Brief in die Hand. »Ich habe hier eine Mitteilung von einem gewissen Damien Ablett aus dem Bezirksrat von Redruth. Kennen Sie diese Person?«

»Ich habe von ihm gehört«, antwortete Hirsch, »aber bisher hatte ich noch nicht das Vergnügen seiner Bekanntschaft.«

Zweifellos war er ein Arschloch.

»Mr Ablett weist darauf hin, dass vom Steuerzahler finanzierter Asphalt kürzlich dazu verwendet wurde, um die Schlaglöcher in der Einfahrt zum Polizeirevier Tiverton zu verfüllen. Was haben Sie dazu zu sagen?«

Unbemerkt von Gaddis verdrehte Rosie DeLisle die Augen und schaute dann wieder Hirsch an. Abgesehen davon blieb ihr Gesicht ausdruckslos, und Hirsch musste wegschauen, um nicht grinsen zu müssen.

Er wählte seine Worte sorgfältig. »Es handelte sich um eine Geste der Crew des Ausbesserungslasters des Bezirks, Sir. Offenbar haben sie am Abend Asphaltreste übrig, und statt sie einfach wegzuwerfen, haben sie –«

Gaddis unterbrach ihn scharf. »Ihre Einfahrt wurde in aller Herrgottsfrühe repariert, Constable. Nicht am Abend.«

Hirsch sagte nichts. Wenn er stillhielt, mochte die Schuld an dem Schlamassel bei den Brüdern Bagshaw landen.

»Die Bezirksangestellten werden sich internen Disziplinarmaßnahmen gegenübersehen. In der Zwischenzeit werden Sie wohl einsehen, dass die Polizei von South Australia nicht dabei ertappt werden sollte, wie sie Gefälligkeiten annimmt? Haben Sie diese Männer dafür bezahlt?«

Ich werde den beiden Bagshaws demnächst ein paar Biere spendieren, dachte Hirsch, weil sie mir Asphalt im Wert von etwa zwei Dollar gelegt haben. »Nein, Sir.«

Gaddis verlegte sich aufs Witzereißen. »Also keine Variante der Bitumenbanditen, die die Sorglosen übers Ohr hauen, Constable?«

Hirsch kicherte unlustig. »Nein, Sir.«

Er kannte die Geschichte mit den Bitumenbanditen. Seine Eltern waren von einem Mann hereingelegt worden, der eines Tages bei ihnen an die Tür klopfte und erzählte, er habe eine Fuhre Bitumen von einer großen Straßenreparatur übrig. Statt die ganze Fuhre auf die Mülldeponie zu fahren, was ja eine fürchterliche Verschwendung von gutem Material wäre, wie wärs, wenn sie ihre Einfahrt zu einem drastisch reduzierten Preis neu teeren lassen würden? Sie sagten auf ihre großzügige Art zu, leisteten eine Anzahlung und sahen den Mann nie wieder.

Gaddis machte jetzt auf freundlichen Onkel. »Das ist natürlich kein Vergehen, wegen dem man Sie feuern wird, Constable Hirschhausen, aber vielleicht sind Sie das nächste Mal ein wenig vorsichtiger. Letztlich kommt es auf das Image und die Wahrnehmung an.«

»Sir«, sagte Hirsch.

Rosie zwinkerte ihm zu. »Haben sie wenigstens gute Arbeit geleistet?«

»Eins a«, sagte Hirsch. »Jedes Mal, wenn ich vorher geparkt habe, haben mir die Löcher die Bandscheiben rausgeschüttelt.«

»Fahren wir fort«, meinte Gaddis kühl.

Einerseits rechnete Hirsch schon mit dem nächsten Kreis der Hölle, andererseits ging er in Gedanken die Geschichte mit dem Asphalt noch einmal durch. Jemand im Ort hatte das Ausbessern der Schlaglöcher beobachtet und den Bezirksrat informiert. Martin Gwynne. Martin sah alles und wusste alles.

»Es geht um Ihren Papierkram, Constable Hirschhausen.«

»Sir?«

»Eine ziemliche Anzahl an wichtigen Memos, die Ihrer sofortigen Aufmerksamkeit bedürfen, sind bislang unerledigt. Möchten Sie dazu etwas sagen?«

Möchte ich nicht, dachte Hirsch. Doch in Gedanken blieb er bei dem Memo zur »Abwärtskommunikation« hängen. Er *wusste,* dass er sich darum hätte kümmern müssen. Das hätte er wohl auch getan, wenn das blöde Ding wenigstens in verständlicher Sprache abgefasst gewesen wäre.

»Bei den langen täglichen Streifen und zwei Kapitalverbrechen in meinem Bezirk musste ich manche Dinge etwas schleifen lassen, Sir. Aber ich werde den Eingangskorb in den nächsten Tagen abarbeiten.«

»Auch das wahrlich kein Grund, um gefeuert zu werden, Constable Hirschhausen, aber wenn sich erst mal Nachlässigkeit einschleift, ist sie nur schwer abzulegen.«

»Ja, Sir.«

»Sorgen Sie dafür, dass Sie im Laufe des Tages Zeit für den Papierkram haben. Und nun das Versäumnis, zwei Teenager wegen des Diebstahls eines Fahrzeugs anzuklagen.«

Hirsch schluckte schwer. »Ermessensentscheidung, Sir. Der eine Junge betreut, zusammen mit seiner Schwester, die Mutter, die Probleme mit ihrer geistigen Gesundheit hat. Die Mutter des anderen Burschen liegt im Krankenhaus, der Vater sitzt. Ich fand, dass eine formelle Entschuldigung bei der Fahrzeugbesitzerin die angemessene Vorgehensweise war.« Er hielt kurz inne und erzählte dann die halbe Wahrheit: »Beide waren entsprechend einsichtig und haben sich entschuldigt.«

Gaddis starrte ihn ausdruckslos an. »Also gut. Das bringt uns nun zum unerlaubten Einsatz Ihres offiziellen Streifenfahrzeugs.«

Hirsch sah es plötzlich genau vor sich: Martin Gwynne, der am Fenster steht oder durch seinen Vorgarten schleicht und genau beobachtet, wie Hirsch, Katie auf dem Beifahrersitz, im HiLux vorbeifährt.

Er stellte sich dumm. »Sir?«

Rosie übernahm. Sie wirkte ganz geschäftsmäßig und rollte nicht länger mit den Augen, daher wusste Hirsch, dass er Mist gebaut hatte. »Sie sind wiederholt dabei gesehen worden, wie Sie in Ihrem Dienstfahrzeug ein Kind befördert haben, Constable Hirschhausen.«

»Sie heißt Katie Street, und sie ist, ähm, die Tochter einer Freundin, die an der Highschool in Redruth unterrichtet und meist nicht in der Lage ist, sie nach der Schule abzuholen«, erklärte Hirsch. Sein Gesicht brannte. »Normalerweise wird sie von einer Nachbarin abgeholt, aber es gab ein paar wenige Male, wo die Nachbarin nicht konnte, also habe ich sie nach Hause gefahren – in meinem Wagen, um genau zu sein, bis auf zwei Gelegenheiten, als er nicht anspringen wollte und ich das Dienstfahrzeug nehmen musste. Es tut mir leid. Das ist nur zwei Mal vorgekommen, nicht wiederholt. Und es wird keine weiteren Gelegenheiten mehr dazu geben, weil das Kind nächstes Jahr auf die Highschool wechselt und mit ihrer Mutter hin- und zurückfahren wird.«

»Das ist nicht der Punkt«, entgegnete Rosie. »Sie dürfen das Dienstfahrzeug dazu verwenden, um unter gewissen Umständen auch Zivilisten zu befördern – wenn sie einen liegen gebliebenen Fahrer mitnehmen, zum Beispiel, oder jemanden in Sicherheit oder ins Krankenhaus bringen –, aber nicht aus privaten Gründen.«

»Versicherungspflicht, zum Beispiel«, sagte Gaddis und ließ seine Goldzähne aufblitzen. »Fragen des Anstands, des Außenbilds und des gesunden Menschenverstands – die Tatsache, dass Sie ein erwachsener Mann sind und ein junges Mädchen …«

»Und was, wenn Sie irgendwann später von Mutter oder Tochter eines Fehlverhaltens beschuldigt werden?«, wollte Rosie wissen. »Was, wenn Sie sich mit den beiden aus irgendeinem Grund überwerfen, und sie beschließen, es an Ihnen auszulassen? Ganz gleich, wie unschuldig diese Fahrten auch waren, für alle anderen wird das nicht so aussehen.«

Hirsch war störrisch. »Es wird kein Zerwürfnis mit Mutter oder Tochter geben.«

»Das wissen Sie doch nicht, Paul – Constable Hirschhausen«, sagte Rosie.

Sie hatte natürlich recht. »Wie schon gesagt, es wird nicht wieder vorkommen.«

»Waren Sie bei den Malen, als Sie das Kind nach Hause fuhren, im Dienst?«, fragte Gaddis.

Wie sollte er ihm erklären, dass er auf dem Land immer im Dienst war? Dass eine Acht-Stunden-Schicht im Buschland keine Bedeutung hatte? Dass er häufig schon bei Sonnenaufgang auf Streife ging und er bereits eine Neun- oder Zehn-Stunden-Schicht hinter sich hatte, wenn er um halb vier im Ort bei der Schule ankam?

»Nein, Sir.«

»Haben Sie mal über die Auswirkungen nachgedacht, wenn Sie auf halber Strecke zu einem Autounfall gerufen werden, zu einem Selbstmord oder Mord, oder Sie haben es mit einem außer Kontrolle geratenen Ice-Süchtigen zu tun? Was das dem Kind zufügen könnte?«

»Tut mir leid, Sir, daran habe ich nicht gedacht«, sagte Hirsch.

»Nein. Haben Sie nicht.«

»Ich wollte nur einer Freundin helfen.«

»Hilfe, die allerdings der Polizeiarbeit und Ihrem Professionalismus abträglich war, finden Sie nicht?«

»Sir.«

»Zu diesem Zeitpunkt werden keine Disziplinarmaßnahmen verhängt«, sagte Gaddis, »aber es wird einen Eintrag in Ihrer Personalakte geben.«

»Danke, Sir.«

»Die Polizeiakademie bietet das ganze Jahr über Auffrischungskurse an. Verhaltensmanagement und Führungsverhalten, zum Beispiel. Es wird Ihnen dringend angeraten, sich in einem passenden Kurs einzuschreiben, wenn die Kurse Anfang nächsten Jahres beginnen.«

Hirsch wusste, dass dieser dringende Rat in Wahrheit ein Befehl war. »Sir.«

»Und überlegen Sie sich, ob Sie nicht auf das Examen als Sergeant lernen wollen«, sagte Rosie.

Hirsch warf ihr kurz einen Blick zu und fragte sich, ob sie ihm zwischen den Zeilen etwas sagen wollte. Rosie, mit ihrer runden Gestalt, den lebhaften Augen und dem glänzenden schwarzen Haar, die stets den Eindruck machte, als sei sie auf Abenteuer aus, sah ihn ernst an. Sie bedeutete ihm, er solle aufpassen.

Er nickte.

»Kommen wir zu dem Fall mit dem Kind, das an einem heißen Tag in einem Fahrzeug eingeschlossen war«, sagte Gaddis. »Haben Sie den Kinderschutz davon in Kenntnis gesetzt oder nicht?«

»Das habe ich nicht, Sir.«

»Haben Sie Informationen über die Familie eingeholt?«

»Nein, Sir.«

»Haben Sie überhaupt irgendetwas unternommen?«

»Ich habe ein ernstes Wort mit der Mutter gesprochen, Sir.«

»Ein ernstes Wort. Warum nicht mehr?«

»Ich habe die Umstände abgewogen und fand nicht, dass eine Anklage oder eine Verwarnung angebracht gewesen wäre. Als Beamter vor Ort habe ich eine Ermessensentscheidung getroffen. Das Vergehen schien nicht ernst genug, um die Intervention des Kinderschutzes oder irgendeiner anderen Behörde zu rechtfertigen. Es hat kein auffälliges Verhalten gegeben, keine Gewalt, sondern nur einen Akt der Sorglosigkeit.«

»Die einem Kind das Leben hätte kosten können.«

Hirsch schluckte, sagte aber nichts.

»Was ist mit dem Angriff auf Ihre Person, Constable Hirschhausen. Wollten Sie das nicht weiterverfolgen?«

»Nein, Sir. Auch hier eine Ermessensentscheidung. Die arme Frau war besorgt. Sie wissen vielleicht nicht, dass sie später ermordet wurde? Ihre Familie und sie hatten sich versteckt, und sie dachte ernstlich, ihr Kind sei in Gefahr. Sie konnte nicht klar denken.«

»Sie hat sich Ihre Waffe geschnappt.«

»Ja, Sir, aber unabsichtlich. Sie wirkte schockiert, als sie es bemerkte, und sie ließ sie sofort fallen.«

Gaddis stellte weiterhin seine Fragen. Rosie DeLisle schaute zu, was Hirsch auf den Gedanken brachte, dass sie in diesem Fall auf seiner Seite stand.

Gaddis hielt inne und sah Hirsch eine Weile an. »So etwas haben wir alle schon mal erlebt, Constable Hirschhausen.«

Du nicht, dachte Hirsch. Du bist mit einem Bleistift in der Hand auf die Welt gekommen. »Sir.«

»Entscheidungen, die in der Hitze des Gefechts getroffen werden müssen. Ermessensentscheidungen.«

»Sir.«

Gaddis nahm ein anderes Blatt Papier in die Hand. »Ihr Sergeant stellt Ihnen ein gutes Zeugnis aus. ›Ein tadelloser Beamter‹, schreibt sie.«

»Gut zu wissen, Sir.«

»Und hören Sie mit diesen verfluchten Abkürzungen der Amtswege auf, hören Sie?«, sagte Gaddis, der ein wenig seine Schuldirektorallüren ablegte. »Den Leuten fällt so etwas auf. Sie riskieren damit, die Polizei in Verruf zu bringen, ganz zu schweigen von Ihrer eigenen Karriere und Ihrem Ansehen.«

»Sir.«

»Alles nach Vorschrift«, sagte Gaddis und schob seine Unterlagen zusammen. »Wir sind fertig.«

Und das wars. Rosie warf ihm noch ein reumütiges Lächeln zum Abschied zu, und kurz nachdem er das Gebäude verlassen hatte, erhielt er eine SMS: *Noch mal Glück gehabt, Mann. Ich konnte dir den Rücken freihalten, aber … xx.*

# 24

Noch während er zum Langzeitparkplatz zurückkehrte, erhielt er eine weitere Nachricht. *Gibt es irgendetwas Neues? Rex.*

Rex Dunner. Zusammen mit seiner Frau Eleanor Besitzer einer Weidehaltung namens Pandowie Downs, dessen unter Denkmalschutz stehender Wollschuppen bereits zweimal mit Hakenkreuzen und ejakulierenden Penissen besprayt worden war. Hirsch reagierte darauf, wie er es immer tat, wenn er an etwas erinnert wurde, das er trotz seiner polizeilichen Dienstpflicht vernachlässigt hatte – er verzog das Gesicht und unterdrückte ein Gähnen. Selbst schuld, wenn er Versprechungen machte und die Angelegenheit dann auf lauwarme Flamme stellte.

Er schaute auf die Uhr. Er würde im Norden im Lauf des Nachmittags eintreffen, zu spät, um mehr zu tun, als beruhigende Geräusche von sich zu geben. Mit anderen Worten, er musste mal wieder den ganzen Tag in einem heißen Fahrzeug sitzen. Er setzte sich hinters Lenkrad und fuhr die South Road entlang zur Port Wakefield Road und dem Northern Expressway. Hier war der Verkehr flüssig, dünn gesät und ließ ihm Zeit zum Durchschnaufen.

Martin Gwynne.

Bevor er es abschütteln konnte, beherrschte Gwynnes körperliches Erscheinungsbild Hirschs Gedanken. Martins Aussehen war nicht sonderlich bemerkenswert – aber vielleicht war genau das der Punkt: Martin Gwynne war ein Ungeheuer in der Verkleidung eines Mannes, den man nicht weiter bemerkt. Kleiner Kugelbauch, dürre Beine, unschuldige runde Wangen, säuberlich geschnittene, kurze, ergrauende rötlich gelbe Haare. Begierig blickende Augen hinter pingeliger randloser Brille. Eine Ernsthaftigkeit, bei der ein normaler Mensch schreiend in die Hügel davonrennt. Ein kleiner Mann, der sich in den Ecken herumtreibt und sich den aufmerksamen Blicken entzieht.

Doch dahinter verbarg sich ein Mann mit dem infantilen Bedürfnis, gebraucht, bemerkt und gewürdigt zu werden. Hirsch bezweifelte, dass dieses Bedürfnis jemals völlig befriedigt war. Martin spielte häufig auf Menschen und Umstände an, die ihn enttäuscht hatten. Bis er nach Tiverton gekommen war, war er leitender Angestellter in einer Versicherung gewesen. Dann war ihm mit fünfundfünzig gekündigt worden – aufgrund undurchsichtiger Firmenpolitik, wie er sich ausdrückte. Oder, so dachte Hirsch jetzt, weil Martin nur mindere Leistungen erbracht hatte oder ein schwieriger Kollege gewesen war. Jedenfalls hatte er keine andere Arbeit finden können. Hirsch hatte ihn damals bedauert, doch Martins mürrisches Gesicht änderte sich schlagartig. »Das war das Beste, was mir hätte passieren können, Paul. Ein Neustart. Mutter und ich haben uns verkleinert und sind in den Norden gekommen, um das ehrliche Landleben zu genießen.«

Was nicht ganz der Wahrheit entsprach. Der entscheidende Punkt für die Gwynnes war die Tatsache gewesen, dass ihre Tochter Annette mit Mann und Sohn in Tiverton lebte. In die Nähe der kleinen Familie zu ziehen, hatte Martin die goldene Gelegenheit gegeben, sich in ihr Leben einzumischen. Martin hütete das Baby, gab unnötige Ratschläge, tauchte zu jeder beliebigen Tages- und Nachtzeit auf. Martin brachte seinem Enkel das Tennisspielen bei. Martin saß im Beirat der Schule und nahm die alleinstehende Lehrerin beiseite, um mal in aller Ruhe mit ihr zu reden; vor und nach der Schule regelte er den Verkehr und leitete die Kinder über die Straße. Wendy Street nannte übereifrige Grundschulmütter immer Mamzillas. Martin war ein Opazilla.

Dann war die Tochter mit ihrer Familie zurück nach Adelaide gezogen, vorgeblich, weil das Geschäft mit dem ländlichen Kunsthandwerk nicht lief; wahrscheinlicher aber, um den erdrückenden Einmischungen zu entgehen; ihre Abreise hatte ein Loch in Martins Leben hinterlassen. Seine Rosen zu pflegen und seine Frau herumzuscheuchen füllte ihn nicht aus, also stürzte er sich in die Angelegenheit des Orts und des Bezirks: Er habe Erfahrungen, sagte er, und wolle diese nun seiner neuen Gemeinde zukommen lassen. Schon bald vertrat er Tiverton im Bezirksrat, saß dem Tennisclubkomitee vor, organisierte Feste und Arbeitseinsätze für die Anglikanische Kirche und schrieb Leserbriefe an das *Stock Journal* und den *Redruth Argus*, in denen er seine Weisheiten kundtat.

Und er mischte sich in Hirschs Arbeit ein.

Er achtete sorgsam auf alle Fragen von Recht und Ordnung, interessierte sich sehr für die Abläufe bei der Polizei, und als Tivertons gewählter Bezirksratsvertreter war er bemüht, mit allen örtlichen Polizeivorgängen Schritt zu halten. Er gab seine Theorien zum Besten. Hatte Ratschläge zu erteilen. Und war es nicht geradezu ein Glück, dass er Hirsch das Leben gerettet hatte, als er ihn von Brenda Flanns schlingerndem alten Falcon wegzerrte?

Ein Mann, der eingeschnappt sein würde, wenn man ihn nicht umfänglich würdigte, fand Hirsch. Ein Mann, der seinen Groll lange mit sich herumtragen würde.

Hirsch ging auf, dass er nicht wusste, wie er mit Martin umgehen sollte. Und was, wenn es gar nicht Martin gewesen war, der ihn bei der Internen angeschwärzt hatte?

Der kürzeste Weg nach Pandowie Downs von Süden war, bei Mount Bryan über Land zu fahren und sich auf die dunkle Seite eines steinigen Grates namens Razorback zu winden. Das Land dort draußen war staubtrocken, die Wege pudrig und zerfahren. Hirsch fuhr die Erdverwerfungen hinauf und hinunter und wirbelte dichten Staub hinter sich auf. Seine Handgelenke ruckelten am Lenkrad.

Er kam an die Kreuzung zweier flacher, leerer Wege und nahm den Abzweig nach Pandowie Downs, eine versunkene Straße zwischen erodierten Felsen und verkrauteten Weiden, auf denen graubraune Merinoschafe standen. Als er zehn Minuten später bei den Steinsäulen ankam, die den Beginn der Zufahrt markierten, hätte er beinahe umgedreht und wäre nach Tiverton gefahren. Wollte er sich nach dem Tag, den er gehabt hatte, wirklich mit Rex und Eleanor Dunner auseinandersetzen? Hirsch holte tief Luft. *Brückenbauen. Haltbare Beziehungen mit der Gemeinschaft schmieden.* Er war sicher, exakt diese Worte in einem Memo gelesen zu haben. Aber hatte er darauf geantwortet? Ein Scherz, Paul. Er sah auf die Uhr. Kurz vor fünf. Mit etwas Glück war er um sieben zu Hause.

Er bog ein. An einer der Säulen hing ein Schild: *Pandowie Downs Einzigartige Erfahrung im Outback Unterkunft Reiten Viehauftrieb Schafschurvorführungen Alle willkommen.*

Eine Art Vergnügungspark des alten ländlichen Australiens, fand Hirsch und entdeckte die Solarpaneele auf dem Dach der Schafschererunterkunft, einem Steingebäude, das in vier teure Apartments mit Kochgelegenheit umgebaut worden war. Zwei gingen auf den Wollschuppen hinaus und teilten sich die Hinterwand mit den anderen beiden, die auf den felsigen Hang blickten, welcher sich über die kleine Ansiedlung erhob. Antennenanlagen, frische Farbe, mit Eukalyptusschwellen abgetrennte Parkbuchten. Gewässerte Rasenflächen, auf denen alte Pflüge, Pferdewagen und Traktoren verteilt standen. In einem Apartments waren die Vorhänge geschlossen, und ein staubiger weißer Audi SUV stand davor. Aus diesem Winkel konnte man unmöglich erkennen, ob vor den rückwärtigen Apartments Fahrzeuge standen.

Die Dunners waren da. Hirsch entdeckte ihren glänzend-staubigen, schwarzen Range Rover an der Rückseite des Wollschuppens, fuhr an der Längsseite des gestreckten Gebäudes entlang und hielt neben dem Wagen. Er stieg aus und sah sich bewundernd um. Der Wollschuppen war ein riesiges, gut proportioniertes Gebäude aus örtlichem Gestein. Eine der Seitentüren stand offen. Hirsch ging hinein. Hohe Decke; massive Pfosten und Träger; Gatter mit Lamellenböden; ein Geruch nach Wollfett.

Jetzt war es still und leer, doch spürte man noch die Zeit, als hier Tausende von Schafen geschoren worden waren.

Er trat wieder hinaus und ging zum Büro, einem abgeteilten Raum am Ende des Gebäudes. Wieder blieb er stehen: Ein Fleck an der Seitenwand war sauberer, klarer als der Rest. Hier war sandgestrahlt worden. Hirsch sah genau hin: Spuren von weißen Hakenkreuzen und Penissen fanden sich noch auf den porösen Steinen und dem bröckligen Mörtel.

»Hatte letzte Woche mit Ihnen gerechnet, junger Mann.«

Hirsch drehte sich um. Rex Dunner war aus dem Büro getreten. Er trug ein cremefarbenes Moleskin-Outfit und mit elastischen Gummis versehene Stiefel von R. M. Williams, alles Teil des einzigartigen ländlich australischen Nimbus. Bis vor fünf Jahren hatten Dunner und seine Frau noch ein Maklerbüro in North Adelaide betrieben.

Hirsch schüttelte Dunners altersfleckige, faltige Hand. Dunner war ein ausgedörrter Siebziger, aber drahtig und forsch.

»Mr Dunner.«

»Constable. Verkünden Sie eine frohe Botschaft? Eine Bande von Graffitikünstlern hinter Schloss und Riegel, der Schlüssel weggeworfen?«

»Leider nein.«

»Ich verstehe.«

Er hält mich für einen schlampigen Polizisten, dachte Hirsch, oder er weiß, dass die Sache aussichtslos ist. Oder beides.

»Ich bin der einzige Polizist weit und breit, tut mir leid«, sagte Hirsch. »In einer perfekten Welt würde ich jemanden für ein paar Wochen hier über Nacht postieren oder jede Stunde hier vorbeifahren lassen, aber das ist unmöglich. Haben Sie daran gedacht, eine Überwachungskamera zu installieren?«

Dunner bedeutete Hirsch mit einer Kopfbewegung, ihm ins Büro zu folgen. »Ach, wozu? Ein unscharfes Bild von irgendeinem Idioten mit einer Sprühdose? Das würde nur illustrieren, was ich schon weiß.«

»Wir könnten vielleicht jemanden identifizieren.«

Dunner schüttelte den Kopf. »Kostet mich ein Vermögen, um das zu beseitigen.«

Bei diesem Mann kam es am Ende immer darauf an, was es kostete. Kameras zu installieren, zum Beispiel. Sie kamen zur Bürotür. »Es scheint von gewisser Bedeutung zu sein, dass die Schmierereien in letzter Zeit stattgefunden haben.«

Dunner wollte gerade die Türklinke betätigen, unterbrach sich aber. »Wie das?«

»Es ist doch gerade keine Saison, oder? Zu heiß. Hatten Sie irgendwelche Gäste in den Nächten, als die Graffitis auftauchten?«

Dunner nickte bedächtig. »Jetzt, wo Sie es erwähnen, nein.«

War es denn sonderlich hilfreich zu wissen, dass es hier keine Gäste gegeben hatte? Jeder Hohlkopf konnte vorbeifahren, erkennen, dass nichts los war, und denken: He, versauen wir doch mal so nem reichen Macker den Tag.

Jemand aus der Gegend, dachte Hirsch. Er folgte Dunner ins Büro. Der Empfangsbereich bestand aus einem Schreibtisch, Sesseln und einem Getränkekühlschrank, dahinter lag ein geräumiger Bürobereich. Dort saß Eleanor Dunner und lauschte am Telefon. Sie kleidete sich ähnlich wie ihr Mann und war ebenso dürr und energisch. Sie klimperte mit den Fingern in Hirschs Richtung.

Rex Dunner ging zum Kühlschrank und öffnete die Glastür. »Coke? Limonade?«

»Danke. Wem gehört der Audi?«

»Einem Filmproduzenten, der nach Drehorten sucht«, antwortete Dunner, wobei sich seine Brust ein wenig weitete, so als würde ihn der Glanz Hollywoods anrühren.

»Ein großer Drehort.« Hirsch wies hinaus auf die endlose Landschaft jenseits der dicken, kühlen Wände. »Ist er allein unterwegs?«

»Ja.«

Hirsch neigte den Kopf. »Haben Sie mitbekommen, was am Mischance Creek passiert ist?«

Dunner drehte unbewusst den Kopf in Richtung Nordosten,

so als würde der Bach direkt neben dem Gebäude fließen. »Üble Sache.« Er schwieg. »Moment, wollen Sie damit sagen, er hat was damit zu tun?«

»Ich will nichts dergleichen sagen«, sagte Hirsch leichthin. »Ich muss Sie nur fragen, ob Sie in den letzten paar Tagen irgendetwas Merkwürdiges gesehen haben. Menschen, Fahrzeuge, irgendwas.«

»Jedes vorbeikommende Auto ist merkwürdig. Manche kommen vorbei, um sich den Wollschuppen anzusehen, ohne gleich Bescheid zu sagen. Ein schnelles Selfie am Straßenrand, dann gehts schon weiter zum nächsten Baum oder Hügel oder Ruine. Ich kümmere mich schon gar nicht mehr darum.«

»Andere Gäste?«

»Ein Naturfotograf in Apartment vier«, sagte Eleanor Dunner, die mit ausgestreckter Hand aus dem Bürobereich kam.

Hirsch schüttelte die Hand. Ihre Finger waren kräftig, die Handfläche trocken.

»Was für ein Auto fährt er?«

Sie wechselte einen amüsierten Blick mit ihrem Mann. »Der Wagen steht da draußen, Paul, wenn Sie mal schauen wollen.«

»Haben Sie Geduld mit mir, Mrs Dunner. Also, was für einen Wagen?«

»Einer sieht für mich aus wie der andere«, sagte sie. »Silbern, langt Ihnen das?«

Sie hat ihren Spaß daran, vom Cockpit ihres Range Rover auf die anderen Fahrer herabzusehen, nahm Hirsch an. »Würde es Ihnen etwas ausmachen, mir das Reservierungsbuch zu zeigen? Es ist wichtig.«

Sie amüsierte sich. »Wir sind computerisiert, Constable.«

Sie trat hinter den Tresen, tippte auf einer Tastatur und drehte den Monitor so herum, dass Hirsch den Eintrag lesen konnte. Philip Whiteman, eine Adresse in Ultimo, Sydney, Autokennzeichen aus New South Wales. Hirsch war mulmig zumute. Sein Streifenwagen war dort, wo er stand, von den Apartments aus nicht zu sehen, aber war er beobachtet worden, als er eintraf? Er schrieb sich Whitemans Autokennzeichen auf und bat um die Buchungsdaten der Filmproduzenten.

»Paul, was ist hier los? Das gefällt mir ganz und gar nicht.«

»Ich muss nur die beiden Autokennzeichen durch den Computer jagen, und wenn es keinen Grund zur Besorgnis gibt, lasse ich Sie und Ihre Gäste in Frieden.«

»Na, das ist ja mal eine Aussage, die uns zutiefst beruhigt«, meinte Eleanor Dunner. Wieder tippte sie. Der Filmproduzent hieß David McAuliffe; Adresse in Crows Nest, Sydney; Autokennzeichen aus South Australia. Der Audi war wahrscheinlich ein Leihwagen.

Hirsch hatte nicht die Möglichkeit, vom Bordcomputer des Toyota aus Kennzeichen aus anderen Bundesländern zu kontrollieren, also rief er Sergeant Brandl an und bat sie, beide Kennzeichen zu prüfen.

»Ich bin gerade mit Inspector Kellaher und den anderen im Einsatzraum«, erwiderte sie. »Sobald ich einen Computer besetzen kann, melde ich mich zurück.«

Nun hockte Hirsch mit den Dunners da und führte fünf Minuten lang eine linkische Unterhaltung, bis sein Handy klingelte. »Sergeant.«

»Ich lege Sie auf den Lautsprecher. Das Kennzeichen aus New South Wales gehört zu einem silbernen Camry, Besitzer Whiteman Photography, eine Adresse in Ultimo.«

»Danke.«

»Das andere Kennzeichen gehört zu einem blauen Holden Baujahr 2007 mit abgelaufener Zulassung, letzter Besitzer ein Gebrauchtwagenhändler in Hahndorf, der seitdem dichtgemacht hat.«

Die Adelaide Hills, dachte Hirsch. Eine der Hauptstrecken von den östlichen Bundesstaaten in die City.

Er entfernte sich in Richtung Tür und murmelte: »Die Schilder hängen aktuell an einem weißen Audi SUV, Sergeant.«

Eine zweite Stimme kam dazu: Inspector Kellaher. »Unter welchem Namen hat sich der Mann eingetragen?«

»David McAuliffe, er meinte, er sei hier, um nach Drehorten für eine Filmgesellschaft zu suchen.«

»Ist er allein?«

»Ja.«

»Sie rühren sich nicht. Das könnte der Fahrer des Passats sein, den unsere Kollegen aus New South Wales verfolgen sollten. Wir werden nach gestohlenen Audis und herrenlosen Passats suchen.«

»Ich könnte in der Zwischenzeit ja mal ein Wort mit ihm wechseln, Sir.«

»Spielen Sie hier nicht den Helden, Sohnemann. Nicht, dass noch jemand auf Sie schießt. Sie warten, bis Verstärkung kommt.«

»Das könnte eine Weile dauern, Sir.«

»Nicht unbedingt. Ich habe noch ein paar Leute im Haus der Rennies, die dort den Abschluss machen. Ich rufe in fünf Minuten zurück.«

Hirsch ging zurück zum Empfangstresen, wo die Dunners aufgeregt warteten.

»Stimmt was nicht?«

»Hat es mit den Morden zu tun?«

»Haben Sie noch etwas Geduld«, bremste Hirsch. »Könnten Sie mal ›Whiteman Photography‹ oder ›Philip Whiteman‹ googeln?«

Enttäuscht gehorchte Eleanor Dunner. Hirsch schaute mit ihr auf den Monitor: ein Logo, eine Auswahl an Fotos von Vögeln, Kängurus, Wolkenbildern und Wildblumen, dazu in einer Ecke ein strahlender, bärtiger Mann mit Kameras. »Ist das der Mann aus Apartment vier?«

»Ja. Sollten wir uns Sorgen machen?«

»Nein. Er hat nichts mit alledem zu tun.«

»Aber der Filmfritze schon?«, fragte Rex Dunner.

Hirsch legte sich eine Antwort darauf zurecht, als sein Handy klingelte. »Entschuldigen Sie mich kurz«, sagte er und ging wieder bis zur Tür. »Sir?«

»Vor ein paar Tagen wurde in Balhanah ein weißer Audi SUV gestohlen.«

Noch so ein Ort in den Adelaide Hills. Hirsch dachte darüber nach. »Er ist in seinem Apartment. Ich habe genug, um – «

»Nein, Constable Hirschhausen, Sie rühren sich nicht von der Stelle, das ist ein Befehl. Senior Constable Hansen überprüft gerade McAuliffe, und ich rufe das Team in der Hamel Road an, sobald wir aufgelegt haben. Sie sollten in weniger als einer halben Stunde bei Ihnen sein.«

»Und wenn McAuliffe in der Zwischenzeit abhaut?«

»Dann folgen Sie ihm unauffällig, wenn möglich. Lassen Sie sich nur nicht erschießen.«

»Sir.«

Hirsch ging wieder zu den Dunners hinüber. »Ich will Sie ja nicht beunruhigen, aber ich möchte, dass Sie beide jetzt nach Hause fahren. Gehen Sie ins Haus, schließen Sie ab, öffnen Sie niemandem. Ich gebe Ihnen Bescheid, wenn die Luft wieder rein ist.«

Sie tauschten Handynummern aus. Eleanor fragte ganz nervös: »Wollen Sie uns nicht verraten, was hier los ist?«

»Der Wagen des Filmproduzenten ist mit falschen Nummernschildern versehen. Das muss nichts heißen, aber wegen der Schüsse in Mischance Creek gehen wir keinerlei Risiken ein.«

»Und was ist mit Mr Whiteman?«, fragte Rex.

»Guter Punkt. Können Sie sein Apartment für mich anrufen, bitte?«

Whiteman ging dran, und Hirsch sagte: »Hier spricht Constable Hirschhausen, South Australia Police, Mr Whiteman.«

Pause. »Meine Frau? Meine – «

»Nein, nein«, beruhigte Hirsch ihn, »aber ich möchte, dass Sie Ihre Tasche packen, in den Wagen steigen und sich in Sicherheit begeben. Biegen Sie am Tor nach rechts ab und folgen Sie den Schildern nach Mount Bryan.«

Der Fotograf, der die Anspannung in Hirschs Stimme spürte, sagte nur: »Wird gemacht«, und sie tauschten Handynummern aus. »Jetzt sind Sie an der Reihe«, sagte Hirsch zu den Dunners.

Sie gaben ihm die Hand. Eleanor umarmte ihn kurz und sagte: »Passen Sie auf sich auf.«

Er schaute von der Bürotür aus hinter ihnen her. Autotüren schlugen zu, dann knirschte der Range Rover über den teuren weißen Schotter davon. Kurze Zeit später sah er, wie Whitemans silberner Camry langsam die Zufahrt entlang verschwand.

Die Zeit verging. Hirsch ging hinaus, doch die Hitze war unerbittlich, und er zog sich wieder ins Büro zurück. Fünfzehn Minuten, zwanzig Minuten. Er blieb an der Tür stehen und sah die Zufahrt entlang zur Straße. Vier Fahrzeuge kamen vorbei, bremsten, einer blieb aus Neugier über das Polizeifahrzeug hinter dem Wollschuppen sogar stehen. Dreißig Minuten.

Hirsch verließ seinen Beobachtungsposten an der Tür, holte sich eine Dose Limo und kehrte wieder zurück. Fünfunddreißig Minuten.

Als er dort stand, hinausschaute und auf die Verstärkung wartete, fiel ihm eine Bewegung auf. Eine Gestalt sprang von hinter dem Heck seines Dienst-Toyotas davon.

# 25

Er stürmte hinaus, kürzte zwischen Wollschuppen und Toyota ab und blieb stehen. Luft zischte. Der Reifen war platt. Der entscheidende Augenblick war verloren, er rannte zur Ecke des Wollschuppens und kämpfte sich hinauf zum Apartmenthaus. Zu spät: Der Audi schlingerte den Zubringer zur Zufahrt hinunter und gab in Richtung der Säulen an der Einfahrt Gas. Hirsch sah die Bremslichter aufflackern, der Audi fuhr sich einen Seitenspiegel ab, dann schwang er nach rechts und bretterte die Razorback Road entlang.

Hirsch rannte zum Toyota zurück und griff nach dem Funkgerät: Das Mikrokabel war säuberlich durchtrennt. Er eilte auf der Suche nach Empfang hin und her, rief Sergeant Brandl an und nahm dann Wagenheber und Ersatzrad aus dem Wagen. Der Wagenheber rutschte ab; die Radmuttern fühlten sich an wie festgeklebt; das Ersatzrad anzusetzen war, als würde man einen Kühlschrank auf einen Autoanhänger bugsieren. Er schrammte sich die Knöchel auf, hatte Blut und Schmier an Händen und Hose, verlor eine halbe Stunde. Dann öffnete er die Fahrertür, Hitze ergoss sich, Lenkrad und Sitz waren glühend heiß. Er fummelte herum, bis er endlich den Schlüssel ins Schloss bekam, drehte die Klimaanlage hoch und gab Gas. Dieser Start war alles andere als filmreif: schwache Klimaanlage, lahme Beschleunigung.

Dann war er auf der Straße und versuchte, einem Fahrzeug, das auf Ausdauer gebaut war, höheres Tempo zu entlocken. Erneut rief er in Redruth an: Zwei Fahrzeuge waren zu ihm unterwegs; im Ort war eine Straßensperre errichtet worden.

»Er könnte aber auch nach Broken Hill abgebogen sein, Sergeant.«

»Ich gebe in Peterborough Bescheid.«

Ein paar Minuten später erklomm er eine Anhöhe, von der aus man einen breiten, flachen Talkessel überblickte, der einer riesigen Tonpfanne ähnelte. Bildete Hirsch sich das nur ein, oder schwebte dort eine Staubwolke von dem längst verschwundenen Audi? Der musste doch schon auf dem Barrier Highway sein, dachte Hirsch. Er ist doch nicht so verrückt und fährt weiter nach Süden. Hirsch lenkte den Wagen die weite Kurve des Wegs entlang durch die Senke und zur anderen Seite hinaus.

Minuten vergingen. Die Sonne, die hinter dem Razorback unterging, ließ ihn für ein paar Minuten im Schatten versinken. Dann befand er sich auf dem letzten Abschnitt hin zum Barrier Highway; keine Spur von dem Audi.

Hirsch bog nach Norden ab; wenn der Mann, der sich McAuliffe nannte, nach Süden abgebogen war, dann würde er auf die Wagen aus Redruth treffen oder auf die Straßensperre. Zwei, drei, vier Kilometer, die Landstraße war leer, niemand befuhr die Farmwege oder Nebenstraßen. Doch als er an dem Abzweig Booborowie vorbeikam, sah er den Audi hundert Meter weiter in einem merkwürdigen Winkel stehen. Hirsch bremste, setzte zurück und gab Gas.

McAuliffe hatte den Wagen in einer leichten Kurve übersteuert. Der Wagen steckte mit der Nase in einem schrägen Winkel im Graben. Das ist das Problem mit euch Stadtmenschen, dachte Hirsch. Ihr wisst einfach nicht, wie man auf Erde und Schotter fährt: Man drängt einen Wagen nicht durch die Kurve, sonst verlieren die Reifen an Haftung. Hirsch hielt an, schaltete den Motor aus, gab in Redruth Meldung und stieg aus. Er wollte schon seine Waffe aus dem Halfter ziehen, dann dachte er, *Benzin,* und rannte zum SUV hinüber.

Die Seitenscheibe beim Fahrer war heruntergefahren, doch der Wagen war zu sehr auf die Beifahrerseite gekippt, um einen guten Blick ins Innere werfen zu können. Hirsch rutschte in den Graben und schaute durch die Windschutzscheibe. Der Fahrer war mit dem Kopf voran seitwärts über das Armaturenbrett gekippt, sein Unterleib noch immer vom Sicherheitsgurt hinter dem Lenkrad festgehalten. Blut: auf dem Armaturenbrett und der Scheibe an der Beifahrerseite. Warum? Nichts an dem Frontschaden des Audi deutete auf hohes Tempo oder große Verletzungen hin. Hirsch rechnete schon halb damit, dass der Mann den Kopf heben und nach einer Waffe greifen würde, doch er rührte sich nicht. Tatsächlich machte er ganz den Eindruck, als sei er tot.

Trotzdem schlug Hirsch mit der Faust auf die Motorhaube. »Sie müssen da raus«, rief er. »Ich rieche Benzin.«

Das war gelogen: Es roch nur nach der üblichen Mischung aus heißem Metall, Öl und Schmiere. Keine Reaktion vom Fahrer.

Der Audi war derart in Schieflage, dass Hirsch nicht an die Fahrertür herankam. Er kletterte aus dem Graben, zückte seine Dienstwaffe und öffnete die hintere Seitentür. Noch immer rührte sich nichts im Wagen.

Hirsch stieg ein und glitt über den schräg stehenden Rücksitz, bis er durch den Spalt zwischen den beiden Vordersitzen einen besseren Blick auf den Fahrer hatte. Etwa vierzig, in Chinos und einem kurzärmligen Baumwollhemd, ein gebräunter, schmalgesichtiger Mann mit dunklen, frisch geschnittenen Haaren. Ein Chirurg an seinem freien Tag, hätte man denken können, ein Filmproduzent auf der Suche nach Drehorten.

Man hätte auch denken können, dass er erschossen worden war. Aus einer großen Austrittswunde hinter dem linken Ohr tropfte Blut.

# 26

Hirsch rief erneut in Redruth an. Ihm wurde befohlen, Wagen und Fahrer nicht anzurühren, also schoss er eine Reihe von Fotos für den Fall, dass der Audi in Brand geriet, machte es sich dann bequem und wartete.

Die Zeit verging. Hirsch war unruhig und wollte endlich den SUV durchsuchen. Schließlich nahm er ein Paar Tatorthandschuhe heraus, kehrte zu dem gefährlich schräg stehenden Wagen zurück und suchte ungelenk unter den Sitzen herum. Er ging das Handschuhfach durch, schaute unter den Matten nach, kontrollierte Wagenheber und Ersatzrad. Keine Waffe. Kein Handy. Kein persönlicher Besitz, bis auf die Brieftasche.

Hirsch zog sich von dem Wagen zurück und ging die Brieftasche durch. Kreditkarten, fünfhundertsechzig Dollar in bar und drei Führerscheine – mit demselben Gesicht –, lautend auf die Namen David McAuliffe, Shayne Elliott und Christopher Baldwin. Hirsch machte zwei Nahaufnahmen von jedem Führerschein und legte die Brieftasche in den Wagen zurück.

Er wartete weiter und ging im Geiste ein paar mögliche Szenarien durch. Warum war McAuliffe geflohen? Hatte er den Polizei-Toyota kommen sehen und dann aus Übervorsicht geschlossen, dass etwas nicht stimmt, als erst der Fotograf und dann die Dunners wegfuhren? Ziemlich abgezockt, erst den Hügel hinunterzuschleichen, den Reifen zu zerstechen und das Kabel des Funkgeräts zu durchtrennen, bevor er sich davonmachte.

Doch nichts davon erklärte die Tatsache, was er mit einem Kopfschuss auf dieser Nebenstraße tat. Hirschs Reifen zu zerstechen hatte ihm Zeit für die Flucht gegeben – aber auch jemand anderem, um ihm einen Hinterhalt zu legen. Ein Partner, überlegte Hirsch. Er dachte an die Fahrer, die langsamer gefahren waren oder gar angehalten hatten, um zum Wollschuppen hinüberzuschauen. Ein Partner, der das Polizeifahrzeug entdeckt und McAuliffe gesagt hatte, er solle verschwinden. Ein Partner, der entschieden hatte, dass McAuliffe ein Risiko darstellte, und ihn auf einer unbedeutenden Nebenstrecke eliminiert hatte. Das Seitenfenster war heruntergekurbelt, erinnerte sich Hirsch, so als habe er mit jemandem sprechen wollen, vielleicht einem entgegenkommenden Wagen. Er kriegt einen Kopfschuss ab, sein Fuß gleitet von der Bremse, der Audi rollt in den Graben. Der Killer bleibt lang genug, um sich das Handy zu schnappen – wahrscheinlich wäre die Anrufliste belastend gewesen –, und verschwindet dann.

Detectives und KTler trafen ein, unter ihnen Comyn, der Hirsch befahl, seinen Hintern nach Redruth zu schwingen und Kellaher Bericht zu erstatten.

»Einen Augenblick«, sagte Hirsch und ging zu seinem Toyota. Der Killer war ein hohes Risiko eingegangen, denn er wusste, Hirsch würde Verstärkung anfordern, den Reifen wechseln und sich auf die Suche machen. Würde er oder sie dumm genug sein, die Mordwaffe zu behalten und eine Suche zu riskieren?

»Jetzt, Constable«, sagte Comyn.

»Einen Augenblick«, sagte Hirsch.

Er stieg ein und fuhr mit Schrittgeschwindigkeit weiter die Booborowie Road entlang, schaute nach links und rechts, sah Steine, Staub und krüppliges Gestrüpp. Die Sonne fiel in einem flachen Winkel über das Land. *Vielleicht blitzt sie an einem Stück Metall auf …*

Einen Kilometer weiter ein matter Glanz.

Hirsch bremste, stieg aus, ging durch das Gras, kauerte sich hin. Eine Pistole, 9mm Automatik.

Er fotografierte die Fundstelle, erwog sie mit einem Zweig durch den Abzugsring aufheben, markierte stattdessen die Fundstelle mit seiner Kappe, fuhr zurück und meldete Comyn seinen Fund.

Der brummte nur, mehr Dank brauchte Hirsch von ihm nicht erwarten, und folgte ihm in einem Streifenwagen zur Markierung. Hirsch sah zu, wie er die Pistole mit einer behandschuhten Hand aufhob und in eine Papiertüte steckte.

»Sind Sie immer noch hier?«

»Schon weg«, antwortete Hirsch und hob seine Kappe auf. Dann hüpfte und holperte er den Weg zurück zur Barrier Highway, derweil der Tag rings um ihn herum verging.

Das Rathaus von Redruth lag wie ein Ozeandampfer auf dunkler See, überall brannten Lichter, während der Rest der Gemeinde sich bereits zur Nacht zurückgezogen hatte. Die ausgedehnten Suchen hatten die Schwestern Rennie nicht aufgespürt, die Hauptkräfte der Polizei wurden abgezogen, doch noch immer huschten Gestalten an Fenstern vorbei, sammelten sich auf der Vordertreppe oder drängten sich rauchend neben dem Gebäude zusammen.

Hirsch fuhr vorbei und bog in die Nebengasse, die zu einem Parkplatz hinter dem Rathaus führte. Er schaltete den Motor ab, stieg aus und ging in den Einsatzraum. Viel war von der ursprünglichen Ausrüstung nicht mehr vorhanden: ein paar Computer, Telefone, Stühle, Tische und Abtrennungen, wie Inseln in einem riesigen Meer aus Hartholzdielen.

Kellaher und Dock berieten sich an einem Whiteboard neben der Bühne. Als Hirsch auftauchte, unterbrachen sie ihr Gespräch. »Von Anfang an, und fassen Sie sich kurz«, sagte Kellaher. »Ich muss die Kollegen wieder zusammentrommeln.«

Hirsch legte ihnen alles vor: gestohlene Kennzeichen an einem gestohlenen Wagen; die Nähe zu Mischance Creek; McAuliffe, der die Flucht antrat; tot hinterm Steuer; die weggeworfene Pistole.

»Eine Pistole, kein Gewehr?«

»Korrekt.«

»Ist er der Fahrer des Passat?«

»Keine Ahnung, Sir.«

»Haben Sie irgendetwas, das ihn mit den Morden in Verbindung bringt?«

»Nein, Sir.«

»Nach allem, was wir wissen, hätte er auch einen Überfall auf die Bank in Tiverton planen können.«

Seit zwanzig Jahren gab es schon keine Bank mehr in Tiverton, aber Hirsch wusste, was der Inspector meinte. »Tatsache ist, Sir, dass er möglicherweise gewarnt wurde, und möglicherweise ist er von ebender Person erschossen worden, die ihn gewarnt hat.« Er zückte sein Handy und rief das Foto von McAuliffes Führerschein auf. »Das ist er.«

Kellaher sah es sich an. »Seine Fingerabdrücke werden gerade abgecheckt; hoffen wir nur, dass er auch im System ist. Sergeant Dock wird Ihre Aussage aufnehmen.«

Dock führte Hirsch zu einem Kartentisch unter einem Foto an der Wand. Darauf war passenderweise der Wollschuppen von Pandowie Downs zu seinen Glanzzeiten abgelichtet, davor eine für die Kamera aufgereihte Kolonne an Austin-Lastern aus den Fünfzigern, beladen mit prallen Wollballen.

»Da hat alles angefangen«, sagte Hirsch und deutete auf das Foto, als er sich auf einen Klappstuhl setzte.

Dock zuckte nur mit den Schultern. Das Foto war alt, und mit Geschichte hatte er nichts am Hut. Er setzte sich Hirsch gegenüber und sagte: »Na, Sie waren ja fleißig, Mann.«

Hirsch erwiderte nichts darauf. Er fuhr prüfend mit einem Finger über die grüne, kunstlederne Oberfläche des Kartentischs. Auf einem kleinen Messingschild am Rand zu seiner Seite stand: *Eigentum des Bridge Club Redruth & Bezirk.*

Dock zog ein digitales Aufzeichnungsgerät aus der Tasche und stellte es auf den Tisch. »Nichts dagegen?«

»Nur zu.«

Dock zückte ein Notizbuch. Er blätterte darin. Einschüchterungstaktik, dachte Hirsch. Ist ihm schon zur zweiten Natur geworden.

»Also gut, fangen wir an.«

Doch bevor der Sergeant der Mordkommission noch die erste Frage formulieren konnte, rief jemand: »Stört es Sie, wenn ich mich dazusetze?«

Roesch kam auf sie zu. Hirsch rechnete schon mit Docks Verärgerung, doch der sprang auf, zog seinen Bauch ein und ließ für die attraktive Polizeibeamtin aus Sydney in einer mittelmäßigen Demonstration von verschrobenem Charme seine Augenbrauen spielen. Hirsch stand ebenfalls auf, war aber weniger verlegen.

»Störe ich?«, fragte Roesch noch einmal und lächelte entwaffnend. »Ich sollte das auch erfahren.«

»Ich hole Ihnen einen Stuhl«, sagte Dock.

Er nahm den Stuhl von einem Stapel unter einem Fenster, stellte ihn an den Kartentisch und schaute zu, wie Roesch es sich bequem machte. Sie wischte sich eine Strähne hinters Ohr. Kurz vor zwanzig Uhr, dachte Hirsch: Perfekt sitzende Haare, wenige Falten im Kleid. Sie warf ihm einen Blick zu und lächelte.

Hansen gesellte sich zu ihnen mit einem Klappstuhl in der Hand, den er ebenfalls an den Kartentisch stellte. Eine kleine, überbevölkerte Insel.

»Machen Sie weiter, Sergeant Dock.«

Dock räusperte sich. »Erzählen Sie uns, Constable Hirschhausen, warum Sie zu dem fraglichen Ort gefahren sind.«

Hirsch fasste einmal mehr die Ereignisse des Tages zusammen und schloss: »Ob McAuliffe – oder wie immer er heißt – Mrs Rennie und ihren Sohn erschossen hat? Ich habe keine Ahnung. Das müssen andere entscheiden.«

»Er hat sich unter dem Namen McAuliffe eingetragen?«

»Ja.«

»Dann sollten wir ihn auch weiter so nennen. Haben Sie sein Zimmer durchsucht?«

»Nein. Darum kümmert sich die KT.«

Roesch warf ein: »Ich habe die ersten Ergebnisse gesehen. Wechselklamotten in einer Reisetasche, mehr nicht.«

»Kein Gewehr?«

»Kein Gewehr.«

Dock wandte sich an Hirsch. »Haben Sie den Audi durchsucht?«

»Nun, ja …« Hirsch rutschte ein wenig auf dem schwachen kleinen Stuhl herum. »Ich dachte, wenn Benzin ausläuft …«

Dock winkte ab. »Was haben Sie gefunden?«

»Eine Brieftasche mit falschen Führerscheinen. Keine Waffe.«

Roesch beugte sich vor. »Sie haben die Brieftasche zurückgelegt?«

»Ja.«

Enttäuscht schüttelte sie den Kopf. »Haben Sie sich wenigstens die Namen gemerkt?«

Hirsch nickte und zückte erneut sein Handy. Er scrollte durch die Fotos. »Ich wette, Sie kennen ihn, Senior Sergeant.«

Roesch schaute kurz hin und runzelte die Stirn. »Kommt mir bekannt vor. Rob?«

Hansen beugte sich vor und schüttelte den Kopf. »Kenn ich nicht. Hoffen wir mal, dass die Abdrücke im System sind.«

»Nächste Frage, Sergeant?«, forderte Roesch Dock auf.

Dock gehorchte. »Die Pistole, die Sie gefunden haben. Hätte McAuliffe sie weggeworfen haben können?«

Hirsch verneinte. »Ich fand sie jenseits der Stelle, wo er erschossen wurde.«

»Hat der Schütze sie weggeworfen?«

»Würde ich annehmen.«

Roesch reckte den Kopf in Docks Richtung. »Vielleicht könnten Ihre Leute morgen mal eine gründliche Suche vornehmen, für den Fall, dass der Fahrer selbst etwas weggeworfen hat.«

Dock wurde leicht rot. »Machen wir«, sagte er.

Hirsch dachte an all die Kilometer Straße zwischen dem Wollschuppen und dem Audi. Mit etwas Glück würde er nicht mit von der Partie sein.

Dock richtete sein Augenmerk wieder auf Hirsch. »Gab es irgendwelche Hinweise, dass McAuliffe in Gesellschaft war? Einen Komplizen?«

»Nichts in dem Wagen deutet darauf hin. Sein Zimmer habe ich nicht gesehen.«

Roesch mischte sich wieder ein. »Wie ich schon sagte: Nur eine Reisetasche mit Wäsche.«

Dock nickte und nahm das so hin. Er sagte zu Hirsch: »Was ist mit den Kindern? Irgendwelche Hinweise, dass sie in seinem Wagen gewesen sind?«

Hirsch schüttelte den Kopf. »Wenn er sie sich geschnappt und beseitigt hat, dann würde er wohl kaum hier in der Gegend bleiben.«

»Hm«, machte Dock. »Also entweder blieb er hier, um den Job noch zu beenden, oder er war aus einem ganz anderen Grund hier.«

»Ja«, meinte Hirsch.

Roesch blickte in Hirschs Richtung. »Warum erzählen Sie uns nicht mal, was der Kerl Ihrer Meinung nach vorhatte, Constable Hirschhausen? Schließlich sind Sie ja von Anfang an dabei.«

Hirsch war müde. »Ein mögliches Szenario ist, er hat Mrs Rennie und ihren Sohn erschossen – wobei er zu dem Zeitpunkt woanders gewohnt haben muss, denn im Wollschuppen hat er erst nach den Morden eingecheckt – und das Gewehr beseitigt. Als er in den Nachrichten hörte, dass es Überlebende gab, ist er hiergeblieben, um den Job zu Ende zu bringen.«

»Die Überlebenden waren Kinder. Warum geht er das Risiko ein, sie ebenfalls umzubringen?«

Hirsch zuckte mit den Schultern. »Vielleicht war es seine Aufgabe, aus welchen Gründen auch immer, die ganze Familie auszulöschen. Oder er dachte, sie könnten ihn identifizieren.«

»Okay. Gibt es noch andere Möglichkeiten?«

»Ehrlich gesagt, Senior Sergeant, ist das weit außerhalb meiner Gehaltsklasse.«

»Mir zuliebe.« Wieder dieses kleine Lächeln.

Hirsch holte tief Luft, was er sofort bedauerte. Der Raum war stickig nach der Hitze so vieler Tage und abgestanden von den Ausdünstungen so vieler Menschen. »Okay. Jemand anderer war der Killer. Job erledigt, er verduftet. Dann verbreitet sich die Nachricht von den Mädchen, und McAuliffe wird geschickt, um aufzuräumen. Oder es handelt sich um zwei verschiedene Interessenten, die hinter derselben Sache her sind.«

Roesch verzog keine Miene, doch zum ersten Mal spürte er eine Kälte von ihr ausgehen, eine Warnung: Er machte Andeutungen hinsichtlich des Verrats innerhalb des Zeugenschutzprogramms. Korrupte Beamte. Nur Dock reagierte auf seine Ausführungen. »Ein Haufen Probleme dafür, dass Mrs Rennie bereits tot ist. Ist es denn so eine große Sache, falls die Mädchen was gesehen haben? Sie sind traumatisiert. Keine sonderlich brauchbaren Zeuginnen.«

»Oder er war aus einem anderen Grund hier«, sagte Roesch.

Hirsch war eifrig damit beschäftigt, Stimmung und Körpersprache zu entziffern. »Wissen Sie denn, *wer* McAuliffe ist, Senior Sergeant Roesch?«

Hansens Handy meldete sich, bevor sie darauf antworten konnte. Roesch sah hinüber, runzelte kurz die Stirn und sagte dann in kurzen, abgehackten Sätzen, als würden sie nur Zeit verschwenden: »Wir drehen uns im Kreis. Warum ist denn dieser Wollschuppenladen nicht schon vor Tagen kontrolliert worden? Wie weit ist das vom Haus der Rennies entfernt?«

»Entschuldigung«, sagte Hansen, hob eine Hand und starrte ins Handy.

»Was denn?«

»Wir haben eine Identifizierung. Ian Lavau, Adresse in Sydney.«

»Ja, danke, Senior Constable Hansen«, sagte Roesch kurz angebunden.

Hansen kümmerte sich nicht darum und gab weiter den Inhalt seines Handybildschirms zum Besten. »Er war viele Jahre bei der Polizei. Regional – meist in der Riverina. Hat sich nicht mit Ruhm bekleckert, seine Akte ist aber auch nicht mit einer Warnung versehen; zuletzt Kontrollbeamter beim Grenzschutz.«

Hirsch lachte humorlos auf. »Vielleicht gibt es ja einen von Tiverton aus operierenden internationalen Drogenring.«

Aber das hier war Roeschs Show; sie beugte sich vor. »Machen Sie hier nicht auf Klugschwätzer, Constable.«

Aha, bin also wieder abgemeldet, dachte Hirsch. Er fragte sich, wie viel sie ihren Kollegen von der SAP erzählt hatte. Er sagte nichts. Zuschauen, zuhören und dazulernen.

Dock war interessiert. »Können Sie uns noch etwas sagen, Rob?«

Hansen schaute noch immer in sein Handy. »Das wärs in etwa.«

»Nichts, was erklären würde, warum er hier ist? Irgendwelche Verbindungen zu Mrs Rennie?«

»Nichts bislang. Er arbeitete in der Revisionsabteilung. Dort wird kontrolliert, dass die Steuerrechnung nicht den Wert der Importwaren unterschreitet, also … kein erkennbarer Grund, warum er hier mit einer Waffe herumfuchtelt.«

»Wir brauchen alles, was Sie uns über Lavau geben können«, sagte Dock zu Roesch und Hansen. »Hier stapeln sich die Leichen, und zwei Kinder werden vermisst. Er ist der Einzige, der bislang ins Bild passt, für wen hat er also gearbeitet? Oder mit wem? Wer kennt ihn? Et cetera, et cetera.«

Gut gemacht, dachte Hirsch.

Roesch sagte: »Ich fürchte, ich –«

Dock unterbrach sie. »Der Passat, den Sie verfolgt haben – Lavau saß hinterm Steuer, richtig?«

»Das kann ich wirklich nicht sagen.«

Hirsch bedauerte Dock. Er konnte so lange drängen, wie er wollte, aber Roesch würde nichts preisgeben.

In diesem Augenblick meldete sich sein Handy. Eine SMS von Nan Washburn: *Darf ich auf Ihr großzügiges Angebot zurückkommen? Fahren Sie Craig morgen zurück in sein Camp?*

Hirsch war platt vor Müdigkeit, dabei war der Tag noch nicht zu Ende. Erst musste er noch seinen Reifen bei Redruth Motors abliefern, die Dunners beruhigen, Whiteman, den Landschaftsfotografen auch, und dann nach Hause fahren …

»Wenn es niemand etwas ausmacht, dann verschwinde ich jetzt. Ich bin den ganzen Tag unterwegs gewesen, und morgen wird es nicht besser sein.«

Silvester: Betrunkene auf der Straße, Wut und Zorn in Küchen und Schlafzimmern.

Roesch schaute ihn an. Hirsch konnte spüren, wie der Blick in seinem Kopf und seiner Seele herumbohrte. »Sie können gehen«, sagte sie. Gebieterisch – so als würde sie die Untersuchung des Falls leiten und nicht einfach nur Besucherin sein.

# 27

Silvester. Der Tag begann kühl und wolkig. Alteingesessene hatten Hirsch erzählt, sie könnten sich an Zeiten erinnern, da seien es zwischen Weihnachten und Neujahr unter zwanzig Grad gewesen, Gewitterwolken hätten sich aufgetürmt und es hätte geschüttet: »Wir mussten sogar einheizen!« Es war also nicht gänzlich ungewohnt, dass es zu dieser Jahreszeit auch mal kühl wurde. Wie jeden Morgen ging Hirsch durch die Straßen, der Ort schlummerte noch, bis auf Martin Gwynne, der auf der anderen Seite seiner adretten Hecke stand und seine Rosen mit einer Gießkanne aus dem Kunsthandwerksladen goss – einem kreideblauen Ding mit gelben Blumen, das Hirsch am liebsten zum Mond geschossen hätte.

»Martin, ich –«

»Paul!«, rief Gwynne, so als sei es vollkommen abwegig, dass Hirsch um diese Uhrzeit durch den Ort ging.

»Hören Sie, Martin, ich –«

»Schätze, Sie werden den ganzen Tag im Dienst sein, von heute Nacht ganz zu schweigen, bei all den betrunkenen Idioten auf den Straßen, aber Mutter und ich haben uns gefragt, ob Sie heute Abend zum Essen kommen wollen? Früh, so um sechs?«

»Das –«

»Es wird natürlich keinen Wein geben, wir wollen ja nicht, dass Sie Schwierigkeiten bekommen.«

Über diesen letzten Satz dachte Hirsch kurz nach. Erstaunlich, wie der Verstand dieses Kerls funktionierte. Inwendig sagte sich ein Teil von Martin Gwynne schadenfroh: »Ich hoffe doch, dass Sie etwas trinken, damit ich das melden kann«, und ein anderer meinte, »Ich wette, Sie kommen nicht darauf, dass ich Sie bereits gemeldet *habe*«. Alle weiteren Teile von Martin Gwynne waren reiner Schund.

Hirsch trat durch das verschnörkelte schmiedeeiserne Tor in Gwynnes persönliche Distanzzone. »Ich habe gestern von der Internen Ermittlung ziemlich den Marsch geblasen bekommen. Wissen Sie etwas darüber, Martin?«

»Wie bitte?« Die Gießkanne plumpste wie ein Stein zu Boden und spritzte Wasser auf ihre Schuhe.

»Sie haben mich gemeldet. Nicht einmal, sondern gleich mehrere Male. Warum haben Sie das getan, Martin?«

Gwynne trat zurück und blickte wild um sich. »Paul. Wovon reden Sie, um alles in Welt?«

»Warum, Martin? Welches Problem haben Sie mit mir?«

»Ich habe keine Ahnung, wovon Sie reden«, sagte Gwynne in dem lahmen Aufbrausen eines Mannes, der beim Lügen erwischt wurde.

»Keine weiteren Einmischungen mehr, Martin, lassen Sie mich meinen Job erledigen. Und legen Sie sich um Himmels willen ein Hobby zu.«

Gwynne drückte den Rücken durch und plusterte sich auf. »Tut mir leid, dass Sie so darüber denken, Paul, Constable Hirschhausen. Und wenn es Ihnen nichts ausmacht, möchte ich jetzt gern fertig gießen.«

Im Vorderfenster war hinter einer Spitzengardine eine undeutliche Gestalt zu erkennen. Arme Joyce; man stelle sich vor, mit diesem Mann verheiratet zu sein.

Hirsch wandte sich ab und stapfte die Straße entlang zurück zum Revier; er fühlte sich besser – aber nicht viel besser.

Auf halber Strecke tauchte einer Erinnerung vor seinem geistigen Auge auf. Es war an dem Tag, als er Anna Rennie vom Rücksitz des Hyundai ihrer Mutter befreit hatte. Martin hatte mit dem Handy herumgefuchtelt. Es war Martin gewesen, der das Gerangel gefilmt und auf YouTube gestellt hatte, Martin, der die Killer in den Bezirk gelockt hatte.

Ob das nun stimmte oder nicht, damit konnte sich Hirsch erst später beschäftigen. Er duschte, zog sich an, nahm ein zweites Frühstück zu sich, meldete sich telefonisch bei Sergeant Brandl zum Dienst, schloss das Revier ab und befestigte seine Handynummer an der Tür. Er betrachtete mürrisch seine geflickte Zufahrt, setzte mit dem Toyota rückwärts auf die Landstraße und fuhr langsam zum Pub.

Kev, der Gastwirt, ein dürrer, unwirscher Mann mit umfangreichen, unrealisierten Geschäftsträumen, spritzte die Veranda ab. Er würde nicht mit Schwierigkeiten rechnen, meinte er zu Hirsch, so lange er zurückdenken könne, hätte es in der Bar noch nie eine Neujahrsprügelei gegeben – doch nur für alle Fälle würde er wie jedes Jahr die Brüder Bagshaw als Barkeeper und Rausschmeißer anheuern.

Hirsch besah sich die Metallstreben, die das Dach abstützten, welches Brenda Flann beschädigt hatte, und meinte: »Schönen Tag noch.«

Zwei Minuten später stand er in Nan Washburns Zufahrt. Wieder schwebte Craigs Stimme körperlos von hinter den Farnen in hängenden Töpfen von der Veranda herüber. »Gepackt und abfahrbereit.«

Hirsch ging die Stufen hinauf. Wie lang hatte Craig schon gewartet? Zu seinen Füßen standen ein alter Seesack und von Dosen, Flaschen und Paketen ausgebeulte Einkaufstüten. »Nan schläft noch?«

»Wie tot.«

Was Hirsch nicht hoffte. »Na, dann los. Ich muss unterwegs noch ein paar Hausbesuche machen, wenn das in Ordnung ist.«

»Ich hab nichts dagegen«, sagte Washburn, zog seinen Bindegarngürtel hoch und rückte seine mit Klebeband geflickte Brille zurecht.

Sie ließen den Ort hinter sich; Hirsch fiel auf, wie sehr sich das Licht verändert hatte. Er hatte sich an die seit Wochen wolkenlosen Tage gewöhnt, an die riesige blaue Kuppel über sich und die scharf umrissenen Gegenstände ringsumher. Heute durchquerte er eine scheckige Landschaft, und die Sonne fiel nur ab und zu durch die Wolkenlücken. Sonne, Schatten. Licht ergoss sich und verschwand.

Der Passagier blieb stumm, so als dachte er über eine Rückkehr in die Einsamkeit nach. Was tat oder dachte Craig den ganzen Tag? Hirsch störte Stille in Gesellschaft überhaupt nicht, doch diese hier wirkte belastet. Hatte Craig sich mit Nan gestritten? Überdachte er sein selbst gewähltes Exil? Hirsch hätte gern diese Stimmung vertrieben und wollte schon die CD einlegen, die Katie für ihn gebrannt hatte. Aber wenn Craig allergisch auf das 21. Jahrhundert war, dann könnte eine Salve Leonard Cohen ihm vielleicht den Rest geben.

Hirschs erster Halt war die Frau mit der Tochter im Entzug. Er klopfte – keine Antwort –, das Auto war weg. Er überprüfte Fenster und Türen: Das Haus fühlte sich unbewohnt an, nicht von irgendeinem Gewaltausbruch der Junkie-Tochter verwüstet, also beließ er es dabei. Ein sechster Sinn, den alle Polizisten entwickelten: Sie wussten, wann eine Situation hinter verschlossenen Türen in Ordnung war und wann nicht.

Hirsch stieg wieder ein. »Eine nette Frau«, sagte Craig. »Schade, das mit der Tochter.«

Hirsch sagte nichts, war aber verwundert, dass Craig über die Gegend auf dem Laufenden war.

Dann fuhr er über eine gewundene Nebenstraße zu einem kleinen, ziegelverblendeten Haus aus den Siebzigern auf einer mühsam kämpfenden Johannisbrotbaumplantage, Heim einer siebzigjährigen Witwe und ihres Sohnes Trevor, der das Downsyndrom hatte. »Mrs Watts serviert jedes Mal eine Tasse Tee; es könnte eine Weile dauern.«

Washburn winkte ab. »Ich bleibe hier, keine Sorge.«

Die Witwe reagierte auf Hirschs Klopfen und entdeckte Craig im Toyota. »So ein Trottel«, murmelte sie, wies mit einer zerbrechlichen Hand, auf der die Adern wie pulsierende Stränge über zarten Knochen standen, zu Washburn hinüber. Dann lächelte sie, trat beiseite und ließ Hirsch ins Haus.

Eine halbe Stunde später, nachdem er mit restlichem Weihnachtsgebäck und Rumkugeln gemästet worden war, steckte Hirsch seine Karte hinter einen Eiffelturm-Magneten an Mrs Watts' dickem alten Kühlschrank und verabschiedete sich. Wie immer schwebte unausgesprochen eine Frage zwischen ihnen im Raum: Was geschieht mit Trevor, wenn ich sterbe?

Hirsch war nach einem Tapetenwechsel zumute, und er fuhr weiter, statt zur Mischance Creek Road zurückzufahren. Craig Washburn blieb zurückhaltend. Pudriger Staub und Auswaschungen markierten ihren Weg; die Minuten verrannen. So viel zum Tapetenwechsel: Dieser Weg war wie all die anderen, und Hirsch erkannte, dass er irgendwo da draußen im Osten hätte sein können. Doch dann belohnte ihn der Umweg: ein Kilometer neuer hölzerner Zaunpfosten und festgespannter Draht, daneben ein glänzendes, verzinktes Tor mit einem Schild: *Große Mauer Weideland*. »Die verfluchten Chinesen«, murmelte Craig, »kaufen die Familienfarmen, wo sie nur können.«

Das alte Lied. Hirsch fuhr weiter, bis er wieder zur Mischance Creek Road kam. Ein paar Kilometer vor Washburns Wohnwagen sah er unten am Creek eine Windschutzscheibe aufblitzen. Ein Farmer? Auf der anderen Straßenseite lag ein alter Heuschuppen, aber Hirsch entdeckte zwischen dem Zaun und dem Creek keine Schafe.

Dann kamen sie an die Weggabelung Hamel Road. »Fast geschafft«, sagte Hirsch.

Washburn erwiderte nichts darauf. Er sah nur in Richtung Tatort und bekreuzigte sich. Hirsch war verblüfft. Washburn mochte ja ein wenig schrullig sein, aber er war Wissenschaftler – ein Mann der Rationalität. Niemand, der auf irgendwelchen Aberglauben verfällt, um böse Geister fernzuhalten.

Als Hirsch zu dem Wagenrad kam, das den Pfad zum Camp markierte, hatte sich die Wolkendecke fast vollständig aufgelöst. Washburn seufzte und lächelte. »Alles unverändert.«

Hatte er befürchtet, jemand könne seinen Wohnwagen

abgeschleppt haben? Hirsch hielt im scheckigen Schatten des Eukalyptus. Sie stiegen aus, streckten sich, nahmen Seesack und Einkauf vom Rücksitz und trugen alles über die rote Erde zum Wohnwagen.

In jeder Hand eine Tüte, blieb Hirsch an der Tür plötzlich stehen. Irgendetwas … er sah sich in nächster Nähe um und versuchte, den Grund für seine Unruhe zu finden. Der Tag war wie alle anderen: heiß, still, friedlich. Dann flimmerte ein Wassertropfen, der am unteren Ende des Duscheimers hing, in der Sonne. Er glitzerte einen Augenblick lang wie ein Diamant und fiel dann zu Boden.

Hirsch stellte die Einkaufstüten ab und sagte: »Craig.«

Washburn hatte den Wohnwagen aufgeschlossen. »Was?«

»Kommen Sie mal.«

Irritiert und ein wenig beunruhigt stand Hirsch unter dem Eimer, sah nach oben, dann nach unten. Er hörte, wie der Seesack zu Boden plumpste, hörte Craigs Schritte. Dann starrten sie beide auf die feuchte Erde; der Fußabdruck eines Kindes.

»Haben Sie mir etwas zu sagen, Craig?«

Washburns Blick ging ins Leere, aber sein Gesichtsausdruck war lebhaft, und ein Bild, ein Gefühl jagte das nächste.

»Craig?«

Washburn blinzelte, machte kehrt und eilte zum Wohnwagen. Hirsch folgte ihm auf den Fersen und holte ihn neben der Spüle ein, wo Craig Schränke und Schubläden öffnete.

Leer. Hirsch sagte: »Sie vermissen Nahrungsmittel und Wasser, richtig?«

»Ja«, flüsterte Craig.

Hirsch sah sich im Inneren um und deutete nach hinten: »Und eine Matratze.« Vom Gästebett. Dünner Schaumstoff, leicht zu transportieren.

»Ja.«

Hirsch packte Washburns knochigen Ellbogen und drückte fest, um in dem Mann ein wenig Verstand zu wecken. »Setzen Sie sich an den Tisch.«

Washburn, der leicht verwirrt wirkte, ließ sich zu einer der Sitzbänke führen, Hirsch setzte sich auf die andere. Der Tisch war staubig und unberührt. Alte Kratzer, Flecken und Brandstellen.

»Haben Sie die Rennie-Mädchen hier versteckt?«

Washburn mühte sich um Klarsicht. »Nein.«

»Und Sie sind nicht irgendwann in der Zwischenzeit hier gewesen?«

»Ich war bei Nan, seit Sie mich dort hingebracht haben.«

»War Nan hier draußen?«

»Nein. Sie weiß von nichts.«

»Aber Sie. Sie sind den Mädchen begegnet?«

Eine lange Pause. Ein Nicken.

»Als Sie den Fußabdruck und die leeren Schränke gesehen haben, da haben Sie sofort gedacht, dass es die Mädchen waren und kein Fremder. Richtig?«

Neue Gedanken huschten über Washburns Gesicht. Berechnungen. Abwägungen. »Ich weiß nicht, was ich gedacht habe.«

»Craig …«, sagte Hirsch barsch.

»Schon gut, schon gut, ich hab die Mädchen getroffen, als ich draußen im Bachbett war.«

»Wann?«

Washburn zuckte mit den Schultern. »Letztes Jahr irgendwann. Im Winter. Es war Wasser im Bach.«

»Ein ziemlich weiter Weg von ihrem Zuhause bis hierhin.«

»Nicht hier, näher bei den Ruinen. Ich ging in die eine Richtung, die Mädchen in die andere.«

»Sie sind nicht weggelaufen oder haben versucht, sich zu verstecken?«

»Nein.«

Hirsch sah einen neuen Ausdruck auf Washburns stoppeligem Gesicht: Er hatte sich mit der Familie angefreundet und kannte womöglich ihre Geheimnisse. »Sie haben auch Mrs Rennie kennengelernt? Sie hat Ihnen verraten, warum sie hier draußen leben?«

Washburn dachte darüber nach. »Nach einer Weile. Viel später, als wir uns schon näher kannten. Ich weiß nicht, ob ich darüber – «

»Sie ist erschossen worden, Craig. Ihr Sohn ebenfalls. Ihre Freunde wurden ermordet, gut möglich, dass die Töchter als Nächstes an der Reihe sind. Warum zum Teufel haben Sie mir nicht gesagt, dass Sie die Familie kennengelernt haben?«

»Warum sollte ich?«, entgegnete Washburn hitzig. »Ich habe mit der ganzen Angelegenheit nichts zu tun. Ich war noch nicht mal hier, als Denise erschossen wurde, und in den Nachrichten haben sie gesagt, dass die Mädchen wahrscheinlich am Straßenrand aufgegabelt worden sind. Ist mir doch nicht aufgegangen, dass sie hierherkommen würden.«

»Aber die Möglichkeit bestand doch durchaus, oder?«

»Ich wollte sie beschützen.«

»Indem sie den Mund hielten.«

»Ja.«

»Nun, sie schlafen offensichtlich nicht hier, aber es hat den Anschein, als schleichen sie sich her und stibitzen Ihre Nahrungsmittel und duschen ab und zu, sehr weit können sie also nicht sein. Es gibt einen zweiten Schlüssel, von dem die beiden wissen?«

»Ja.«

»Wo sind sie, Craig?«

»Keine Ahnung.«

»Sie können sie nicht dadurch schützen, dass Sie den Mund halten. Haben Sie in den Nachrichten von dem Mann gehört, der gestern erschossen wurde?«

»Weiß nicht.« Washburns Blick blieb unstet. »Vielleicht.«

»Ich nehme das als Ja. Gut möglich, dass er nach den Mädchen gesucht hat. Ein Komplize hat ihn erschossen, bevor er verhaftet werden konnte. Was hat das zu bedeuten, was meinen Sie, Craig?«

Washburn schmollte. Er wollte in Ruhe gelassen werden.

»Craig?«

Washburn setzte ich aufrecht hin. »Okay, okay. Das bedeutet, dass die Mädchen immer noch in Gefahr sind.«

»Ganz genau.«

Jetzt legte Washburn den Kopf schräg und schaute Hirsch neugierig an. »War er von der Polizei?«

Hirsch rührte sich nicht. »Was genau hat Mrs Rennie Ihnen gesagt?«

Washburn wendete den Blick ab. »Dies und das.«

»Es reicht mir. Wo sind die Mädchen?«

Washburn quälte sich, und die Falten und Stoppeln in seinem Gesicht zuckten. »Ich glaube, sie verstecken sich in der Höhle.«

Ein alter Minenarbeiter-Unterschlupf in der Uferböschung, erklärte Washburn: womöglich hundertfünfzig Jahre alt.

Sie machten sich auf den Weg vorbei am Grabstein und an zwei, drei Abschnitten, an denen das linke Ufer sie weit überragte; Hirsch schaute immer wieder nach oben in der Hoffnung, den Eingang zur Erdhöhle zu entdecken. »Ist es noch weit?«

»Nein.«

»Sie haben sie den Kindern eines Tages mal gezeigt, oder?«

»Ja.«

Sie gingen einen weiteren flachen Abschnitt entlang, der zu einem weiteren tiefen Einschnitt führte, und schließlich blieb Washburn stehen. Er zeigte auf eine Stelle. Die Andeutung einer von Gras umgebenen Öffnung auf halber Höhe des Ufers. Wenn man es nicht wusste, würde man es nicht erkennen. Felsen und Steine ragten aus dem Ufer. Nützliche Hand- und Fußstützen, fand Hirsch. Er schaute hinauf und bemerkte eine Bewegung. Keine Täuschung des wolkigen Lichts, sondern das kurze Aufblitzen eines Gesichts – Stirn, blonde Haare und Augenbrauen.

Washburn legte seine Hände um den Mund. »Louise! Alles okay!«

Stille.

»Das ist ein Polizist, von der guten Sorte.«

Sie warteten eine ganze Weile, dann schaute das Gesicht nach unten, jung, voller Zweifel. »Hat Sie jemand gesehen?«

»Es ist sonst niemand hier. Wir kommen rauf.«

»Aber schnell.«

»So schnell wir können, Liebes«, sagte Washburn.

## 28

Hirsch fand sich in einem Raum wieder, der halb natürliche Höhle, halb mit der Keilhacke herausgebrochen war. Zwei Meter hoch, zumindest teilweise, und etwa zehn Meter tief. Auf einem aus Zweigen improvisierten Wäscheständer in einer Ecke trockneten zwei kleine Unterhosen, in der anderen standen eine Kühlbox mit Essen und Wasserflaschen. Die Matratze aus dem Wohnwagen lag neben einer Wand, daneben steckte eine Kerze in einer Wachspfütze. Auf einer zusammengelegten Decke lag mit dem Gesicht nach unten ein bebildertes Buch zur Bestimmung der australischen Vögel. Craigs Buch, nahm Hirsch an. Die beiden hätten vor der Flucht sicher nicht ihre Lieblingsbücher herausgesucht. Ein kühler, dunkler, merkwürdig angenehmer Raum – mal abgesehen von dem Geruch aus der hintersten Ecke, die die Mädchen als Toilette benutzt hatten; hinterher hatten sie Erde darübergeworfen.

Die Mädchen. Hohläugig und blass. Hüttenkoller, nahm Hirsch an. Trauer. Ungewissheit. Und Angst vor allem, was draußen vor der Höhle vor sich ging. Sie saßen im Schneidersitz auf der Matratze, machten Platz für Washburn und kuschelten sich an ihn. Der strahlte Hirsch an und sagte: »Das ist Anna, und das ist Louise.«

Hirsch nickte zur Begrüßung, sah sich nach einer Sitzgelegenheit um und blieb stehen. An der Wand gegenüber von Washburn und den Mädchen prangte eine ockerfarbene Hand. Daneben verfolgten drei Strichmännchen mit Speeren ein Strichkänguru. Hirsch starrte die Abbildungen an und spürte, wie widersprüchliche Gefühle in ihm aufstiegen. Er kam sich wie ein Eindringling vor, ein Plünderer. Er ertappte sich dabei, wie er auf seine klobigen Schuhe hinabsah. Er suchte sich schließlich eine Stelle am Boden und lehnte sich mit dem Rücken ungemütlich an den unteren Teil der Wand, dann bemerkte er, dass Washburn ihn mit einem Gesichtsausdruck ansah, den er nicht recht deuten konnte.

»Mal abgesehen von den Mädchen«, sagte Washburn, »bin ich der Einzige, der diesen Ort kennt.«

Hirsch nickte. »Wirklich erstaunlich.«

»Finde ich auch«, sagte Washburn. Er schaute auf die beiden Köpfe hinunter. »Sehr clever von euch beiden, hierherzukommen.«

Als Hirsch das kleine Mädchen, das am Daumen lutschte, ansah, vergrub es sich noch tiefer in Washburns Brust. Louise, die ältere, glühte vor Feindseligkeit und wartete nur darauf, dass Hirsch sein wahres Gesicht zeigte. Er schätzte sie auf dreizehn, vierzehn, und sie wies bereits hier und da die zeitweilige Pummeligkeit der einsetzenden Pubertät auf. Hirsch konnte sich bildhaft vorstellen, wie sie Anna den ganzen Weg bis zum Staub neben der Straße am Mischance Creek über den steinigen Grund trug. Katie Street fiel ihm ein. Louise ähnelte Katie sonst in keiner Hinsicht, aber sie war ähnlich verschlossen und ging erst alle Möglichkeiten im Kopf durch, bevor sie handelte. Im Augenblick wartete sie ab, beobachtete und hielt den Mund.

»Craig, sind Sie sicher, dass niemand sonst von dieser Höhle weiß?«

Washburn schüttelte den Kopf. »Ich habe hier draußen nie eine Menschenseele gesehen, nicht ein einziges Mal, und vom Bach aus ist der Eingang schwer zu erkennen. Die Mädchen sind in Sicherheit.«

»Sie können nicht für immer hierbleiben.«

Ein Vogel kam in den Höhleneingang geflogen, erschrak sich und flatterte wild davon. Anna schreckte auf, nahm kurz den Daumen aus dem Mund und steckte ihn wieder hinein. Sie trug ein kurzes Pyjama, das dringend mal gewaschen werden musste. Staub und Kratzer an Beinen und Füßen.

Hirsch fragte: »Louise, bevor wir uns überlegen, wie es weitergeht, darf ich dir ein paar Fragen stellen?«

Sie schaute ihn immer noch böse an. Louise trug blassblaue Shorts, ein weißes Boy-Band-T-Shirt, Socken und Turnschuhe. Ihre Beine waren bös verschrammt. Aber Hirsch bemerkte, dass sie ihr Kinn ein wenig in die Höhe reckte. Er sagte: »Anna hat ja geschlafen, als das alles passierte, aber du warst noch auf?«

Diesmal der Hauch eines Nickens.

»Als es wieder ruhig war, da bist du ins Haus gerannt, hast sie geschnappt und über die Weide getragen? Das hat viel Kraft und Mut gekostet.«

Wieder eine winzige Bewegung des Kinns. Sie freute sich über die Anerkennung, wollte sich aber auch nicht so leicht übertölpeln lassen.

»Also, ich glaube, Folgendes ist passiert«, sagte Hirsch, »es war Heiligabend, und du warst mit deiner Ma in der Garage und hast«, er schaute zu Anna hinüber, »ein Geschenk für unter den Weihnachtsbaum eingepackt, als jemand kam. Deine Mutter hat nachgeschaut, wer der Besucher war, und …«

Er sagte nichts weiter. Louise Rennie beendete den Satz für ihn: »Ma schrie, und dann gab es Schüsse, also hab ich mich unter dem Auto versteckt.«

Craig Washburn drückte sie enger an sich.

»Ein paar Spürhunde haben eure Spur über die Weiden bis an die Straße nachverfolgen können, wo euch wohl jemand mitgenommen hat«, sagte Hirsch und schaute Washburn an. »Woher habt ihr gewusst, dass ihr dort warten sollt? Woher habt ihr gewusst, dass ihr dort in Sicherheit seid?«

»Haben wir nicht. Wir mussten einfach nur weg. Und dann kam ein Laster vorbei.«

»Ein Laster.«

»Ein Heulaster.«

Hirsch hatte sie schon seit Oktober gesehen: Für die dürregeplagten Farmer wurde Heu aus Victoria und New South Wales herangefahren. »Und der Fahrer hat euch mitgenommen?«

»Ja.«

»Hattet ihr ihn schon mal gesehen?«

»Er war nicht der Mann, der in unser Haus gekommen ist«, antwortete Louise Rennie, die die Augen zusammenkniff und seine Gedanken vorausahnte.

»Wohin hat er euch gefahren?«

»Zu Craigs Wohnwagen.«

Hirsch dachte darüber nach. Ein Überlandtrucker mit engen Terminen, der bis Weihnachten wieder zu Hause sein will, wundert sich über ein paar Kinder am Straßenrand, die ihn darum bitten, sie zu einem Campingwagen irgendwo im Nirgendwo zu fahren. Aber Craigs Lager machte einen ordentlichen Eindruck, und die Solarpaneele und der alte Wagen bewiesen zumindest, dass der Ort bewohnt war. Der Mann war zweifellos ein wenig sorglos gewesen – andererseits hatte er den Mädchen nichts getan. Und so kurz vor Weihnachten hatte er entweder die Nachrichten nicht gehört oder die Mädchen nicht mit den Schüssen in Verbindung gebracht.

»Ihr habt ihn gebeten, euch hierherzufahren?«

»Ja.« Louise Rennie sah Hirsch unverwandt, fest und argwöhnisch an. »Wir kennen Craig schon seit ewig.«

»Woher?«, fragte Hirsch und rechnete schon damit, dass Craig dazwischengehen würde.

»Wir haben den Bach erkundet und sind ihm dabei über den Weg gelaufen.«

»Und seitdem seid ihr alle Freunde?«

Sie nickte.

»Ich habe euch die Höhle gezeigt, stimmts nicht, Mädels?«, sagte Washburn.

Louise berührte ihn am Handgelenk.

»Okay«, sagte Hirsch. »Gehen wir noch mal zu den Ereignissen im Haus zurück, ist das in Ordnung, Louise? Du musst dich nicht um alle Einzelheiten kümmern, du musst dich nicht über …« Er räusperte sich. »Aber wir müssen den Mann fassen, der deiner Ma und deinem Bruder … wehgetan hat.«

Mit rauer, hohler Stimme sagte sie: »Okay.« Der Argwohn war noch da, doch die Feindseligkeit hatte sich gelegt.

»Ihr wart gerade dabei, Geschenke einzupacken, und habt ein Auto gehört?«

»Ja.«

»Hast du gesehen, was für ein Auto es war? Ein normales Auto, ein Pick-up oder ein Allrad? Ein Motorrad?«

»Ein Pick-up.«

»Also vorn eine Kabine für Fahrer und Beifahrer und hinten eine Ladefläche, auf der man Sachen transportieren kann?«

Louise runzelte die Stirn. »Ich weiß, was ein Pick-up ist.«

Hirsch rutschte ein paar Zentimeter zur Seite und suchte eine glattere Stelle für seine Wirbelsäule. »Deine Ma ist hinausgegangen und wollte nachschauen, wer da kam?«

»Wir sind immer super vorsichtig mit Besuchern. Ma sagte: ›Bleib hier‹, und als sie die Tür öffnete, um hinauszugehen, hat sich der Mann ganz fürchterlich erschrocken, in den Wagen gegriffen und ein Gewehr herausgenommen.«

Hirsch sah das Ganze vor seinem inneren Auge und zuckte zusammen. »Die Tür war zu, als ich dort hinkam.«

»Ich hab sie zugemacht.«

»Warum?«

Sie wirkte überrascht. Sie hat sie aus reiner Gewohnheit zugemacht, dachte Hirsch – aber erst, als der Mörder schon verschwunden war. »Macht nichts. Hast du gesehen, was passiert ist?«

»Ma ist zur Hintertür gerannt und der Mann hinter ihr her.«

Die Worte purzelten ihr aus dem Mund; dann begann sie zu weinen, und sie drückte sich wie ihre kleine Schwester fest an Craig Washburn. Hirsch wartete und kam sich wie ein grober Klotz vor.

»Das hast du richtig gemacht, in der Garage zu bleiben, Louise«, sagte Washburn.

Sie schaute ihn an. »Aber ich hätte doch …« Sie wusste nicht, was sie hätte tun können. Dann brach sie wieder in Tränen aus.

»Und nach einer Weile hast du gehört, wie der Mann weggefahren ist?«, fragte Hirsch sanft.

»Ja.«

»War er lange im Haus?«

»Ich weiß nicht. Zehn Minuten? Er ist auch in die Garage gekommen.«

»Hat er nach dir gesucht?«

»Ich hab mich unter dem Auto versteckt.«

»Gott sei Dank«, sagte Hirsch unpassend.

»Er hat Sachen mitgenommen.«

»Sachen?«

Sie nickte zitternd. »Gestohlen. Nicks Werkzeugkiste und … andere Sachen.«

Sie achtet darauf, nicht das Dreirad zu erwähnen, dachte Hirsch. »Und danach ist er verschwunden?«

Wieder nickte sie. »Ich bin ins Haus gegangen und habe Ma auf dem Boden gesehen …«

Sie sah ihn schmerzhaft flehend an: Sie wollte Hirsch bedeuten, dass sie nicht nach ihrem Bruder gesehen hatte.

Hirsch rutschte ungemütlich herum, konnte seine Bedrücktheit nicht verbergen, was Louise bemerkte. Sie schaute, ob ihre Schwester zuschaute, dann formte sie stumm die Worte: *»Ist er tot?«*

Hirsch nickte kurz. Louise schloss fest die Augen.

Zur Ablenkung fragte er: »Hast du das Gesicht des Mannes deutlich gesehen?«

»Schon.«

»Glaubst du, du würdest ihn wiedererkennen?«

»Ja.«

Man sollte sie mit einem Bildtechniker zusammenbringen. Sie sollte sich die Muster anschauen, Mund, Nase, Kinn, Haare und Profil, vielleicht könnte man dann ein Bild zusammensetzen. »Da war nur ein Mann?«

»Zwei.«

»Zwei? Wo war der andere?«

»Der ist nicht ausgestiegen. Ich konnte ihn im Pick-up sitzen sehen.«

»Der Mann, der ausstieg. War er jung? Alt? Dick? Dünn?«

»Müssen wir das jetzt alles durchgehen?«, fragte Craig Washburn.

Hirsch kam sich gemaßregelt vor. »Sorry, Louise. Zu viel, zu schnell. Lass uns – «

»Schon okay.«

»Kleine«, sagte Washburn und schaute zu ihr hinunter, während sie zu ihm hinaufschaute.

»Schon okay«, versicherte sie ihm.

Anna sagte nichts, hörte aber neugierig zu. Hirsch musste vorsichtig sein. Wenn Anna durch die Schüsse aufgewacht war, dann hatte sie den Schützen vielleicht auch gesehen, der doch sicher im Schlafzimmer nachgesehen und in einem Anfall von Menschlichkeit ihr Leben verschont hatte. Aber würde sie ihn auch beschreiben können?

Er wandte sich wieder an Louise. »Kannst du mir vielleicht eine allgemeine Beschreibung geben?«

»Er war nicht alt oder dick oder so. Ganz normal.«

»Kurze oder lange Haare? Bart?«

»Kein Bart. So kurze Haare.«

»Was hat er angehabt?«

»Jeans und ein Hemd.«

»Und was ist mit dem anderen Mann? Würdest du ihn wiedererkennen?«

»Nein.«

»Wie lange waren die beiden bei dir zu Hause?«

Sie zuckte mit den Schultern. »Nicht lange.«

»Kannst du die Waffe beschreiben?«

»Sie war lang.«

»Ein Gewehr?«

»Ja.«

Hirsch zückte sein Handy und zeigte Louise das Foto von David McAuliffes Führerschein. »Ist das der Mann?«

Sie schaute es sich an. »Nein. Wer ist das?«

Wie viel konnte er ihr erzählen? »Er heißt Ian Lavau. Er hat nicht weit von hier ein Gästezimmer gehabt.«

Sie schaute zum Höhleneingang hinüber, so als könne Lavau dort auftauchen. »Er ist tot, jemand hat ihn erschossen«, sagte Hirsch.

Louise sackte in sich zusammen. »Was ist denn eigentlich los? Sie sind überall. Wie haben sie uns ein zweites Mal gefunden?«

»Wir müssen euch beide an einen sichereren Ort bringen«, sagte Hirsch.

»Nein!«

Sie schnappte nach Luft und stand kurz vor einer Panik. In der Hoffnung, dass es sie beruhigen würde, ging Hirsch gebückt zum Höhleneingang und sah sich in beiden Richtungen um. Niemand zu sehen. Er kehrte zur Matratze zurück. »Da draußen ist niemand. Es ist sicher. Mein Auto steht bei Craigs Lager, in ein paar Minuten sind wir dort.«

»Nein! Wir müssen uns verstecken.«

Dann beruhigte sich Louise wieder, wie Hirsch bemerkte. Sie schüttelte sich, schluckte und sagte bestimmt: »Nein.«

»Also gut. Kommen wir noch mal auf neulich zurück: Ist das okay für dich?«

Ein knappes Nicken.

»Nachdem die Männer weg waren, bist du noch lange in der Garage geblieben?«

Sie schüttelte den Kopf. »Ich konnte Anna schreien hören.«

Hirsch spürte, wie ihm die Tränen in die Augen stiegen. »Du bist hineingerannt, hast Anna geschnappt und bist über die Weiden davongelaufen, wo euch dann ein Laster mitgenommen hat.«

Washburn ging dazwischen. »Das hast du richtig gemacht, dass ihr zum Wohnwagen gefahren seid.«

Louise Rennie drückte sich an ihn. »Du bist mein sicherer Ort.«

Hirsch blinzelte. Washburn bekam ebenfalls rote Augen.

»Und seitdem seid ihr hier?«

»Wenn wir was brauchen und duschen wollen, dann schleichen wir uns zu Craig.«

»Kluge Mädchen«, sagte Washburn. »Die Höhle ist perfekt: sicher, geschützt, und keiner weiß davon.«

»Sie können nicht für immer hierbleiben, Craig.«

»Uns wird etwas einfallen.«

»Sie verstehen nicht. Die Suche ist weitgehend eingeschränkt worden, aber die Leute suchen noch immer. Die Mädchen müssen medizinisch versorgt werden, und dann können wir sie zu Verwandten oder einer Familienfreundin geben, jemanden, den sie kennen und dem sie vertrauen. Und ich fürchte, sie werden noch ein paar mehr Fragen von Leuten aushalten müssen, die hochrangiger und erfahrener sind als ich.«

Er wandte sich an Louise. »Wir müssen euch an einen gemütlichen Ort bringen, mit einem Badezimmer, richtigen Betten und Leuten, die auf euch achtgeben.«

»Hier ist es sicher! Da draußen nicht!«

Hirsch drehte sich zu Washburn um Hilfe um, doch der schüttelte den Kopf. »Die falschen Leute wissen, dass die Mädchen noch vermisst werden.«

Hirsch zuckte mit den Schultern.

Washburn blieb beharrlich. »Und dieselben Leute wissen, dass Louise alt genug ist, um eine glaubhafte Zeugin zu sein.«

Er ist nicht dumm, fand Hirsch. Er schaute die Mädchen besorgt an. »Wir wissen nicht, ob tatsächlich jemand hinter den Mädchen her ist.«

Washburn schien von ihm enttäuscht zu sein. »Wirklich nicht?«

»Craig, wir müssen die Mädchen so schnell wie möglich in die Obhut der Polizei geben.«

»Wir können der Polizei nicht trauen!«, rief Louise Rennie. Sie war unruhig, patzig, wütend und enttäuscht.

»Aber was ist denn mit der Freundin eurer Mutter? Vita? Sie haben zusammengearbeitet.« Hirsch zückte sein Handy und fand das Bild von Roesch und Hansen in seinem Wohnzimmer. »Das ist sie. Sie ist vor ein paar Tagen aus Sydney hergekommen. Sie macht sich Sorgen um euch.«

Louise Rennie schaute mit halb abgewendetem Kopf in das Handy, als würde sie einen Angriff fürchten. Sie schüttelte den Kopf, gab ein irres, unterdrücktes Lachen von sich und wich zurück. »Sie hören mir nicht zu.«

»Der Mann neben Ms Roesch. Kennst du den?«

»Nein.«

»Am Weihnachtstag erhielt mein Sergeant einen Anruf von einem Polizisten in Sydney, der uns gebeten hat, bei euch nachzuschauen. Hätte das der Mann sein können? Hatte deine Mutter Kontakt mit jemandem in der Stadt?«

Louise wiegte sich vor Kummer. »Ja, aber ich weiß nicht, mit wem. Sie hat sich ein Satellitenhandy gekauft.«

Das erklärte die fehlenden Telefonnummern von der Hamel Road nach Sydney. Es war kein Satellitenhandy gefunden worden. Wahrscheinlich gestohlen, zusammen mit der Werkzeugkiste und dem Dreirad.

Louise Rennie zeigte erhitzt auf Hirschs Handy. »Sind die da draußen? Haben Sie sie hergeführt? Sind sie Ihnen gefolgt?«

»Nein«, antwortete Hirsch kurz und bündig. »Die sind in Redruth. Es gibt keinen Grund, wieso die beiden sich für irgendetwas interessieren sollten, was ich so treibe, und ich wusste bis vor einer halben Stunde nichts von euch und Craig oder diesem Ort hier.«

Sie reckte ihr Kinn. »Ich trau der Polizei nicht.«

»Louise«, sagte Hirsch und schüttelte frustriert den Kopf. Er sah sie an. »Glaubst du, der Mann, der an Heiligabend in euer Haus gekommen ist, war Polizist?«

»Vielleicht. Schon möglich.«

»Den meisten von uns kannst du vertrauen, Louise.«

Washburn unterbrach ihn. »Lassen Sie sie ruhig ausreden, Paul.«

Hirsch zog die Schultern hoch. »Na, dann los. Fang ganz von vorn an. Warum war deine Familie im Zeugenschutzprogramm?«

Louise Rennie holte tief Luft und atmete schwer aus, um ihre Gedanken zu sortieren. Dann sprudelte es nur so aus ihr heraus: »Wir heißen eigentlich Reid. Wir haben in Sydney gewohnt. Ma und Dad waren bei der Polizei. Dad war nur bei der Hundestaffel, aber Ma war Analytikerin. Sie hat an großen Fällen gearbeitet. Eines Nachts mussten wir eine Tasche packen, und ein paar Leute haben uns in dieses Dorf oben bei Moree gebracht. Das sollte nur für eine Weile sein, meinten sie, bis Ma vor Gericht aussagt. Wir durften keine SMS schreiben, nicht telefonieren, nicht auf Facebook. Wir sind zu Hause unterrichtet worden, sind nie vor die Tür gegangen und nirgendwo hingefahren.« Sie wandte den Blick ab. »Und eines Tages hat jemand Dad erschossen.«

Washburn unterbrach sie. »Er war zu Hause, als eigentlich Denise da sein sollte. Sie war das eigentliche Ziel. Jemand hatte den Ort verraten. Jemand innerhalb der Polizei. Sie verstehen also, warum Louise nicht weiß, wem sie trauen kann.«

»Ich verstehe«, sagte Hirsch, dachte aber zugleich: Was, wenn der Mann das eigentliche Ziel war? Was, wenn es sich um ein örtliches Verbrechen handelte – zum Beispiel, dass er eine Affäre in Moree hatte? »Ich hoffe nur, ich habe das Vertrauen«, fügte er hinzu.

Die drei schauten ihn an, als sei er die letzte Person, der sie trauen würden. Er zuckte mit den Schultern und sagte: »Warum war denn deine Mutter an dem Tag nicht da?«

»Normalerweise wäre sie das schon gewesen, und Dad wäre zur Arbeit gefahren – er arbeitete als Gärtner für den Bezirk –, aber wir … er war krank und ist zu Hause geblieben.«

»Und deine Mutter ist aus dem Haus gegangen …«

»Um einzukaufen. Normalerweise ist sie nie rausgegangen.«

»Und wo wart ihr?«

»Wir …« Louise zog mit dem großen Zeh Spuren im Staub, »wir sind im Auto mitgefahren, ja, alle drei.«

»Und woher habt ihr gewusst, was mit eurem Dad passiert ist?«

Weitere Spuren. »Als sie, wir vom Einkaufen zurückkamen, stand da ein Polizeiauto, also sind wir einfach weitergefahren und haben es später in den Nachrichten gehört. Wir haben uns nicht zurückgetraut.«

Hirsch versuchte, die Welt durch Denise Rennies Augen zu sehen. Selbst als Zivilangestellte dürfte sie von all den Lügen und Einflüsterungen, dem Einverständnis und den heimlichen Zuwendungen gewusst haben, die eine Polizeitruppe zusammenschweißen. Also verschwand sie mit ihren Kindern in ihrer eigenen Version des Zeugenschutzprogramms.

»Und wie genau seid ihr hier gelandet?«

»Ma ist in Broken Hill aufgewachsen«, sagte Louise, so als würde das alles erklären. Und vielleicht tat es das auch, fand Hirsch. Broken Hill war trockenes Land ein paar Stunden nördlich von Tiverton, viele Familien aus Broken Hill verbrachten ihre Ferien in Adelaide, und dazu musste man den Norden durchqueren.

»Hat deine Mutter sich mit irgendwem in Verbindung gesetzt, nachdem ihr hierhergekommen seid? Die Leute aus dem Zeugenschutzprogramm, zum Beispiel?«

»Schon ewig nicht mehr.«

»Aber sie hat in letzter Zeit mit jemandem telefoniert?«

Louise nickte. »Sie sagte so Sachen wie: ›Wir müssen zurück, wir können doch nicht für immer hier draußen bleiben.‹ Aber ich weiß nicht, mit wem sie gesprochen hat oder was sie beredet haben. Zu uns meinte sie nur, wir sind auf uns allein gestellt, bis sie irgendetwas ausgeknobelt hat. Wir können niemandem trauen.« Sie sah Washburn an. »Außer Craig.«

Hirsch versuchte, sich ihr Leben vorzustellen. Abgeschnitten von allem und jedem, den sie kannten. Hausunterricht. Kurze, schnelle Fahrten in den Ort und zurück. Und die Kinder spazierten den Bach entlang zu einem verrückten Alten.

»Hattet ihr denn genug Geld?«

»Ma sagt, es geht langsam zur Neige«, antwortete Louise. Tränen flossen. »Ma *sagte*.«

Und bevor sie wieder zurück in die Zivilisation konnten, wurde Denise Rennie von den falschen Leuten auf YouTube entdeckt. »Louise, wir müssen uns etwas Sichereres ausdenken als das hier. Ich sollte meinem Boss Bescheid geben. Sie ist ein guter Mensch.«

»Nein! Wenn Sie das tun, rennen wir wieder weg.«

»Ich finde bestimmt einen sicheren Ort, bis wir herausgefunden haben, wem wir vertrauen können.«

Allerdings hatte Hirsch so seine Zweifel. Ganz gleich, wohin er die Mädchen auch brachte, würden sie schließlich entdeckt werden; irgendjemand würde etwas ausplaudern. Und er wollte niemand Nahestehenden um einen Gefallen bitten und so das Leben von Wendy und Katie, der Muirs, seiner Eltern oder Nan Washburn riskieren. Jugendamt? Jede Behörde war doch so undicht wie ein Sieb.

»Lass mich mal scharf nachdenken. Ich komme später noch mal her.«

»Trauen Sie *niemandem*«, sagte Louise Rennie mit fester Überzeugung in der Stimme.

Hirsch versuchte es noch ein letztes Mal. »Ich habe eine Freundin bei der Polizei namens Rosie; ihre Aufgabe ist es, gegen bestechliche Polizisten zu ermitteln. Ich vertraue ihr. Sie wird einen sicheren Ort für euch finden und dafür sorgen, dass man euch nicht findet, bis wir eine dauerhafte Lösung gefunden haben.«

»Nein.« Louise erstarrte. »Keine Polizei.«

»Wir sind nicht alle Bösewichter, Louise.«

»Na, selbst wenn das stimmen würde«, erwiderte sie verächtlich. »Mum sagte, Polizisten müssten bestimmte Regeln einhalten. Alles aufschreiben und in Akten aufbewahren. Man könne nichts ewig verheimlichen.«

Hirsch stellte sich vor, wie Denise Rennie spätnachts mit ihren Kindern redete und ihr Verfolgungswahn einsetzte: *Traut niemandem.* Doch die Familie hatte einiges Vertrauen in Craig Washburn gesteckt. Und jetzt, fand Hirsch, habe ich ein kleines Stück Vertrauen gewonnen.

»Louise, willst du hier in der Höhle alt werden?«

Das war billig, und es widerte sie an. »Wir kommen nur unter einer Bedingung raus.«

»Und die wäre?«

»Wenn Sie alle dafür Verantwortlichen einsperren. Alle.«

Hirsch dachte darüber nach. Konnte er ihr Versteck geheim halten? Er stellte sich den Killer eher als Dynamik denn als Person vor – bösartig, aber diffus schwebte sie irgendwo da draußen im Hinterland, bereit, jeden Augenblick klare Umrisse anzunehmen und zuzuschlagen. In der Polizeischule hatte man ihm eine Prüfliste eingebläut. Bevor ein guter Polizist zur Tat schreitet, muss er sich fragen: Wird sie einer Prüfung standhalten? Ist es moralisch vertretbar? Ist es fair?

Allerdings kam er mit dem Denken nicht sehr weit, denn der Bach fing an zu singen. Die runden Steine unterhalb der Höhle klopften, kratzten, rieben. Louise huschte zum Höhleneingang, kam sofort wieder zurück und hyperventilierte. »Das ist er. Der, der … der von Heiligabend.«

Hirsch eilte halb gebeugt zum Eingang und ließ sich auf den Bauch plumpsen. Dann linste er hinaus.

Wayne Flann.

# 29

Die aufblitzende Windschutzscheibe, die Hirsch von der Straße aus gesehen hatte: Flanns Pick-up. Er ermahnte sich, sich die topografische Landkarte anzuschauen, falls der Bach irgendwann mal bei einem Verbrechen, einer Suche oder einem Picknick eine Rolle spielen sollte, und beobachtete, wie Flann sich wachsam umschaute und in Richtung von Craigs Lager davonging. Flann war genauso gekleidet wie beim letzten Mal, das Gewehr hing über der Schulter. Sein T-Shirt war schweißnass und mit Fliegen gesprenkelt. Die Jeans war staubig. Ohne das Gewehr hätte man ihn glatt übersehen können, ein Buschtrottel wie jeder andere auch. Hirsch kam er so gespannt und angriffsbereit wie ein Pfeil vor.

Flann verschwand um eine Biegung. Bald würde er den Polizei-Toyota sehen, dachte Hirsch, und sich fragen, was er dort wohl machte. Oder er würde auf dem Rückweg den Höhleneingang entdecken.

Hirsch kroch zu den anderen zurück und murmelte: »Ihr bleibt hier, lasst euch nicht blicken und bleibt mucksmäuschenstill. Wenn jemand anderer außer mir nach euch ruft, sagt ihr nichts.«

Dann stieg er zum Bachbett hinunter. Die Steine unter seinen Stiefeln machten Lärm, also kletterte er die Böschung hinauf und schlich durch das tote Gras, das an seinen Hosenbeinen entlangwisperte. Doch so war er deutlich vor dem Himmel zu erkennen. Und es gab Schlangen. Hirsch schauderte es. Er war dafür ausgebildet, Leute auf der Straße zu verfolgen und zu überwachen, doch nichts davon taugte, um jemanden im Busch zu verfolgen.

Er schaute auf sein Handy: kein Signal. Das Gelände wurde

rauer und schwieriger. Dort, wo das Bachbett flacher war, tauchten Flanns Kopf und Schultern über der Böschung auf, und Hirsch duckte sich. Er strich durch die Stacheln der Flockenblumen, kam über ein Kalkriff, umging einen Streifen von Kaninchenbauten und eine Reihe von tieferen, tückischeren Löchern, die er für eingestürzte Minenschächte hielt. Eine Schlange richtete sich auf. Hirsch rannte davon.

Er glitt die Böschung hinunter in die lärmende Sicherheit des Bachbetts. Er bahnte sich vorsichtig einen Weg, hielt sich so weit wie möglich von den Steinen fern und suchte nach sandigen Abschnitten. An zwei überwucherten Wasserstellen musste er zeitweise wieder die Böschung hinauf. Hirsch schaute nach unten und sah einen Krebs verschwinden, der dabei sein seelenloses Spiegelbild auf dem Wasser vernichtete. Dann fiel ihm auf, dass er seine entsicherte Waffe in der Hand hielt. Wenn er nicht aufpasste und stolperte, würde er sich noch das eigene Bein abschießen. Er steckte die Waffe wieder ein und ging weiter.

Hirsch konnte seine Beute nicht hören. Er schätzte, dass Craigs Wohnwagen etwa hundert Meter entfernt stand. Er versuchte, sich in Flann zu versetzen, doch sprangen seine Gedanken wie wild umher. Wayne war hergekommen, um sauber zu machen. Die Morde hatten nichts mit Sydney oder Zeugenschutz zu tun. Es handelte sich um ein böses, hirnloses örtliches Verbrechen.

Hirsch kam es so vor, als würde er über verminte Eierschalen laufen. Er kam an die letzte Biegung, hörte die Musik der Steine vor sich und stand plötzlich nur ein paar Meter von Wayne Flann entfernt, der sich zu ihm umdrehte.

Überrascht ließ Flann das Gewehr von der Schulter rutschen, richtete den Lauf auf Hirsch, tat einen Schritt zurück und trat auf einen Stein, der sich unter dem Stiefelabsatz wegdrehte.

Sein Knöchel gab nach. Er ächzte, verzog das Gesicht vor Schmerzen, stellte sein ganzes Gewicht auf den anderen Fuß und versuchte, eine Patrone in den Verschluss zu schieben und gleichzeitig den Knauf an die Schulter zu drücken. Er stolperte seitwärts, hatte beim Abdrücken keinen sicheren Stand, und der Schuss ging weit daneben.

Hirsch stürzte sich auf Flann, drückte den Lauf beiseite und rammte ihm die Schulter in den Bauch. Sie prallten voneinander ab, stolperten, rutschten und ruderten auf der Suche nach Gleichgewicht fast schon slapstickhaft mit den Armen. Hirsch kippte langsam auf den Rücken, stützte sich auf die Ellbogen und hakte seinen rechten Fuß hinter Flanns verknacksten Knöchel. Flann landete auf dem Rücken, der Sturz presste ihm die Luft aus der Lunge, und Hirsch stürzte sich erneut auf ihn.

Hirsch bohrte dem Mann die Waffe unters Kinn und sagte: »Wayne Flann, ich verhafte Sie wegen tätlichen Angriffs auf einen Polizeibeamten und wegen der Ermordung von Denise und Nick Rennie.«

Flanns Gesicht zuckte kurz vor Brutalität. Dann klärten sich seine Gesichtszüge und wurden von seinem üblichen schläfrigen Charme beherrscht, fast so, als könne er Hirsch zu einer harmlosen gemeinsamen Schandtat überreden. »Herrje, Paul, ich hatte nicht vor, auf Sie zu schießen. Wir sind doch Kumpel, oder? Ich suche hier draußen nach den Kindern. Hat keiner dran gedacht, diesen Teil des Bachbetts abzusuchen. Plötzlich hör ich jemanden kommen und denke, scheiße, wer ist das, der Killer? Hab zu schnell angelegt; sorry, Mann.«

Hirsch kümmerte sich nicht weiter darum. Er nahm die Handschellen vom Gürtel und legte sie Flann an, rechtes Handgelenk an linken Knöchel.

»He, wie soll ich denn gehen können?«

»Gar nicht. Sie rühren sich nicht vom Fleck.«

Hirsch klopfte ihn zügig ab. Schlüssel, eine Brieftasche und ein altes Samsung in den Hosentaschen.

Flann feixte. »Na, das macht Spaß, hm?«

Hirsch drehte ihn um; nichts in den engen Gesäßtaschen. Er drehte ihn wieder auf den Rücken, trat beiseite und schaute ins Handy. Es war eingeschaltet und nicht gesperrt. Einstellungen, WiFi: ein paar abgespeicherte Netzwerke tauchten auf,

»Zuhause«, Adelaide Airport, der McDonald's in Clare, der Target-Supermarkt in Clare, Redruth Hospital. Und Hamel Road.

Er hielt Flann das Handy vors Gesicht. »Sehen Sie das? Das bringt Sie mit Denise Rennies Haus in Verbindung. Sie hat sich nicht die Mühe gemacht, ihr WiFi zu verschlüsseln, es gab ja sonst niemanden in der Gegend, der davon hätte profitieren können. Außer Ihnen. Und außer mir, an dem Tag, als ich die Leichen gefunden habe. Haben Sie Fotos in die Cloud geschickt? Auf Facebook gestellt?«

»Leck mich.«

»Das ist die Verbindung, Wayne.«

»Ich war doch beim Suchteam mit dabei!«

»Tja, halten Sie sich ruhig an der Story fest, wenn Sie glauben, dass es was hilft.«

»Aber stimmt doch!«

»Wayne, ich habe die Mädchen gefunden. Man hat Sie erkannt«, sagte Hirsch. Zu spät fragte er sich, ob er nicht besser den Mund gehalten hätte.

Und ganz unwillkürlich sagte Flann: »Die Höhle, richtig? Mein alter Herr hat gesagt –« Doch dann versteinerte seine Miene. »Ab jetzt sage ich gar nichts mehr. Bis in alle Ewigkeit nicht.«

»Wer war denn im Pick-up mit dabei? Adam? Ist das der Grund, warum er abgehauen ist? Hat er nicht ertragen, was Sie gemacht haben?«

»Ich sage kein Wort.«

»Sie warten hier.«

»Ich sage kein verdammtes Wort.«

Hirsch holte den HiLux. Er wollte erst den Gefangenen in Verwahrung nehmen und sich dann um die Rennie-Mädchen kümmern.

Fünf Minuten später hatte er den Wagen neben dem Bachbett abgestellt, schob Flann die Böschung hinauf und verfrachtete ihn in die Arrestbox im Heck des Toyota. Behaglich, innen und außen weiß, keine Scheiben, keine scharfen Kanten. Stickig, aber die Box war an die Klimaanlage angeschlossen. Flann würde es überleben.

Bevor er ihn einschloss, schraubte Hirsch eine Wasserflasche auf und reichte sie ihm. »Keine Bestechung, kein Gift, kein Wahrheitsserum.«

Flann wirkte kurz verblüfft und neugierig. Dann setzte er wieder sein leeres, kommentarloses Gesicht auf und starrte nur Hirsch an, nahm die Flasche mit einem kurzen Nicken und trank ausgiebig – eine unbedachte Handlung, denn als er die Flasche von den Lippen nahm und sich wieder fasste, machte Hirsch ein Foto von ihm.

»Mistkerl.«

Hirsch lächelte und gab ihm eine zweite Flasche. »Machen Sie es sich bequem.«

»Ich kriege Platzangst.«

Hirsch setzte sich hinters Lenkrad, drehte die Klimaanlage hoch und kontrollierte die Überwachungskamera: Flann wirkte resigniert, zischte aber *Scheiße* und *Mistkerl* und *Bulle.* »Das ist die richtige Einstellung«, murmelte Hirsch und holperte mit dem Toyota über Staub und Gras, bis er zu der Höhle kam. Er ließ die Klimaanlage an und den Motor laufen, zog die Handbremse an, schlug mit der flachen Hand auf die Box und rief: »Bin gleich wieder da.«

Flann brüllte und trat gegen die Wände. »Ich krepier hier drin. Ich krieg Platzangst, verfluchtes Arschloch!«

Der Toyota protestierte schwach und schaukelte auf den Stoßdämpfern. »Ein paar Minuten«, rief Hirsch.

Er stieg ins Bachbett hinunter, stand unterhalb der Höhle und rief: »Ich bins, Paul, ihr seid in Sicherheit, ich habe ihn eingesperrt.«

Er kletterte die Böschung hinauf. Am Höhleneingang wiederholte er: »Ich habe ihn verhaftet. Er kann euch nichts mehr tun. Ich habe ihn eingesperrt.«

Craig Washburn lächelte ausdruckslos, Anna lutschte mit weit aufgerissenen Augen am Daumen, und Louise war argwöhnisch. »Wie können wir da sicher sein?«

»Hier.« Hirsch wischte über sein Handy und zeigte ihr das Foto.

Sie schaute kurz hinein und drückte sich dann an Washburn. »Wer ist er? Von der Polizei?«

»Er heißt Wayne Flann. Er lebt in der Nähe von Tiverton. Habt ihr jemals etwas mit ihm zu tun gehabt? War er jemals bei eurem Haus? Hat deine Ma, ach, ich weiß nicht, ihn mal auf dem Parkplatz geschnitten? Irgend so etwas?«

Louise schüttelte den Kopf. »Nein.«

Dann legte sich ihr Gesicht in Falten; Kummer und Verzweiflung erfüllten ihre Stimme. »Warum will er uns umbringen?«

Hirsch berührte sie am Handrücken. »Ich habe wirklich keine Ahnung. Ich glaube, er, und vielleicht sein Bruder, sind durch die Gegend gefahren, um auf einsamen Nebenstrecken in Häuser einzubrechen, und diesmal seid ihr dran gewesen. Vielleicht hatte er Drogen genommen, ich weiß es nicht. Der Punkt ist nur, es gibt keinen Grund mehr für euch Mädchen, hier oben zu bleiben. Springt in den Wagen, ich bringe euch in Sicherheit.«

Louise schüttelte heftig den Kopf. »Auf keinen Fall.«

»Wir kommen noch nicht mal in die Nähe der Polizei, okay? Wir werden schon einen sicheren Ort für euch finden, dann nehme ich deine Aussage auf, und wir leiten Ermittlungen ein.«

Sie schrie auf. »*Ermittlungen?* Und die Menschen sehen uns in Ihrem Auto sitzen? Und Sie haben gesagt, der Mann hat einen Bruder? Wo ist der? Ist der auch hinter uns her? Wir bleiben hier. Craig wird auf uns aufpassen.«

Hirsch blieb geduldig. »Es ist am sichersten, wenn ihr mit mir fahrt. Es gibt genug Platz –«

Ihre Stimme überschlug sich. *»Sie glauben doch nicht ernsthaft, dass wir in demselben Auto mitfahren wie der da?«*

Anna nahm den Daumen aus dem Mund, verzog das Gesicht und fing an zu weinen. »Schsch«, machte ihre Schwester. »Tut mir leid, Kleine.«

Hirsch sah Washburn hilfesuchend an, doch der setzte nur ein gütiges, weises Lächeln auf und zuckte leicht mit den Schultern, um zu sagen: *Tja, was soll man machen, hm?*

Hirsch seufzte. »Darf ich dann wenigstens meine Freundin bei der Polizei in Adelaide anrufen? Diejenige, die die Polizei kontrolliert. Sie ist sauber und ehrlich, sie hat keine Kontakte zu irgendwem in New South Wales …«

Louise dachte zögerlich darüber nach und rollte mit den Schultern. »Vielleicht.«

»Wie wärs«, sagte Hirsch, »wenn ich Mr Flann ins Gefängnis bringe, sofort zurückkomme und euch nach Adelaide fahre. Ich werde niemandem ein Wort darüber sagen, dass ich euch gefunden habe. Wir bringen euch irgendwo sicher unter, bis alle Beteiligten verhaftet worden sind.«

Wieder ein leichtes Schulterzucken.

»Ihr könnt nicht hierbleiben, Louise. Das geht einfach nicht. Noch eine Woche? Das kommt nicht infrage. Denk an Anna. Denk an dich selbst. Essen, saubere Sachen, ein richtiges Badezimmer, ein richtiges Bett …«

»Hört sich für mich nach einem Plan an, Mädchen«, sagte Washburn. Er hatte einen Arm um jedes Mädchen gelegt, wiegte sie leise und sah auf ihre Köpfe herab. »Was meint ihr?«

Louise Rennie antwortete und sah dabei Paul unverwandt an. »Wenn Paul zurückkommt, wird es vielleicht gut. Wenn nicht, dann heißt das, dass sie ihn erwischt haben.«

# 30

Hirsch ließ das Bachbett hinter sich und kam an Craigs Camp vorbei, als ihm aufging, wie unklug es wäre, Wayne Flann auf der Stelle an die Leute von der Mordkommission in Redruth zu überstellen. Oder auch nur Sergeant Brandl. Sobald die Verhaftung publik gemacht werden würde, würden alle Wind von den Rennie-Mädchen kriegen. Wahrscheinlich würde Flann die Geschichte hinausposaunen, dass er doch nur nach den Mädchen gesucht habe, und wie es sein könne, dass Hirsch niemandem davon erzählen würde, dass er sie gefunden hätte? Und wenn da draußen noch immer ein Mörder herumlief, war Zeit ein wichtiger Faktor. Flann nach Redruth zu fahren, würde zu viel von dieser Zeit kosten. Je früher die Mädchen in Sicherheit waren, desto besser.

Hirsch kam zum Wagenrad an der Abzweigung; er sah, dass er zwei Balken Empfang hatte, hielt an und rief Bob Muir an. Flann fing sofort an herumzubrüllen und gegen die Seitenwände zu treten.

Hirsch stellte die Überwachungskamera stumm. Jetzt konnte er Bobs Stimme hören: »Na, wenn das nicht die örtlichen Polizeikräfte sind.«

»Bist du zu Hause?«

»Ich arbeite im Schuppen.«

»Kannst du dir ein paar Stunden frei machen? Ich brauche dich als Babysitter für Wayne Flann.«

Muir vergeudete keine Zeit mit skeptischen Fragen. »Wo?«

»In der ehemaligen Arrestzelle.« Ein Raum an der Rückseite des Reviers Tiverton, der jetzt als Lagerraum genutzt wurde, aber immer noch gute Schlösser und ein vergittertes Fenster hatte.

»Wann?«

»In einer halben Stunde«, antwortete Hirsch.

»Okay.«

»Er kennt dich«, sagte Hirsch. »Setz dich auf einen Stuhl, lies ein Buch, rede mit ihm, gib ihm was zu essen und zu trinken. Ich will nicht, dass er sich an seinen Schnürsenkeln aufhängt.«

»Was hat er angestellt?«

»Er hat Mrs Rennie und ihren Sohn erschossen.«

Pause. »Okay.«

»Bis gleich«, sagte Hirsch, aber das Signal war bereits verschwunden.

Nachdem er das geklärt hatte, bog Hirsch auf die Straße nach Tiverton und gab Gas. Unter Nutzung des alten Heuschuppens als Landmarke schaute er zur anderen Seite hinaus und erhaschte einen kurzen Blick auf Flanns Pick-up unten neben dem Bachbett. Er würde ihn auf dem Rückweg sicherstellen. Die KT sollte nach Blutspuren, Fasern und Diebesgut aus der Nacht der Morde suchen.

Hirsch fuhr weiter und dachte an Rosie DeLisle. Würde sie ihm dabei behilflich sein, die Mädchen zu verstecken? Was, wenn sie genau nach Vorschrift handelte? Oder eine umfassende Untersuchung auslöste und alle informierte – darunter auch Kollegen, die aus Versehen einem anderen aus Sydney etwas sagten, der mit dem ursprünglichen Zeugenschutzverrat zu tun hatte? Besser, er tauchte unangekündigt in Adelaide auf, fand er.

Er schaute aufs Handy: Immer noch kein Signal, und so blieb es auch bis zehn Minuten vor Tiverton. Bei drei Balken hielt er erneut an. Flann trampelte gegen die Seiten. Hirsch suchte Gemma Pitcher in seinen Kontakten, schickte ihr das Foto von seinem Gefangenen in Handschellen und schrieb: *Wayne eingebuchtet. Die Luft ist rein.*

Kaum war er wieder unterwegs, klingelte sein Handy. Gemma.

Er hielt den Toyota vor einer Toreinfahrt und ging dran. »Gemma.«

»Sie haben ihn wirklich?«

»Ja.«

»Sie wissen, was er gemacht hat, oder?«

»Ja.«

»Und er kann nicht abhauen?«

»Nein.«

»Sie lassen ihn auch nicht laufen? Sie wissen schon, wegen eines Formfehlers oder so?«

»Nein.«

Langes Schweigen. Flann in der Arrestbox schrie und trat gegen die Wände.

»Adam war dabei, aber er hat auf niemanden geschossen, und er hat nicht gewusst, was Wayne da anstellen würde, und jetzt hat er Angst, dass er ins Gefängnis muss.«

»Ich passe auf Adam auf, versprochen«, sagte Hirsch. »Aber ihr drei müsst zurückkommen. Alle machen sich Sorgen.«

Nach einer weiteren Pause meinte Gemma: »Morgen vielleicht.« Dann hatte sie aufgelegt.

Nachdem Flann in der Arrestzelle steckte, ausgestattet mit einer Pepsi, einer Supermarktpizza aus der Mikrowelle und in Gesellschaft von Bob Muir, der auf einem Ikea-Gartenstuhl saß, setzte sich Hirsch wieder hinters Lenkrad und fuhr zum Ort hinaus. Sein Handy klingelte: Die Nummer war ihm unbekannt.

»Paul?«

Sergeant Brandl. Sollte er ihr von den Rennie-Mädchen und Wayne Flann berichten? Noch nicht. »Ja, Sergeant?«

»Ich bin an einem Telefon im Einsatzraum. Offenbar hat uns vor einer Stunde ein Lastwagenfahrer angerufen.«

»Lastwagenfahrer …«, sagte Hirsch und wusste sofort, worum es ging. Die Luft um ihn herum wurde eisig.

»Ein Heukutscher aus Tamworth. Er ist wohl auf ein örtliches Revier spaziert und hat gesagt, er hätte gerade erst die Sache über die Rennies gehört. Er sei an Heiligabend auf dem Rückweg nach New South Wales gewesen, nachdem er eine Ladung Heu östlich von Tiverton abgeliefert hätte, und hätte ein paar Kinder mitgenommen, bei denen es sich vielleicht um die beiden Mädchen handeln könne.«

»Vor einer Stunde? Sergeant, ich –«

»Er hat uns die genauen Koordinaten durchgegeben.« Sie nannte sie ihm. »Können Sie nachschauen? Ich kann niemanden entbehren. Inspector Kellaher ist zurück in die City, Sergeant Dock ist zu Mittag, ich habe keine Ahnung, wo unsere Freunde aus Sydney sind, und die Kinder und ich sind völlig überlastet.«

Hirsch gab Gas, fuhr mit einer Hand am Lenkrad, und der Toyota ruckelte über eine schmale Straße, deren Randstreifen mit pudrigem Staub und Schotter bedeckt waren. »Wer hat mit dem Fahrer gesprochen, Sergeant?«

»Eine von den Zivilangestellten. Ich stell sie durch. Geben Sie mir Bescheid, was Sie vorhaben.«

Vermittlungsgeräusche im Telefon. Hirsch stellte sich eine der Angestellten vor, die im Rathaus an einem Schreibtisch saß und Daten in einen Computer eingab. »Hallo?«, sagte er.

»Was kann ich für Sie tun?«

»Sergeant Brandl meinte, Sie hätten den Anruf von dem Lastwagenfahrer entgegengenommen?«

»Eigentlich von jemanden vom Revier Tamworth, dann war der Fahrer in der Leitung, und als ich mitbekam, worum es ging, habe ich das Telefon an einen der Leute aus Sydney weitergereicht.«

»An wen?«

»Hansen heißt er, glaub ich.«

»Und was hat er gemacht?«

»Ist sofort losgefahren.«

*Vor einer Stunde.* »Hat er gesagt, wohin er wollte?«

Hirsch konnte fast hören, wie sie mit den Schultern zuckte. »Nachschauen, nehme ich an.«

»Allein oder mit Senior Sergeant Roesch?«

»Mit *der?*«, meinte die Frau verächtlich, so als sei es unvorstellbar, eine gute Meinung von Roesch haben. »Sie kam ein paar

Minuten später hier hereingestürmt und wollte wissen, wohin er losgefahren ist.«

»Ist sie ebenfalls losgefahren?«

»Hat sich die Ortsangaben geschnappt und ist los. Unverschämte Tante.«

*Um Hansen abzufangen, bevor er den Mädchen etwas antut.*

Hirsch versuchte, Roesch anzurufen. Niemand ging dran, und ständig brach sein Signal ab. Er griff nach dem Funkgerät – nein, das Kabel war ja immer noch kaputt.

Die Minuten verrannen. Er gab Gas; die Temperaturanzeige stieg – der Kühler, nahm er an. Staub und Spreu abfegen, stand auf seiner To-do-Liste, aber die war lang. Den Kühler putzen, stand schon seit mindestens zwei Monaten darauf.

Die Sonne brannte. Luftspiegelungen schimmerten, verschwanden, tauchten etwas weiter die Straße entlang wieder auf. Die Hügel in der Entfernung waren graublau, die in der Nähe scheckig: totes Gras, Staubschichten, sich abwechselnde Gesteinsschichten. Der Toyota holperte durch die Auswaschungen. Staub wirbelte hinter ihm auf. Dann bremste Hirsch plötzlich, der Wagen fuhr schlingernd über eine Echse hinweg. Hirsch fuhr weiter und schaute in den Rückspiegel. Kein Roadkill, Gott sei Dank. Er war im Laufe der Zeit schon für eine ganze Reihe von totgefahrenen Tieren verantwortlich, aber noch war er dem gegenüber nicht so gleichgültig wie die Ortsansässigen.

Schließlich bremste er am Wagenrad und holperte die Fahrspur zu Craig Washburns Wohnwagen – wo ein Auto stand. Einer der Streifenwagen, der für die Ermittlungen bereitgestellt worden war; wahrscheinlich hatte Hansen am Lenkrad gesessen. Keine Spur von Roeschs Mietwagen. Hirsch stieg aus, schloss ab und ging zum Bachbett.

Dann blieb er stehen. Eine Hand fuhr zum Knauf seiner Dienstwaffe.

Ein Pistolenschuss. Merkwürdig flach, so als würde er vom Bachbett festgehalten, aber mit einem Echo, das durch den Himmel schallte.

# 31

Der Schuss war allerdings aus der Richtung der alten Ruinen gekommen, nicht der Höhle. Hirsch dachte darüber nach; das ergab Sinn. Den Bach entlang lag die ungezähmte Natur, und der Stadtmensch Hansen hätte sich nach der Durchsuchung des Camps instinktiv von Anzeichen von Zivilisation – den alten Ruinen – anziehen lassen.

War er auf Craig und die Mädchen gestoßen? Hatte sie jemand überredet, die Höhle zu verlassen? Oder lieferte sich Hansen ein Duell mit Roesch? Hatte Roesch den Wagen bei den Ruinen abgestellt und war bachabwärts gegangen?

All das ging Hirsch gleichzeitig durch den Kopf, doch bevor er noch einen Schritt tun konnte, hörte er einen Schrei, ganz klar ein Mann, gefolgt von wilden Schüssen, so schnell, dass sie Panik oder Wut verrieten. Oder schiere Freude.

Wieder ein Schrei. Hansen? Craig? Unirdisch, verzweifelt, fuhr er Hirsch durch Mark und Bein.

Er rannte los, und der Schrei verging und wich etwas, das nach Klage, Verlust oder Trauer klang. Keine anderen Stimmen.

Hirsch streckte die Arme aus, um besser das Gleichgewicht halten zu können, und suchte sich einen Weg durchs Geröll. Er wurde schneller, wenn er einen Sandstreifen erwischte, und langsamer an den Brackwassertümpeln, die von Rohrkolben umstanden waren. An jeder Biegung hielt er kurz inne, um sich den nächsten Abschnitt anzuschauen. Hatte ja keinen Sinn, blindlings um die Ecke zu stolpern und sich einen Bauchschuss einzufangen. Keine Spur von Hansen. Aber er würde Hirsch doch hören?

Der kämpfte sich weiter voran, fürchtete die nächste Biegung, dann die nächste, und seine Stiefel schlugen und klapperten über die verstockten Steine. Stille, dann ein leises, verzweifeltes Stöhnen ganz in der Nähe. Hirsch steckte den Kopf um die nächste Ecke. Ein Schuss pfiff an seiner Wange vorbei und schleuderte ihm Staub und Splitt in die Augen.

»Himmel.« Er riss den Kopf zurück, taumelte, setzte sich hin.

Dann tastete er sich vorsichtig ab. Etwas Blut an den Fingerspitzen; eine grobe Paste aus Staub und Tränen im Augenwinkel. Hirsch blinzelte und versuchte zu verstehen, was er gerade gesehen hatte: Hansen in Shorts, Sandalen und kurzärmligem Hemd, am Boden auf die Ellbogen gestützt. Sonst niemand.

Er zückte seine Waffe und rief: »Rob?«

Pause, dann krächzte Hansen: »Ich dachte, Sie wären Vita, die hinter mir her ist.«

Hirsch dachte darüber nach. »Wo sind die Mädchen?«, fragte er.

»Keine Ahnung.«

»Was sollte die ganze Ballerei?«

Hansen stöhnte. »Mich hat eine Schlange gebissen. Mehrmals.«

Hirsch zog sich der Magen zusammen. Er lauschte – worauf, wusste er nicht. »Haben Sie sie erschossen?«

»Ja.«

»Rob, legen Sie die Waffe weg. Ich komme und helfe Ihnen.«

»Und was, wenn hier noch eine ist?«, sorgte sich Hansen und klang so, als würde er gleich die Nerven verlieren. »Was, wenn es noch eine gibt?«

Mit ruhiger Stimme sagte Hirsch: »Schauen Sie sich um. Sehen Sie noch eine andere?«

Pause. »Nein.«

»Okay, ich komme jetzt. Nicht schießen.«

Hirsch riskierte kurz einen Blick. Hansen lag auf dem Rücken, hielt die Pistole locker in einer Hand und sah an seinem Körper entlang zu den Sandalen, wo die Schlange sich um die blutigen Steine im Bach wand. Noch im Tod wirkte sie bedrohlich.

Hansen drehte sich zu Hirsch um. Erschrocken über das finstere Gesicht Hansens, duckte sich Hirsch. »Ich schieße nicht«, sagte Hansen und schaute wieder zu der Schlange hinüber.

Hirsch steckte die Waffe ein. »Okay.«

Er ging hinüber, kauerte sich hin und nahm eine kleine Glock aus Hansens schlaffen Fingern, wobei er die ganze Zeit über die Schlange im Auge behielt. Der Kopf war zerschossen – Pistolenkugeln aus nächster Nähe –, aber Hirsch erkannte, dass es sich um eine Braunschlange handelte, eine der giftigsten Schlangen in Australien, anderthalb Meter lang und fast so dick wie sein Unterarm. Am Biss einer Braunschlange starben mehr Menschen als durch jede andere Art. Und mehrmals gebissen worden zu sein …

Hansen hatte sich zudem noch in den Fuß geschossen.

Hirsch stand auf und ging zur Schlange hinüber. Er riss sich zusammen und schubste sie mit dem Schuh beiseite.

»Ich muss draufgetreten sein«, sagte Hansen zitternd, staubige Tränenbahnen zogen sich über seine Wangen. »Sie hat mich immer wieder gebissen, also hab ich sie erschossen. Ich fühl mich nicht gut.«

Hirsch kauerte sich wieder hin und legte eine Hand auf Hansens Stirn. Klamm. Er besah sich die blassen Beine: eine Mischung aus Kratzern und Bissspuren.

Benommen sagte Hansen: »Helfen Sie mir auf. Ich fahre ins Krankenhaus.«

Hirsch drückte ihn sanft zu Boden. »Sie müssen sich ruhig verhalten. Wenn Sie sich bewegen, fließt das Blut nur noch schneller durch den Körper.«

Hansen verzog das Gesicht. Er schien kurz vor dem Zusammenbruch. »Haben Sie ein Messer? Können Sie die Bisse aufschneiden?«

»Das macht man heutzutage nicht mehr.«

»Krankenwagen.«

Hirsch spürte, wie sein Zittern nachließ und kühler Pragmatismus einsetzte. Hansen würde wahrscheinlich sterben: zu viel Gift, zu spät, zu weit weg von der Zivilisation. »Rob, eins muss ich wissen: Sie haben aus irgendeinem Grund Lavau erschossen und sind hier, um auch die Kinder zu erschießen?«

»Was?« Trotz seines Elends war Hansen schockiert. »*Ich* doch nicht. *Roesch*. Ich muss die Kinder finden, bevor sie es tut.«

# 32

Hirsch kauerte sich hin und fragte sich, ob Hansen und er nun zum Angelpunkt ihrer beider Welten werden sollten. Er beschattete Hansens Gesicht mit seiner Kappe und fragte: »Aber warum?«

Hansens Stimme wurde schwach. »Das ältere Mädchen kann sie als die Person identifizieren, die ihren Vater erschossen hat.«

Darum hat sie sich so unklar ausgedrückt, dachte Hirsch. Und ich habe ihr ein Foto von Roesch gezeigt, wie sie auf meinem Sofa sitzt. Kein Wunder, dass sie nervös geworden ist.

Hansen, der die Schlange verwirrt anstarrte, sah zu Hirsch hinauf. »Wissen Sie, wo die Mädchen sind? Haben Sie das die ganze Zeit gewusst?«

»Hab sie heute Morgen aufgespürt«, antwortete Hirsch. Dann erzählte er ihm von Craig und der Höhle.

Hansen hustete. »Die waren die ganze Zeit hier?«

»Ja.« Hirsch schwieg kurz. »Rob, ich muss nachschauen, ob es ihnen gut geht.«

Hansen war ganz aufgeregt. »Ich weiß, dass sie herkommt«, sagte er mit schwerer Zunge. »Sie müssen aufpassen.«

Hirsch sah unschlüssig das Bachbett entlang. Hansen – oder Craig und die Mädchen? »Ich habe einen Druckverband im Wagen. Ich fahre Sie ins Krankenhaus. Aber ich muss erst in der Höhle nachschauen.«

»Gehen Sie«, sagte Hansen gefasst, dann beugte er sich zur Seite und übergab sich kurz, ein dünner Schleim, der den trockenen Staub dunkel färbte. Es stank gallig. Hansen hob den Kopf und sagte: »Gehen Sie.«

Hirsch stand auf. »Ich bin sofort wieder da.«

Hansen schnappte nach Luft: »Mir gehts schlecht, Mann. Mein Kopf. Ich muss mich wieder übergeben.«

Hirsch hatte keine Ahnung, wie der Tod durch Schlangenbiss kam. Eine Art Herzstillstand angesichts der Giftmenge in Hansen? Recht schnell? Hirsch drückte Hansens Schulter. »Ich rufe den Krankenwagen, wir erwischen ihn auf halber Strecke.«

Er würde den Notruf wählen, sobald er ein Signal hatte, meinte er damit. Über Funk ging nicht, der war immer noch kaputt. Ein Job für Bob Muir, dachte er, dann fragte er sich, wie er unter diesen Umständen gerade jetzt darauf kam. »Rühr dich nicht«, sagte er. Er legte seine Kappe vorsichtig über das gerötete Gesicht.

Dann rannte er los und sah sich die ganze Zeit zwischen dem Gras und den Steinen um: Nach Schlangen Ausschau halten war ihm nun eingebrannt. Unterwegs ging er noch mal Roeschs zweiten Besuch in seiner kleinen Behausung hinter dem Revier durch. Sie hatte versucht, ihn auf ihre Seite zu ziehen und Hansen zu diffamieren. Hirsch sollte Hansen misstrauen; durch ihr Vertrauen wollte sie ihn entwaffnen. Und sie wollte ihn auf ihrer Seite wissen, weil er im Zentrum des Geschehens stand. Er hatte Denise und ihre jüngste Tochter kennengelernt, er hatte die Leichen gefunden. In ihren Augen mochte er etwas verheimlichen oder unwissentlich eine Schlüsselinformation zurückhalten. Eine Person, die derart durchdrungen war von Geheimnistuerei und Hinterhältigkeit, würde beides auch von allen anderen erwarten, nahm Hirsch an.

Er stolperte am Wohnwagen vorbei – immer noch keine Spur von Roeschs Wagen – und mühte sich weiter bachabwärts zur Höhle. In der Hoffnung, dass sie ihn gehört hätten, wartete er einen Augenblick und rief dann leise: »Craig? Louise?«

Nichts. Sie waren schon fort. Oder lagen dort oben. Tot. Krank vor Sorge und nervös kletterte Hirsch zur Höhle hinauf. Er kam an den Höhleneingang und sah sich schnell um. Verlassen. Er stieg wieder hinunter.

Kaum dass er mit Wayne Flann davongefahren war, hatten sie

sich wohl auf den Weg gemacht. Louise und ihr Pokerface. Trotz all seiner guten Worte wusste sie, warum Vita Roesch hergekommen war. Sie wusste, dass es noch nicht vorbei war.

Hirsch musste sich darauf verlassen, dass sie in Sicherheit waren und sich klug verhielten. Er eilte zum HiLux zurück und holperte an der Böschung bis dorthin, wo er Hansen zurückgelassen hatte. Er wühlte nach Druckverbänden und Flaschenwasser und rutschte die Böschung hinunter zu der Stelle, wo Hansen reglos lag.

Er war tot.

Hirsch prüfte den Puls, aber es war eindeutig. Hansen lag flach auf dem Rücken in der schlaffen, zusammengesunkenen Haltung des Todes, Augen offen, Kopf zur Seite gekippt. Er hatte sich erneut übergeben: Etwas davon klebte verkrustet um den Mund, auf der Hemdbrust und auf dem Boden. Und er hatte offenkundig versucht, Hilfe zu holen: In einer todesschlaffen Hand hielt er sein Handy.

Hirsch nahm es an sich, dadurch leuchtete der Bildschirm auf und verriet Hansens letzte Handlung. Er hatte nicht angerufen. Er hatte etwas aufgezeichnet.

Hirsch zückte sein eigenes Handy, kontrollierte reflexhaft den Empfang und fotografierte den Toten und die Umgebung. Die Beine, die durchsiebte Schlange, die blutfleckigen Steine. Dann wuchtete er Hansen die Böschung hinauf, legte ihn auf den Rücksitz und schnallte ihn an. Er sah besorgt das Bachbett entlang. Er hatte keinen Grund mehr zur Eile – nicht wegen Hansen. Aber Roesch …

Er würde Unterstützung anfordern, wenn er ein Signal hatte. Jetzt musste er erst mal Craig und die Mädchen finden.

Sie waren sicherlich bachabwärts gelaufen, nicht zurück zu Craigs Camp – dem ersten Ort, an dem jemand wie Roesch suchen würde –, also folgte er dem Bach, so weit er konnte. Wayne Flanns Pick-up stand im toten Gras, mit offenen Türen und heruntergekurbelten Scheiben. Hirsch stieg aus und näherte sich vorsichtig. Der Boden war zu festgebacken, um Spuren zu zeigen, aber das hieß ja nicht, dass die Mädchen und Craig nicht hier gewesen waren. In der Zwischenzeit konnten alle Spuren durch Sonne, Wind und Staub, der ständig über die Ebene zog, kontaminiert oder vernichtet werden. Er kurbelte die Fenster hoch und schloss die Türen.

Das Gelände jenseits des Pick-ups war unpassierbar, der Bach verlief sich. Hirsch spürte die Ungeheuerlichkeit dieses Tages: das Gefühl, die Kontrolle zu verlieren und darauf zu warten, dass noch etwas Schlimmeres geschah. Er wusste nicht was tun, außer zu fahren, und so holperte er über Flanns Reifenspuren durch Dreck und Gras bis an ein Tor zur Straße nach Tiverton; der Gestank des Erbrochenen erfüllte die Kabine.

Der Heuschuppen. Er hielt zwischen den Torpfosten und eilte zu den schiefen Wänden hinüber. Das Heu war verrottet, aber er fand ein Versteck zwischen den Heuballen; eine leere Mineralwasserflasche, auf der sich kein Staubkörnchen fand.

Wohin jetzt? Die Straßen auf und ab fahren? Rein instinktiv würden sie nach Tiverton wollen. Hirsch stieg wieder in den Toyota, steckte Hansens Handy in die Halterung am Armaturenbrett und spielte die letzten Worte des Sterbenden ab.

Erst knisterten Umgebungsgeräusche aus dem Lautsprecherchen: der Wind in den Grashalmen; ein Baum, der in der Hitze knackte; eine Krähe. Dann war Hansens Stimme zu hören, langsam, dünn, die Stimme eines im Sterben liegenden Mannes.

Denise Rennie, so erklärte Hansen, war eine Zivilangestellte der New South Wales Police und arbeitete als Datenanalytikerin mit der Federal Police, mit Vita Roesch und anderen Detectives der Abteilung Kapitalverbrechen an dem Fall eines groß angelegten Waffen- und Drogenschmuggelrings, der aus Agenten der Einwanderungsbehörde, Bikergangs, Grenzschutzbeamten und korrupten Polizisten bestand. Zu dem Schmuggel kamen noch weitere Verbrechen hinzu wie Erpressung, Bestechung und Geldwäscherei.

Im Lauf der Ermittlungen wurde ein Mordversuch auf Rennie verübt – der Sozius eines Motorradfahrers schoss auf sie –, und die Familie wurde bis zu den Prozessen im Rahmen des Zeugenschutzprogramms nach Moree im nördlichen New South Wales umgesiedelt.

Sechs Wochen später wurde ihr Mann Ned daheim erschossen. Normalerweise wäre er gar nicht dort gewesen – er hatte eine Halbtagsstelle beim Bezirk –, doch er und seine älteste Tochter Louise waren krank und zu Hause. Louise hatte alles mitbekommen und die Täterin erkannt: Vita Roesch, die Arbeitskollegin ihrer Mutter. Sie flüchtete mit einem Handy aus dem Haus und rief ihre Mutter an, die gerade mit den anderen Kindern einkaufen war.

Die Familie floh. Achtzehn Monate lang hatten sie keinen Kontakt zu jemandem aufgenommen. »Nur ein Mal«, sagte Hansen mit schwerer Zunge, »da hat Denise aus Wut und Blödheit den klassischen Fehler begangen: Sie hat Roesch angerufen und gesagt: ›Du bist fällig.‹ Danach war Vita hoch motiviert, kann man sagen.«

Roesch, eine der großen Mitspielerinnen in dem Ring, gegen den sie offiziell ermittelte, war in der Lage, den Informationsfluss zu kontrollieren und zu speichern. Sie hätte gemerkt, wenn Denise Rennie ihr zu nahe gekommen wäre.

»Im Oktober dann«, sagte Hansen, »setzte sich Denise mit uns in Verbindung.«

Sie war schlau und geduldig. Erst führte sie mit den alten Hundestaffelkollegen ihres Mannes nicht zurückzuverfolgende, dreißig Sekunden lange Gespräche von öffentlichen Telefonen aus. Schnelle, kurze Fragen, zu allen möglichen Uhrzeiten tags und nachts, bis sie Hansens Chef erreichte und entschied, dass sie ihm vertrauen könne. Hirsch stellte sich diese Anrufe vor: Sie musste auf der Suche nach Telefonzellen im ganzen Bundesstaat herumgefahren sein.

»Schätze, sie war einsam und hatte die Nase voll davon, in der Pampa zu leben, und sie machte sich Sorgen um die Zukunft der Kinder«, sagte Hansen, »aber hauptsächlich war sie sauer; sie hatte was im Internet gelesen.«

Ihr alter Fall, der ausgesetzt worden war, als sie verschwand, war in verwässerter Form wieder aufgenommen worden: Anklagen in minderschweren Fällen gegen eine Handvoll Handlanger und Kuriere. Und was war mit den großen Fischen? Was war mit all dem Beweismaterial passiert, das sie gesammelt hatte?

»Vita Roesch war passiert«, sagte Hansen. Er hustete, spuckte, stöhnte.

Dann hatte Denise die Bombe platzen lassen. Sie hatte nicht nur einen Teil des Beweismaterials in der Cloud abgespeichert, ihre Tochter konnte außerdem Roesch als Mörderin ihres Mannes identifizieren.

»Der Boss stellte ein Team zusammen, um gegen Roesch zu ermitteln. Klein und geheim.«

Hansen wurde Denise Rennies Kontaktperson. Er ging mit ihr Möglichkeiten durch, wie man die Familie wieder in die City zurückholen und ihre Sicherheit garantieren könnte. Und wie man Roesch und alle anderen Beteiligten darüber im Unklaren lassen könnte. »Das ging etwa drei Wochen so. Sie war völlig besessen von Wanzen, Anrufüberwachungen, Mailhacking, also überredete ich sie, sich ein Satellitenhandy anzuschaffen.« In der folgenden Pause hustete Hansen feucht. »Ich weiß nicht, wo es sich befindet. Im Haus war es nicht, und Lavau hatte es auch nicht.«

Hirsch überkam ein merkwürdiges Gefühl von zeitlicher und örtlicher Verschiebung. Hansen hatte nichts von Wayne Flann gewusst.

Schließlich gab Denise Rennie ihre Adresse preis, und Hansen besorgte sich für alle Fälle die Telefonnummer von Sergeant Brandl. Doch keine Woche später kam es zu den Morden in der Hamel Road. Hansen wurde nach South Australia geschickt, um Roesch zu überwachen und die Mädchen in Sicherheit zu bringen, falls man sie finden würde.

Hirsch stellte sich vor, wie Roesch achtzehn Monate lang

angstzerfressen wartete – und dann, wie ein Gottesgeschenk, das YouTube-Video. Sie entsendet Lavau, doch bis er im Norden eintrifft, ist Wayne Flann schon aufgetaucht und wieder verschwunden. Lavau dürfte sich wohl bei Roesch zurückgemeldet und berichtet haben, dass derjenige, der Denise und Nick Rennie erschossen hatte, die Töchter entweder entführt hatte oder die beiden geflohen waren. Was hätte Roesch sich zusammengereimt? Jemand innerhalb der Organisation, der auf eigene Faust handelte – einer ihrer Bikerfreunde, der abtrünnig geworden war? Sie dürfte Lavau aufgetragen haben, sich nicht vom Fleck zu rühren, Augen und Ohren offen zu halten und auf ihre Ankunft zu warten. Und warum sollte sie hierherkommen? Vordergründig, um die Ermittlungen gegen den Schmugglerring zu schützen; in Wahrheit, um den Schaden in Grenzen zu halten und aufzuräumen. Und herauszufinden, was zum Teufel eigentlich los war.

»Sie hat versucht, Denise' Computer zu kriegen, aber eure Leute wollten nichts davon wissen.«

Hansens Stimme wurde schwächer. »Ich glaube, sie hat Lavau erschossen. Wenn Sie ihn an dem Tag geschnappt hätten, wäre er ein Risiko gewesen. Ich weiß noch, dass sie für ein paar Stunden fort war.«

Lange Stille. Dann: »Himmel, ich fühl mich beschissen. Mein Kopf tut weh. Und ich … ach … es gibt noch ein paar Sachen, die Sie wissen müssen. Ich habe gestern mal in die Akte Lavau geschaut. Er war mit Roesch an der Polizeiakademie. Vor zwanzig Jahren, kein Kontakt seitdem. Aber in seiner Akte steht, er war auf der Barrenjoey High School. Das ist ein Name, den man nicht vergisst, und damals, als Ned Rennie erschossen wurde und wir uns alle genau angeschaut haben, die mit dem Zeugenschutzprogramm zu tun hatten, da ist mir jemand aus dem Mitarbeiterstab aufgefallen … dieselbe Schule.«

Hirsch machte sich beim Fahren Notizen im Geiste. Sag Hansens Boss Bescheid.

Er wartete, ob Hansen noch etwas sagen würde, doch hörte

er wieder nur Vögel und Wind, dann seine eigenen Schritte, als er die Böschung hinunterrutschte, um einen Toten vorzufinden.

Gerade als er Hansens Handy ausschalten wollte, klingelte es. Hansens Boss? Roesch? Hirsch bremste ab und schaute auf das Display. Die Anrufkennung lautete *Denise*.

## 33

Unheimlich. Hirsch hielt an. Dann ging er ans Handy und sagte vorsichtig: »Hallo?«

»Spricht da … sind Sie Hansen? Sind Sie der Polizist?«

Craig Washburn, der typisch verwirrt klang. Hirsch antwortete: »Craig, hier spricht Paul Hirschhausen am Handy von Senior Constable Hansen.«

Viel deutlicher konnte er sich nicht ausdrücken, doch blieb die Leitung stumm, und Hirsch las Verwirrung daraus. Er *selbst* war verwirrt. Mit welchem Handy telefonierte Washburn? »Craig, wo sind Sie? Sind die Mädchen bei Ihnen?«

Er hörte ein Rauschen in der Leitung wie eine laute Muschel am Ohr: Hielt Washburn das Handy gegen die Brust? Dann gedämpfte, aufgeregte Stimmen, bis eine Frau sagte: »Gib mir das Ding, du Trottel. Paul? Ich bins, Nan.«

Ihre Stimme klang fröhlich und hell, so als habe sie gerade den Garten gewässert. Hirsch, der sich fragte, ob er in ein Paralleluniversum geraten war, fragte: »Was ist los? Sind Sie zu Hause?«

Nan war zwar erheblich präziser, als ihr Mann jemals sein könnte, dennoch klang ihr Bericht recht unzusammenhängend, und Hirsch musste nachhaken. Er war wieder losgefahren, lenkte mit der einen Hand und hielt sich das Handy mit der anderen ans Ohr: Vita Roesch hatte sie aufgespürt.

Wie Hirsch angenommen hatte, waren Craig und die Mädchen das Bachbett in südlicher Richtung entlanggelaufen, bis sie schließlich auf Wayne Flanns Pick-up gestoßen waren. Leider hatten sie keinen Zündschlüssel gefunden, aber Denise Rennies Satellitenhandy hatte im Handschuhfach gelegen: *Noch ein Nagel zu Waynes Sarg,* dachte Hirsch.

Weil sie weder beim Pick-up bleiben noch ins Bachbett zurückkehren wollten, hatten sie die Straße überquert, sich im Heuschuppen versteckt und Nan angerufen, die sie holen sollte. Als Nan dort eintraf, eilten sie genau in dem Augenblick zum Auto, als Roesch vorbeifuhr. Sie war vor ihnen eingeschwenkt und war mit einem breiten falschen Grinsen ausgestiegen. Doch bei Nan waren bereits alle eingestiegen – dann war sie durch den Zaun gebrettert und war über die Weiden zur Hamel Road gefahren.

»Wo sind Sie jetzt?«

»Im Haus der Mädchen. Wir wussten nicht, wohin sonst. Die Frau war direkt hinter uns. Sie hat auf uns *geschossen,* Paul.«

Im Haus? Hirsch konnte sich nicht vorstellen, wie sie einen Ort mit derart vielen Zugängen verteidigen wollten. »Können Sie sich irgendwo einschließen?«

»Wir sind in der Garage. Wir haben das Rolltor verriegelt und die Innentür, aber sie steht gleich dahinter. Erst hat sie versucht, die Türen einzuschlagen, jetzt versucht sie, Süßholz zu raspeln. Louise meint, wir können ihr nicht trauen. Stimmt das?«

»Aber ganz gewiss«, sagte Hirsch. »Bleiben Sie, wo Sie sind, ich bin nur ein paar Minuten entfernt.« Dann schwieg er kurz. »Hören Sie, können alle in die Werkstattgrube unter Mrs Rennies Wagen klettern?«

»Ja. Warum? Oh …«

Genau. Falls Roesch anfängt, Löcher durch die Schuppenwände zu schießen. »Rufen Sie Sergeant Brandl an. Sie wird wissen, was zu tun ist.«

Er gab ihr die Telefonnummer, wendete – wobei er hörte, wie Hansens Leiche sich in ihren Gurten bewegte – und raste zurück zu den Ruinen und weiter zur Hamel Road. Er dachte kurz nach. Roesch dürfte von Tiverton gekommen sein. Längerer Weg, bessere Straßen. Wenn sie hinter dem Razorback abgekürzt hätte, dann hätten die GPS-Koordinaten sie zu Craigs Camp gebracht, lange vor dem Heuschuppen. Oder sie hätte sich verfahren. Oder … egal. Wichtig war nur, wo sie sich jetzt aufhielt.

Hirsch hielt an der Zufahrt zur Hausnummer 6, Hamel Road, wusste aber nicht, was er als Nächstes tun sollte. Das Haus lag jenseits einer leichten Anhöhe, für Roesch war er also unsichtbar. Dieser Vorteil war allerdings dahin, wenn er hineinfuhr. Sie würde ihn kommen hören und genug Zeit haben, ihm aufzulauern.

Er würde zu Fuß gehen müssen.

Er blockierte die Zufahrt mit dem Toyota – das mochte Roesch vielleicht aufhalten, falls sie türmen wollte – und stieg aus, verriegelte den Wagen, zückte seine Pistole und rannte den Hügel hinauf zum Haus. Auf halber Strecke klingelte sein Handy. *Himmel.* Er schaltete auf stumm, während er es aus der Tasche zog, und schaute aufs Display. Sergeant Brandl.

Sie hat mit Nan gesprochen, nahm er an. Er sollte besser drangehen. Wenn er auch nur einen Schritt tat, hatte er vielleicht das Signal verloren. »Sergeant«, sagte er leise.

Es knisterte in der Leitung. »Stimmt das, was Mrs Washburn mir erzählt hat? Die Schwestern leben? Und ausgerechnet Sergeant Roesch versucht sie zu erschießen?«

»Ja.«

»Sie sind außer Atem. Was ist los?«

»Ich bin zu Fuß und nähere mich dem Haus und –«

»Sie warten auf Verstärkung«, sagte sie mit fester Stimme. »Das ist ein –«

Das Signal brach ab.

Auf der Anhöhe legte sich Hirsch auf den Bauch. Nan Washburns Volvo stand schräg vor der Garage, alle Türen offen, Roeschs Wagen dahinter. Roesch stand im Freien, sprach offenbar auf die Garage ein und wirkte dabei ganz so, als wolle sie Befehle erteilen.

Aus der Garage drang kein Ton.

Hirsch duckte sich und eilte den Hang hinunter, hielt sich an den Rand der Fahrspur, bereit, in den schütteren Schutz der Zypressen zu springen, der sie säumte. Als er sich der Sohle näherte, hörte er Roesch rufen, dann drängen. Verlor sie die Nerven? Als er zwanzig Meter von ihr entfernt war, machte sie kehrt, und er erstarrte hinter einem Baum.

Sie hatte ihn nicht bemerkt, sondern rannte zum Volvo, schaute schnell hinein und setzte sich hinters Lenkrad. Die Schlüssel mussten wohl gesteckt haben: Auspuffqualm, dann schoss der Wagen auf die Garage zu und rammte das Rolltor. Roesch setzte zurück: Das Tor war arg verbeult und hob sich an einer Ecke. Sie rammte es ein zweites Mal, setzte mit einem Geräusch von kreischendem Metall zurück, und nun war die Lücke groß genug, um hineinzukriechen. Die Fahrertür ging auf. Sie setzte einen Fuß hinaus.

Hirsch sprintete los. Er näherte sich von hinten und hielt ihr den Lauf seiner Pistole hinters Ohr. »Bleiben Sie genau, wo Sie sind. Werfen Sie –«

Roesch riss die Tür zu. Sie klemmte ihm den Unterarm ein, seine Finger öffneten sich, die Pistole fiel in den Staub. Dann stürzte Roesch aus dem Volvo, schubste Hirsch heftig, stieß die Waffe unter den Wagen, trat ihn und rannte zu ihrem Mietwagen. Sie stieg ein, warf ihm einen merkwürdigen, undurchsichtigen Blick zu und raste den Hügel hinauf und davon. Ein paar Sekunden später hörte Hirsch einen Schuss, dann noch einen. Seine Reifen? Er sah zum Volvo hinüber. Er war kaum noch fahrtüchtig.

Hirsch ging zum Schuppen. »Ihr könnt rauskommen. Sie ist weg.«

Sie waren sehr leise, eine gemurmelte Debatte. Hirsch war zu erschöpft, um hineinzukriechen – er schien keinen einzigen stabilen Knochen im Leib zu haben – und ihnen einen beruhigenden Blick zuzuwerfen. »Alles okay«, sagte er.

Es dauerte eine ganze Weile, bis sie herauskamen. Alle vier schienen intakt zu sein.

# 34

Als Hirsch sie fünf Minuten später verließ, saßen sie auf der Veranda mit den Rücken zum Haus und den Füßen im Staub; die Mädchen trugen frische Sachen, die Nan aus deren Schlafzimmer geholt hatte.

Sie wollten ihn nicht mal für eine Minute gehen lassen. »Seien Sie vorsichtig. Vielleicht kommt sie zurück.«

»Tut sie nicht«, sagte er. »Ihre Tarnung ist aufgeflogen – es würde ihr gar nichts mehr bringen.«

Hirsch wollte unbedingt den Schaden am Toyota kontrollieren. Und mit Hansens Leiche auf der Rückbank konnte er sowieso nicht die ganze Meute mitnehmen. »Nur ein paar Minuten«, sagte er.

Schließlich scheuchte ihn Nan Washburn davon, und er eilte den Hügel hinauf und auf der anderen Seite hinunter. Der HiLux stand schief. Roesch hatte die beiden Reifen auf der Beifahrerseite zerschossen.

Er rannte zum Haus zurück und sah, welche Erleichterung alle erfasste. Er war keine fünf Minuten fort gewesen.

»Haben sie sie gesehen?«

»Keine Spur von irgendwem«, antwortete Hirsch.

»Hat sie die Reifen zerschossen?«, fragte Craig.

»Das hat sie.«

Die vier saßen noch immer auf der Veranda aufgereiht. Hirsch drehte einen Gartenstuhl zu ihnen hin. »Ich muss mir noch mal das Telefon ausleihen.«

Er hatte bereits mehrere Telefonate geführt: Er hatte Roesch gemeldet und eine Beschreibung des Wagens durchgegeben; er hatte dafür gesorgt, dass Hansens Leiche abgeholt und Wayne

Flann von Tiverton nach Redruth verlegt wurde; er hatte Bob Muir beruhigt und Durchsuchungsbefehle beantragt; und er hatte den Sergeant gebeten, die Mordkommission auf den neuesten Stand zu bringen und Hansens Vorgesetzten in Sydney aufzutreiben.

Jetzt führte er noch zwei weitere Telefonate: eines mit Redruth Motors, um einen Abschleppwagen für den Toyota anzufordern, und ein weiteres mit Brandl, um ihr zu sagen, dass er ein Ersatzfahrzeug bräuchte, wenn er in finsterster Silvesternacht das Böse bekämpfen solle.

»Sehr drollig«, sagte sie. »Mal sehen, was ich tun kann.«

Dann warteten sie. Louise war unruhig – was ja auch kein Wunder war, fand Hirsch: Roesch war auf freiem Fuß, und in dem Haus hinter ihr war der Tod noch immer präsent.

Er setzte sein wärmstes Lächeln auf. »Ihr werdet in guten Händen sein. Ihr braucht euch nicht mehr verstecken – zu viele Leute wissen jetzt über Sergeant Roesch Bescheid. Sie hat keinen Grund mehr, euch etwas anzutun. Sie rennt um ihr Leben.«

Ein schmutziges Bein wackelte, Zähne knabberten an Fingernägeln.

Jean Landy traf als Erste in einem Streifenwagen aus Redruth ein, gefolgt von einer Mischung aus uniformierten und zivilen Polizeikräften, die die Schwestern nach Adelaide eskortieren sollten. »Der Boss ist unterwegs«, sagte Landy. »Sie hat in Tiverton gehalten, um mal einen kurzen Blick auf Ihren Häftling zu werfen.« Sie schwieg kurz. »Sind Sie sicher, dass er es war?«

Hirsch nickte. »Und was ist mit dem Rettungswagen?«

»Unterwegs.«

Hirsch ging zur Straße zurück, als der Rettungswagen auftauchte. Er hob die Hand, wies auf die Rückbank des HiLux und sah zu, wie der Wagen neben der Hintertür anhielt.

Der Fahrer, ein mürrischer Mann mit schwarzem Bartschatten, kurbelte das Fenster herunter. »Ist er wirklich tot?«

»Ja, wirklich«, sagte Hirsch und öffnete die Tür. Die andere

Sanitäterin, eine kleine Frau mit flinken, erfahrenen Händen, ging als Erste zur Leiche. »Tatsächlich. *Mehrere* Bisse. Was für eine Schlange?«

»Braunschlange.«

»Böse.«

Hirsch schaute zu, wie sie Hansen auf eine Bahre legten und in den Rettungswagen schoben, dann ging er zum Haus zurück. Er überquerte gerade den Hof zur Veranda, als ein weiteres Fahrzeug eintraf: Sergeant Brandl in einem HiLux, der genauso aussah wie sein eigener. »Den können Sie die nächsten Tage haben.«

»Danke, Sergeant.«

»Kommen Sie mit«, sagte sie und ging zu dem Schatten der ersten Zypresse hinüber, als würde sie an Fäden gezogen. Sie blieb stehen, drehte sich um und schob sich eine schweißnasse Strähne hinters Ohr. »Wie sicher sind Sie, dass Mr Flann Mrs Rennie und ihren Sohn erschossen hat?«

Sie will sich den Rücken frei halten, dachte Hirsch. Er nickte zum Haus hinüber. »Das ältere Mädchen kann ihn identifizieren.«

»Das hat also nichts mit dem Zeugenschutzprogramm zu tun?«

»Richtig.«

»Aber warum? Welches Motiv hatte er?«

»Er raubt entlegene Farmen aus. Vielleicht war er in der Nacht auch auf Ice.«

»Wir brauchen mehr als das. Er schwört Stein und Bein, dass er sie nicht erschossen hat. Ist das Mädchen glaubwürdig? Es war Nacht, sie hatte Angst, es ist eine Menge passiert …«

»Sie ist glaubwürdig.«

Brandl schaute zu Louise hinüber, die immer noch auf der Veranda saß und zu dem Detective aufschaute, der sie befragte; Craig Washburn hatte einen Arm um ihre Schultern gelegt. Brandl wandte sich wieder an Hirsch. »Es wäre gut, wenn wir ihre Aussage kriegen könnten«, sagte sie knapp. »Was haben wir sonst noch, abgesehen davon? Mr Muir hat mir das Gewehr gezeigt, das Sie Mr Flann abgenommen haben. Es ist offenkundig nicht die Mordwaffe. Flann blieb dabei, dass er Mrs Rennie oder ihr Familie niemals gesehen hat, niemals bei ihrem Haus war und nur seine eigene kleine Suche in der Gegend durchführt, bla bla bla. Und er beschuldigt Sie, Sie hätten Vorurteile gegen seine Familie.«

Hirsch hörte die Schärfe in ihren Worten. Er hatte sie enttäuscht, er hätte sie einweihen müssen. »Boss, sein eigener Bruder kann bezeugen, dass er bei dem Haus war.«

»Verbessern Sie mich, falls ich mich irre, aber wird der nicht noch immer vermisst? Und wie glaubwürdig ist er – immer mal angenommen, er wird bald gefunden? Ein richtiger Beweis wäre gut.«

»Den gibt es«, sagte Hirsch. Er berichtete ihr von der WiFi-Verbindung.

»Und? Er könnte behaupten, er habe sich dort eingeloggt, als er zu dem Haus kam, um bei der Suche mitzumachen.«

»Okay, was ist mit dem Telefon, auf dem Mrs Washburn Sie angerufen hat? Es gehörte Denise Rennie. Es lag in Flanns Pick-up.«

»Und? Er kann behaupten, er habe es im Bachbett gefunden.«

Hirsch, nun seinerseits enttäuscht von ihr, sagte mit scharfer Stimme: »Boss, er hat auf mich geschossen.«

»Aus Versehen, meinte er«, entgegnete Brandl.

Dann änderte sich ihre Haltung auf die übliche launenhafte Weise. Sie grinste ihn an. »Aufs Geratewohl auf einen Polizisten zu schießen reicht allerdings aus, um ihn für den Augenblick eingesperrt zu lassen. In der Zwischenzeit hat Jean die Durchsuchungsbefehle besorgt. Wie zuversichtlich sind Sie, dass Sie etwas finden werden?«

Hirsch, der zuversichtlicher klang, als er tatsächlich war, sagte eindringlich: »Es wird sich bestimmt was finden.«

Der große Metallspind an der Rückwand von Flanns Hauptschuppen.

Eine halbe Stunde später blieben nur Hirsch und Jean Landy zurück. Landy zitterte vor Aufregung. »Meine erste offizielle Durchsuchung.«

»Machen Sie sich nicht allzu wild deswegen. Meistens ist es dreckig, staubig und undankbar«, meinte Hirsch. »Sie kriegen Dinge zu sehen, die Sie nicht übersehen können. Sie –«

»Wie was, zum Beispiel?«

»Ach, alles Mögliche.«

Gewaltpornografie, zum Beispiel, verschimmeltes Essen, kotbeschmierte Wände … Einmal hatte er das Schlafzimmer einer Urgroßmutter durchsucht, die als Drogenkurierin unterwegs gewesen war, und war über einen randvollen Nachttopf gestolpert.

Es war Nachmittag. Die Silvestersäufer waren bestimmt schon unterwegs. Hirsch hatte den ganzen Tag gearbeitet, und er würde bis in die frühen Morgenstunden beschäftigt sein. »Haben Sie heute Nacht Dienst?«

Landy nickte. »Ich patrouilliere durch die gefährlichen Gassen von Redruth.«

Hirsch mochte sie. Er warf einen Blick auf ihren Streifenwagen. »Fahren wir Kolonne, oder kommen Sie mit mir?«

Sie war praktisch orientiert. »Kolonne, für den Fall, dass ich unverhofft abgezogen werde.«

Der Ersatzwagen fuhr sich genauso wie Hirschs zusammengeschossener HiLux. Er fuhr die Hamel Road entlang zur Straße nach Tiverton, Landy folgte ihm, und eine halbe Stunde später waren sie bei der erbärmlichen Ansammlung aus Haus und Schuppen der Flanns. Landy schaute zu, wie Hirsch den Hausschlüssel aus dem Schlüsselbund suchte, den er nach der Verhaftung Flanns konfisziert hatte, und sagte: »Sieht so aus, als würde hier schon seit Jahren niemand mehr wohnen.«

Hirsch brummte. Brenda Flann war ein Albtraum, aber zumindest hegte sie einen letzten Rest von Stolz für ihr Haus; vielleicht sogar einen vagen mütterlichen Instinkt. Jetzt, wo sie im Krankenhaus lag, Adam verduftet war und Wayne durch die

Gegend strich, hatten Haus, Hof und Schuppen überraschend schnell ein verwahrlostes Aussehen angenommen.

Drinnen suchten sie schnell an den offenkundigen Stellen – unter den Betten, in Schubladen und Schränken –, dann an den üblichen Verstecken für die jämmerlichen Geheimnisse der Menschen – in Gefrierbehältern und Mehldosen, unter Schubladen geklebt, unter Dielen. Was für ein kümmerliches Leben, dachte Hirsch. Keine Bücher, kaum ein Magazin. Zwischen zwei Waschgängen zu lang getragene Kleidung. Schmutzwasser in der Spüle, Trockenränder in Bad und Kloschüssel. In einer alten Tabaksdose fand sich noch ein kleiner Vorrat an Pot, sonst nichts, was auf ein Innenleben hindeutete, mal abgesehen von einem riesigen neuen Fernseher, ein paar Xbox-Konsolen und einer eBay-Rechnung für einen militärisch-taktischen Gewehrtrageriemen von einem Waffengeschäft in Kentucky.

Blieben noch die Schuppen.

In einem davon Reste von Heu, ein paar rostige Eggen und ein alter Massey Ferguson auf platten Reifen. Im anderen fand sich nichts Bemerkenswertes, bis auf den glänzenden Stahlschrank hinter ein paar Sperrholzplatten. »Versteckt«, bemerkte Landy, »aber nicht offensichtlich. Auf den zweiten Blick würde man glauben, dass es sich um einen Spind für teures Werkzeug handelt.«

»Da sind auch wahrscheinlich teure Werkzeuge drin«, sagte Hirsch.

Landy beendete den Gedanken: »Aber nicht bezahlte.«

Sie zogen sich Handschuhe an. Hirsch fand den richtigen Schlüssel, öffnete das Schloss und zog vorsichtig am Türgriff.

»Rechnen Sie mit einer Sprengfalle?«

»Ist schon vorgekommen«, antwortete er.

Doch sie flogen nicht in die Luft, und das Erste, was sie fanden, war ein Kinderdreirad ohne Sattel und Pedale. Am Rahmen hingen noch Fetzen von Weihnachtsgeschenkpapier.

»Wir haben ihn«, sagte Hirsch.

Er erzählte Landy die Geschichte und sah Furcht, Mitleid und

Trauer über ihr Gesicht huschen, als sie sich den Vorweihnachtsabend im Haus der Rennies vorstellte.

Hinter dem Dreirad standen drei Angeln, ein Rasentrimmer, ein Sportbogen und ein paar Kricketschläger. Daneben gab es ein paar Regaleinlagen, darauf Werkzeugkisten, ein Elektroschleifer, eine Bügelsäge, Kettensägen und ein Laubbläser.

Landy streckte die Hand hinein und kippte eine der Kettensägen. »Jemand hat seinen Namen mit Edding draufgeschrieben: T. Wesley.«

»Der wohnt in Porters Lagoon«, sagte Hirsch.

Landy brummte zufrieden. »Damit haben wir Mr Flann festgenagelt.«

Zumindest wegen Diebstahls, dachte Hirsch. Wir müssen ihm noch die Mordwaffe in die Hand drücken. Und wir brauchen Adams Aussage. In diesem Augenblick meldete sich Landys Handy. Sie schaute hinein und murmelte: »Hätte nicht gedacht, dass ich hier draußen Empfang habe.«

Hirsch mutmaßte: »Der Boss will Sie sehen.«

»Schlägerei im Pub.«

»Fahren Sie nur, ich bring das hier zu Ende.«

Als Hirsch allein war, fotografierte er den Inhalt des Schranks und schloss ihn wieder ab. Er nahm die längere Strecke nach Tiverton und schaute noch bei dem kleinen Haus an der Bitter Wash Road vorbei.

»Ich dachte, ich wünsche dir schon mal ein gutes neues Jahr.«

»Weil du zu tun haben wirst«, sagte Wendy. Sie packte ihn am Arm und lenkte ihn in Richtung Bad. »Du brauchst eine Dusche.«

»So offensichtlich?«

Dazu sagte sie nichts. »Rührei und Speck, wenn du fertig bist.«

Ihre Kommunikation war häufig energisch, und Hirsch kam kaum zu Wort. »Frühstücksmenü?«

»Damit kommst du durch die Nacht.«

Als er mit einem Handtuch um die Hüften aus dem ans

Schlafzimmer grenzende Bad kam, lag die Ersatzuniform, die er in ihrem Schrank hängen hatte, auf dem Bett. Keine Spur von der verdreckten, schweißfleckigen Uniform des Tages: Die weichte wohl schon in der Spüle in der Waschküche ein.

Nachdem er Eier und Speck mit einem starken schwarzen Tee heruntergespült hatte, fuhr Hirsch, noch mit dem Abdruck von Wendys Lippen auf den seinen, zurück zum Ort. Er kam am Laden vorbei, kontrollierte ganz automatisch die Kitchener Street und sah einen silbernen Kombi und einen Journalisten in einem kurzärmligen weißen Hemd, der Mr Cromer interviewte. Na, viel Glück, dachte Hirsch. Er hatte gehofft, dass die Geier sich verzogen hätten, aber offenbar war Ponyverstümmelung von allgemeinem Interesse.

Er hielt vor dem Polizeirevier, und der Reporter eilte zu ihm. »Constable Hirschhausen? Darf ich mal mit Ihnen sprechen?«

»Tut mir leid«, sagte Hirsch, »ich bin beschäftigt.«

»Wissen Sie schon mehr darüber, wer Mrs Washburns Tiere verletzt haben könnte?«

Ich denke schon, dachte Hirsch.

»Man erzählt sich, dass es sich um dieselbe Person handeln könnte, die die Morde in der Hamel Road begangen hat.«

Hirsch drehte sich beim Aufschließen der Haustür um. Ein Auto kam in den Ort geschossen, der Fahrer sah den HiLux in der Einfahrt des Reviers, bremste zu einem verängstigten Kriechen ab und rollte durch den Ort, als ob er kein Wässerchen trüben könnte.

»Was denken Sie darüber, Constable Hirschhausen?«

»Es steht uns eine geschäftige Nacht ins Haus, Sie verstehen«, sagte Hirsch und starrte den Reporter an, der offenbar etwas Abschreckendes an ihm entdeckte und zögerte. Hirsch nickte. »Einen guten Abend noch, Sie haben ja sicher auch noch viel zu tun«, sagte er und verschwand im Haus.

Er lüftete Büro und Wohnräume und ging die Mails und Anrufe durch, als er eine SMS von Gemma Pitcher bekam: *Bis morgen Nachmittag.*

Er antwortete: *Bis dann* und ging hinaus, um für Frieden und Ordnung zu sorgen.

Um zwanzig Uhr fuhr er südwärts bis Mount Bryan und nordwärts bis Terowie, schaute in beiden Ortschaften im Pub vorbei und kontrollierte die Nebenstraßen. Dann eine schnelle Fahrt zurück nach Tiverton: Offenbar fuchtelte ein Kerl im Pub mit einer Machete herum.

Machete, Pub, Silvester – das beste Rezept für eine Katastrophe. Doch als Hirsch den Wagen mit der Nase voran beim krummen Verandapfosten abstellte und in die Bar eilte, fand er dort nur fröhlichen Lärm und größere Heiterkeit vor.

»Schon alles vorbei, Mann«, sagte Carl Bagshaw.

»Wir haben uns drum gekümmert«, ergänzte sein Bruder.

Hirsch sah sich die Gäste an: ein paar Cowgirls, eine Handvoll Farmer und Landarbeiter, ein Fahrer der Luzernesamenfirma, die Grundschuldirektorin, die Kosmetikerin im Ort. Der Wirt zapfte. Hinter ihm, auf der anderen Seite der U-förmigen Bar, befand sich die Lounge, deren Tische von einer etwas anderen Klientel besetzt waren: Mütter, Väter, Kinder und Großeltern. Wie ein typischer Samstagabend, wenn auch mit einer leichten elektrischen Aufladung, die nach einem Drama in der Luft hängt.

Kevin Henry war am wenigsten amüsiert. Niemand war verletzt worden; die Bagshaw-Zwillinge anzuheuern, um für Ruhe zu sorgen, hatte sich bezahlt gemacht. Doch so kurz nach Brenda Flanns unglückseligem Parkversuch hatte es schon wieder einen Zwischenfall gegeben. »Hätte auch übel ausgehen können.«

Er wies auf das feuchte Tuch, das die Theke bedeckte. »Machete« war ein wenig übertrieben: Hirsch erkannte ein Bajonett aus dem Zweiten Weltkrieg, rostfleckig und stumpf. Sein Großvater hatte so ein Ding 1945 aus Borneo mitgebracht.

»Was ist passiert?«

Die Bagshaw-Zwillinge sahen sich gegenseitig an. »Dieser Typ kam rein.«

»Voll wie eine Strandhaubitze.«

»Hackedicht.«

»Und hat mit dem Ding herumgefuchtelt.«

»Er sagte: ›Wo ist sie?‹ Wir fragten: ›Wer?‹«

»Hat er nicht gesagt. Frau? Freundin?«

»Hab ihn noch nie gesehen.«

Hirsch ging dazwischen und erhob die Stimme: »Hat jemand von Ihnen den Mann schon mal gesehen?«

Stille, dann verneinendes Gemurmel und Kopfschütteln.

»Okay, hat jemand gesehen, wohin er verschwunden ist?«

Weiteres Kopfschütteln, aber zumindest eine Information: Der Irre war in einem alten Subaru Kombi davongefahren.

»Als ich ihm das Messer abgenommen habe«, sagte Ivan, »ist er nur in Tränen ausgebrochen und verschwunden.«

»Hat noch jemand außer dir das Bajonett angefasst?«

»Nein, nur ich.«

Hirsch wickelte sich ein Taschentuch um die Finger und nahm das Bajonett am Griff, trug es in den Toyota und kehrte zurück, um die Gäste nacheinander zu befragen. Haben Sie gesehen, was passiert ist? Kannten Sie den Mann? Haben Sie ihn schon jemals zuvor gesehen? Oder gar ein Foto gemacht?

Ein unscharfes Bild: klein, bierbäuchig, etwa vierzig, Shorts und Unterhemd. Keine der Frauen kannte ihn.

Kein Schaden, kein Blutvergießen, aber es war mit einer tödlichen Waffe herumgefuchtelt worden. Hirsch würde sie auf Fingerabdrücke untersuchen lassen, um zu sehen, ob der Kerl im Computer war.

Der Rest der Nacht verlief ereignislos. Hirsch patrouillierte durch sein Revier, und soweit er feststellen konnte, wurden keine Verbrechen begangen oder Vorschriften missachtet. Hoffen wir, dass dies ein gutes Omen für das neue Jahr ist, dachte er.

# 35

Am ersten Januar schlief Hirsch aus. Alle anderen auch.

Am frühen Nachmittag wünschte er zum zweiten Mal ein frohes neues Jahr.

»Ja, Ihnen auch.« Gemma Pitchers Antwort klang klar und zuversichtlich, und auf ihrem runden Gesicht lag ein Hauch von Anmut. Die Jungs, die links und rechts von ihr saßen, gaben kaum ein gemurmeltes Wort von sich. Wo immer sie sich versteckt hatten, hatten sie das neue Jahr ausgiebig willkommen geheißen.

Hirsch hatte beschlossen, mit ihnen ins Wohnzimmer zu gehen: privat, nicht zu formell – aber auch nicht zu gemütlich, denn das Revier lag gleich hinter der Tür. »Später muss ich mit jedem von euch allein sprechen«, sagte er und wusste, dass er sie in einem ordentlich durchgeführten Polizeieinsatz gleich sofort hätte trennen und sie sich ordentlich zur Brust nehmen müssen.

Gemma zuckte mit den Schultern; Adam schaute mürrisch; Daryl machte wie immer ein dummes Gesicht.

»Fangen wir mit den allgemeinen Tatsachen an. Als Erstes: Wo wart ihr die letzten Tage?«

»Wir möchten nicht, dass sie in Schwierigkeiten geraten«, sagte Gemma.

»Keine Sorge. Ich bin nur neugierig.«

»Bei meiner Cousine.«

»Wusste deine Ma davon?«

»Nein.«

»Wo?«

Gemma zuckte mit den Schultern; der ausgeleierte Halsausschnitt ihres schwarzen T-Shirts hing ihr an einer fleischigen Schulter herunter. »Ist das wichtig?«

Wahrscheinlich nicht. Hirsch zückte sein Handy und suchte das Foto von Lavau. »Kennt ihr diesen Mann?«

Gemma schaute hinein. »Das ist der, der in den Laden gekommen ist.«

Hirsch nickte. »Das habe ich mir schon gedacht.«

»Wer ist das? Ist er hinter mir her?«

Hirsch schüttelte den Kopf. »Nein, er ist tot.«

»Okay«, meinte Gemma gleichgültig. Die Jungs wirkten verängstigt und missmutig. Wie Kinder.

Der nächste Schritt verlangte Leichtigkeit. Ging er zu forsch heran, würde das Trio dichtmachen. »Um nur ein paar andere Dinge vorab zu klären«, sagte er und schaute Daryl an, »habt ihr Jungs zufällig an Mr und Mrs Dunners Wollschuppen gesprayt?«

Daryl Cobb schaute nur noch leerer. Adam Flann blinzelte und runzelte die Stirn. »Wer?«

»Egal. Was ist mit Kupferdraht, Kupferrohren, könnt ihr mir dazu etwas sagen?«

Adam versteifte sich. »Wir haben mit Kupfer nichts am Hut.«

»Und was ist mit Wayne? Hat er Kupfer geklaut?«

»Nee.«

Hirsch machte sich eine Notiz im Geiste: Waynes Fingerabdrücke sollten mit denen verglichen werden, die auf dem Absperrband an der Scheune gefunden worden waren.

»Was ist mit Kip?«

»Mit wem?«

»Der Hund von Mr und Mrs Fuller, drüben am Munduney Hill. Er ist vor ein paar Wochen verschwunden. Wisst ihr etwas darüber?«

Gemma wusste, dass Kip auf der Straße gefunden worden war. Beleidigt schaute sie den Jungen links von sich an, dann den rechts. »Die würden doch keinem Hund was antun.«

Daryl rührte sich, und ein Licht ging bei ihm auf. »Der? Der hat sich wie verrückt auf uns gestürzt.«

»Erzähl mir davon«, sagte Hirsch im sanften Ton der Geschäftsmäßigkeit.

Daryl fiel auf, dass er zu viel gesagt hatte, und sackte in sich zusammen.

»Daryl? Wann war das?«

Schulterzucken. »Ewig her.«

»Warst du mit Adam und Wayne dort?«

Wieder ein Schulterzucken. Hirsch sah Adam an und rechnete schon damit, dass er seinem Freund den Mund verbieten würde. Interessant. Der Junge war hinter seiner gelangweilten Fassade ganz wacher Mutwille.

Gemma ging dazwischen. Sie nahm Daryls Hand. »Ist schon okay, Daz. Wir haben doch darüber gesprochen. Du musst es ihm sagen.«

Daryl schwieg. Gemma seufzte und sagte: »Sie haben mir erzählt, sie hätten sich zu den Fullers geschlichen, aber der Hund hätte ihnen Angst eingejagt.«

»Stimmt das, Daryl?«

Daryl hob den Kopf. »Ist völlig ausgeflippt. Und dann ist seine Kette gerissen.«

»Na, beinah hättet ihr den Hintern voller Zähne gehabt«, sagte Hirsch und rechnete mit einem Grinsen, aber Daryls Gesicht blieb ausdruckslos. »Habt ihr irgendetwas geklaut?«

»Wayne hat eine Schaufel mitgenommen.«

»Bist du immer mit Wayne und Adam auf diese Expeditionen gegangen?«

Kopfschütteln.

Hirsch wandte sich an den anderen Jungen. »Adam? Bist du jedes Mal mit Wayne unterwegs gewesen?«

Adam hob das Kinn. Er starrte Hirsch mit einem dünnen, harten Lächeln an: »Lohnt den Ärger nicht, *nicht* mit ihm zu gehen.«

Hirsch stellte sich Adams häusliches Leben vor. Der ältere Bruder schikanierte ihn, der Vater saß im Gefängnis, ein Hauch von Stabilität und häuslicher Gemütlichkeit von Brenda – wenn sie nicht trank. »Was ist mit Mrs Washburns Pferden?«

»Das würden wir nie tun! Niemals.«

»Okay«, sagte Hirsch. »Aber was ist mit Wayne?«

»Nein«, sagte Adam, so als hätte der Akt der Tierverstümmelung Wayne mehr Mühe gemacht, als es wert war.

»Was ist mit Mr Wesley, drüben bei Porters Lagoon?«

Adam musste nachdenken. »Kettensäge?«

Hirsch nickte. »Hegte Wayne einen besonderen Groll gegen die Fullers oder Mr Wesley oder –«, er ließ den Namen wie unabsichtlich fallen »– Mrs Rennie?«

Adam zuckte mit den Schultern. »Nicht, dass ich wüsste. Sie lebten eben einfach irgendwo im Nirgendwo.«

»Abgeschieden.«

»Ja. Bevor Dad ins Gefängnis musste, sind wir immer nachts auf Jagd.«

Nachts herumfahren, einen Fuchs im Scheinwerferlicht fangen und erlegen. »Habt ihr so die Häuser gefunden, die ihr ausrauben wolltet?«

Adam nickte. »Wayne fragte andauernd: ›Was ist mit diesem Haus? Was ist mit jenem Haus?‹, und Dad meinte Ja oder Nein.«

Hirsch brummte. »Also gut, reden wir über Weihnachten.«

Adam sank in sich zusammen. Daryl wirkte halb eingeschlafen. Gemma richtete sich auf, eine breitschultrige Geste, die Hirsch bedeutete, er solle nur ja aufpassen, sie würde auf ihren Freund achtgeben.

Immer sachte, dachte Hirsch. »Daryl, bist du Weihnachten mit Wayne unterwegs gewesen?«

Daryl musste nachdenken. »Nein.«

»Ist er nicht«, bestätigte Gemma mit leiser Betonung.

»Aber du, Adam?«

Adam schien nach einer Ausflucht zu suchen, um seine Antwort zu kaschieren. Am Ende nickte er nur.

»Bist du irgendwann mal aus dem Pick-up gestiegen? Und ins Haus gegangen?«

»Nein.«

»Aber Wayne schon?«

»Ja.«

»Was ist passiert?«

»Die Frau ist aus dem Schuppen gekommen, Wayne hat einen Schreck gekriegt und die Waffe gepackt«, sagte Adam. »Er hat zu mir gesagt, ich solle bleiben, wo ich bin, ist hinter ihr hergejagt und fing an zu schießen.«

»Warum hat er das getan?«

»Fragen Sie ihn.«

»Das mache ich. Was glaubst *du,* warum er das getan hat?«

»Er war drauf, Mann.«

»Drogen?«

Die Antwort schien Adam offenkundig. »Ice.«

»Nimmt er oft Drogen?«

»Wann immer er was kriegen kann.«

»Jedes Mal, wenn ihr unterwegs wart?«

»Eigentlich nicht.«

»Er ist also ins Haus und hat geschossen. Was ist dann passiert?«

»Ich bin völlig ausgeflippt.«

Hirsch bot dem Jungen eine Verteidigungsmöglichkeit an. »Du hattest vor deinem Bruder Angst.«

Gemma bekam das mit. Sie sah Adam an und schubste ihn. »Er macht einem eine Riesenangst, Mann«, sagte Adam. »Ewig greift er mich an.« Er hob sein T-Shirt. Ein blauer Fleck unterhalb der Rippen.

»Hat Wayne irgendetwas gestohlen?«

»Ja. Eine Werkzeugkiste, ein Handy und ein Dreirad. Ich hab nichts angerührt.«

»Und danach seid ihr beide nach Hause gefahren?«

»Ja.«

»Und am Tag darauf? Am zweiten Feiertag – da hab ich dich mit Wayne in dem Bachbett gesehen, weißt du noch?«

»Er flippte völlig aus, als er mitbekam, dass zwei Kinder vermisst werden. Er dachte, dass sie ihn vielleicht gesehen hatten, und meinte, wir müssten sie finden, bevor das jemand anders tut.«

»Er hatte keine Wahl, weil er solche Angst hatte«, sagte Gemma und drückte Adam fest gegen ihren weichen Oberleib. »Aber sobald er konnte, hat er mich angerufen, und ich habe ihn geholt.« Sie zuckte mit den Schultern. »Ich konnte nicht zulassen, dass ihm alles in die Schuhe geschoben wird.«

# 36

In Redruth gab es zwei Anwälte. Am Nachmittag des Neujahrstags hatte Hirsch dafür gesorgt, dass die beiden Jungs bei ihren Befragungen durch die Beamten der Mordkommission im Polizeirevier Redruth einen Rechtsvertreter dabeihatten.

Nachdem er die beiden dort abgesetzt hatte, fuhr er durch die Stadt und weiter zu der Farm der Wesleys oberhalb von Porters Lagoon. Er zeigte Trevor Wesley zwei Sätze an Fotos. Die Sonne, die auf der anderen Seite des Tals untertauchte, ließ einen Streifen Wasser aufleuchten, der in all den Hitzetagen noch nicht verdunstet war.

Wesley war sich sicher. »Der da.«

Wayne Flann. »Und was ist mit diesen hier?«, fragte Hirsch.

Adam Flann und andere Jungs in Adams Alter und Erscheinung. Wesley schüttelte den Kopf. »Es war dunkel, Mann. Der Zweite hatte eine Kapuze auf und blieb ein wenig zurück. Aber er war jünger. Glaube ich jedenfalls.«

Am Donnerstagnachmittag fuhr Hirsch über Land nach Mundunev Hill. Kip kam, um ihn zu begrüßen; Graham Fuller, der auf der Veranda saß und sich Gras aus den Arbeitssocken pulte, bot Hirsch ein Bier an.

»Gern«, sagte Hirsch. Bei dieser Arbeit verbrachte er manchmal Stunden ohne jede Erfrischung.

»Drinnen. Hier draußen ist es zu heiß.«

Monica gesellte sich im Wohnzimmer zu ihnen. Hirsch fiel auf, wie ähnlich sich die beiden waren: Ruhig, robust und aufmerksam, saßen sie ihm auf einem durchgesessenen Sofa gegenüber.

»Sie waren ja fleißig«, sagte Graham.

»Ich bin wegen Wayne Flann hier, um genau zu sein«, meinte Hirsch. »Sind Sie jemals mit ihm zusammengestoßen?«

»Ich kenne den Burschen kaum.«

»Er ist nie für Sie Traktor gefahren oder hat im Schuppen gearbeitet?«

»Mann«, sagte Graham, »ich kann mich kaum selbst finanzieren, geschweige denn Wayne Flann bezahlen.«

Monica unterbrach ihn auf ihre ruhige, sorgsame Art und richtete den Blick ihrer intensiven blauen Augen auf Hirsch. »Gibt es einen Grund, warum Sie nach ihm fragen?«

»Die Chancen stehen ziemlich gut, dass er es war, der Ihre Telefonleitung gekappt und Ihre Schaufel gestohlen hat«, sagte Hirsch, »bevor Kip ihn verjagen konnte.«

Sie schluckte und krampfte ihre Hand um den Kragen ihrer Bluse. »Wollen Sie damit sagen, er hätte uns ebenfalls erschießen können?«

Hirsch ließ unbehaglich seine Schultern rollen. »Müßig, darüber zu spekulieren. Hauptsache ist, dass er es nicht getan hat, und nun sitzt er.« Er schwieg kurz. »Das bringt mich zu Kip.«

»Glauben Sie, Wayne hat ihn mitgenommen? Weswegen?«

»Nein, nicht Wayne«, sagte Hirsch. »Gibt es noch jemanden, mit dem Sie aneinandergeraten sind? In den letzten zwei, drei Jahren?«

Monica war auf traurige Weise amüsiert. »Wir?« Sie wies auf ihr kaum besser als fadenscheiniges Leben: abgewohnte Möbel, niedrige Zimmerdecken, kleine Räume, die mal wieder neu gestrichen werden mussten.

Hirsch legte die Fingerspitzen aneinander. Er musste bei den beiden ein wenig nachhelfen. »Vor allem im Hinblick auf Kip.«

Sie kamen gemeinsam auf die Antwort. »Die Schau in Redruth«, sagte Monica.

»Vor zwei Jahren«, ergänzte Graham.

»Kip hatte schon ein paarmal den Preis für den besten Schäferhund gewonnen. In dem Jahr gewann er auch den Preis für den besten Hund aller Kategorien.«

»Und der Zweitplatzierte?«, fragte Hirsch, dem die Vorahnung einen kleinen Adrenalinschub durch die Adern pulste.

»Annette Thorburns Hund.«

Martin Gwynnes Tochter.

Dann fuhr er nach Pandowie Downs.

Er fand Eleanor Dunner im Büro vor; Rex war zum Zahnarzt nach Clare gefahren.

»Wegen der Graffiti.«

»Ja?«, fragte sie strahlend.

Hirsch fragte sich, wie es wohl für sie war, so allein hier draußen. Jeder Besucher musste ihr wohl den Tag versüßen. »Ich glaube, das war kein Zufall.«

»Das glaube ich auch nicht. Wir hatten ein wenig Ärger mit den Nachbarn, die den zusätzlichen Touristenverkehr nicht wollten.«

Hirsch ließ das so stehen: Das nächste Haus war fünf Kilometer entfernt. »Denken Sie mal ein, zwei Jahre zurück. Können Sie sich an irgendeinen Krach oder Streit oder eine ausgewachsene Konfrontation erinnern?«

Sie musste nachdenken. Ein Streit mit dem Klempner am Wohnhaus, aber der war schnell beigelegt worden. Ein Hickhack mit einem Bezirksinspektor wegen der genauen Position des Hinweisschilds am Straßenrand. Sie hielt kurz inne: »Ach, und eines Tages kam Martin Gwynne vorbei und meinte, wir hätten ›Schafschervorführung‹ falsch geschrieben. Das haben wir verbessert, aber ich fürchte, ich habe ihm gesagt, er solle sich um seinen eigenen Kram kümmern.«

Hirsch legte den Kopf schräg. »Und das in recht heftigem Ton?«

Sie lächelte träge. »Schon möglich.«

Hirsch kehrte in der Abenddämmerung nach Tiverton zurück; lange Schatten zogen sich über die staubigen Weiden und boten dem Gewirr an Gedanken zu Martin Gwynne etwas Klarheit.

Hier handelte es sich um einen Mann, der seinen Groll nicht loslassen konnte. Um einen Mann, mit dem man sich besser nicht anlegte. Um einen Mann, bei dem man womöglich nicht mal wusste, dass man ihn beleidigt hatte. Er hatte Zeit. Zeit, in der er langsam vor sich hin köchelte. Und niemals Frieden fand.

Schließlich loggte Hirsch sich in sein Mail-Account bei der South Australia Police ein. Nur eine wichtige Nachricht. Der IT-Abteilung der Polizei zufolge würde das YouTube-Video vom Netz genommen, und die IP-Adresse des einstellenden Computers war zu einer Bücherei im Vorort Rostrevor in Adelaide zurückverfolgt worden. Hirsch war auf niedergeschlagene Art zufrieden: Martins Tochter lebte jetzt dort.

# 37

Hirsch nahm sich einen Tag frei – was immer das in seinem Job auch heißen mochte. Drei Punkte standen auf der Tagesordnung: einkaufen, den geliehenen Toyota gegen seinen alten tauschen, Abendessen im kleinen Haus an der Bitter Wash Road.

Er frühstückte auf seinem Hinterhof und blätterte erneut durch Mrs Keirs Tagebücher:

*Ein Großteil der Scherer und Landhelfer sind der Abschaum der englischen Gefängnisse; ein noch frecherer Haufen an Halunken lässt sich nicht finden. Sie neigen dazu, ihr Geld für Alkohol und schlechte Frauen auszugeben, doch gibt es auch ein paar gute Angehörige der arbeitenden Schichten hier bei uns, die sich, nach ihrer langen Dienstbarkeit in Sydney, sehr gut mit Schafen auskennen.*

Es ändert sich kaum etwas, fand Hirsch; er ging um halb neun zum Laden hinüber, nickte Gemma Pitcher zu und füllte einen Einkaufskorb mit Brot, Milch, schrumpligen Äpfeln, welkem Gemüse, Schmerztabletten und Tiefkühlkost. Dann hörte er hinter sich ein Glas kaputtgehen und drehte sich um.

Joyce Gwynne stand da und starrte mit offenem Mund ihre linke Hand an; sie trug einen Einkaufskorb in der Beuge des rechten Arms, Glasscherben und Gurken lagen zu ihren Füßen.

Ein Schlaganfall? Hirsch stellte schnell seinen Korb ab, ging zu ihr hin und hielt sie an den Oberarmen fest. »Joyce? Alles okay?«

Sie zuckte zusammen. Schmerzen, obwohl er sie kaum berührt hatte. Er ließ sie los und tat einen Schritt zurück. »Suchen wir mal einen Stuhl.«

»Das ist mir einfach aus den Händen gerutscht«, sagte sie und blinzelte hinter ihrer Brille.

Keine verwaschene Aussprache. Er nahm ihr den Korb vom Arm, führte sie nach vorn und zur Sitzecke in der »Bücherei« – einem einfachen Holzstuhl neben einer Kiste Bücher.

Dann tauchte Gemma auf. »Ich hole ein Glas Wasser.«

»Danke. Und ein Glas ist zu Bruch gegangen.«

»Schon dabei«, sagte sie.

Sie kam mit einem Glas Wasser zurück und verschwand wieder. Kurz darauf hörte Hirsch jemanden fegen und wischen.

Joyce zitterte. »Er wollte Gurken und Käse zu Mittag.«

Auf dem knarzenden alten Stuhl wirkte sie winzig. Rot im Gesicht, die dünnen grauen Haare verwuschelt. Sie nahm einen kleinen Schluck, dann trank sie gierig. Durch die Bewegungen ihrer kleinen dürren Arme und des schmalen Halses verschoben sich Kragen und Ärmel, sodass Hirsch blaue Flecken auf blasser Haut sehen konnte.

»Joyce«, fragte er behutsam, »wie haben Sie sich wehgetan?«

Sie sank in sich zusammen, so als wollte sie in ihrer Kleidung verschwinden. »Ach, ich bin so ein Tollpatsch.«

Sie schloss die Augen, schwankte und kippte vornüber. Hirsch fing sie und richtete sie wieder auf. »Ich bringe sie zur Ärztin.«

Er rechnete schon mit Widerstand, aber Joyce Gwynne schlurfte mit ihm zum Laden hinaus und über die Straße zu Dr Pillais Freitagssprechstunde. Das Wartezimmer war leer; die Tür zum Behandlungszimmer stand offen, Dr. Pillai saß am Schreibtisch und tippte Notizen in einen Laptop.

Sie stand auf. »Meine erste Patientin«, sagte sie und half Hirsch dabei, Joyce auf eine schmale Liege unter einem Mutterschaftsposter zu legen. Die einzigen anderen Möbel waren ein Waschbecken, ein Schrank und ein paar Stahlregale mit Binden und Einmalhandschuhen.

»Was ist denn das Problem?«, fragte Pillai und legte eine Hand auf Joyce' Stirn.

»Mir ist im Laden schwindlig geworden«, sagte Joyce. Sie wirkte zufrieden auf der kleinen Liege: Augen geschlossen, Gliedmaßen entspannt.

Die Ärztin sah Hirsch an. Er reckte den Kopf zur Tür und formte tonlos: »Ein paar Worte?«

Sie nickte, sagte: »Ich bin sofort zurück, Mrs Gwynne«, und ging mit Hirsch ins Wartezimmer.

Er murmelte: »Sie hat ein Glas auf den Boden fallen lassen, und ich konnte sehen, dass sie ihre Hand anschaute, als hätte sie keine Kontrolle über sie. Was möglicherweise mit der Tatsache zu tun hat, dass sie an den Oberarmen und unter ihrem Kragen blaue Flecken hat.«

Pillai legte den Kopf schräg. »Fällt sie häufiger hin? Oder sie fällt häufiger hin.«

»Ganz genau.«

»Mal sehen, ob sie sich mir gegenüber öffnet.«

»Danke.«

»Und Sie möchten gern Bescheid wissen, so oder so?«

»Ja.«

Hirsch beendete seinen Einkauf, verstaute alles daheim und ging wieder in die Praxis zurück. Jetzt saßen drei Personen im Wartezimmer, eine Teenagerin mit ihrer Mutter und ein Arbeiter von der Windfarm, der mit schmerzverzerrtem Gesicht eine bandagierte Hand in die Höhe hielt.

Hirsch wartete. Dann tauchte Joyce auf und eilte mit einem schüchternen, erschrockenen »Danke« an ihm vorbei. Dr. Pillai folgte ihr, entdeckte Hirsch und winkte ihn ins Behandlungszimmer.

Sie schloss die Tür und sagte: »Mrs Gwynne war nicht sonderlich entgegenkommend. Sie sagte, ein paar Dosen seien auf sie herabgepurzelt, als sie die Speisekammer sauber gemacht habe. Ich habe nicht weiter nachgebohrt, und als ich auf die Möglichkeit zu sprechen kam, dass sie im Fall von häuslicher Gewalt um Hilfe bitten könne, hat sie mich einfach abgewürgt.«

Hirsch nickte. »Danke, dass Sie es versucht haben.«

»Meiner Meinung nach hat sie jemand geschlagen.«

Hirsch kehrte aufs Revier zurück; kurze Zeit später tauchte Laura Cobb auf. »Bitte, Mrs Flann bringt Ma ganz durcheinander.«

Sie stapften gemeinsam den Gehweg entlang. »Was macht sie denn bei euch zu Hause?«

»Sie will sich entschuldigen.«

»Wofür?«

»Wayne und Adam.«

Sie kamen am Haus an, und Hirsch erkannte den Kombi am Straßenrand. Er war mit Schrottplatzteilen repariert und ausgebeult worden.

»Ist sie betrunken?«

»Ich glaube nicht. Sie faselt ununterbrochen davon, es sei alles ihre Schuld, dass ihre Jungs so missraten sind und Daryl in Schwierigkeiten gebracht haben.«

Sie stürzten am Haus vorbei und zur Hintertür hinein. Die Küche wirkte sauber und ordentlich, bis auf die seltsame Szene der Frauen am Tisch. Brenda Flann purzelten die Worte nur so aus dem Mund, und sie streckte eine Hand in Richtung Marie aus, die sich auf ihrem Stuhl wiegte und die Hände vor die Augen hielt.

Laura eilte sofort zu ihrer Mutter und umfasste deren schmale Schultern von hinten, und Brenda sagte: »Das ist meine Schuld, das kommt vom Trinken, ich war nicht für sie da. Kein Wunder, dass sie so wild geworden sind, und jetzt haben sie auch noch Ihren Sohn in Schwierigkeiten gebracht, das tut mir so unendlich leid.«

Brenda wirkte und roch sauber. Nicht betrunken, nur überdreht. Sie hatte gar nicht mitbekommen, dass Hirsch und Laura aufgetaucht waren, und merkte nicht, welches Elend sie verursachte. Hirsch sagte scharf: *»Brenda.«*

Sie blinzelte. Dann zog sie die Hand über den Tisch zurück, und die Worte versiegten. Noch immer blinzelnd, hob sie den massigen Kopf und sah Hirsch an. »Bei Ihnen muss ich mich auch noch entschuldigen.«

»Das machen wir am besten auf dem Revier – was denken Sie?«

Er half ihr auf, versuchte, sie umzudrehen und zur Tür hinauszubefördern, doch sie machte sich frei, stand über Marie Cobb und sagte: »Ich meins ehrlich, das mach ich wieder gut und –«

Da sagte Marie die einzigen Worte, die Hirsch je aus ihrem Mund gehört hatte: »Schon okay, Brenda. Ich verzeihe dir.«

Eine leise, vom wenigen Gebrauch raue Stimme. Brenda Flann nickte und ließ sich zur Tür lenken. Hirsch warf einen Blick über die Schulter: *Alles okay?*

Laura zuckte mit den Schultern. Das war kein *Nein*. Das hieß: *Alles wie gehabt.*

Draußen brannte die heiße Sonne herunter, und Hirsch sagte: »Können Sie fahren, Brenda? Es wäre vielleicht am besten, Sie würden nach Hause fahren.«

Sie sah sich verwirrt um, schniefte durch die lange Nase und schmeckte mit feuchten, traurigen Lippen die staubige Luft. »Wie bitte?«

Hatte sie irgendwelche Medikamente genommen? »Wollen Sie zur Ärztin gehen?«

Im nächsten Augenblick war sie wieder ganz ihr grobes altes Selbst. »Ich habs bis hier oben mit Ärzten und Krankenhäusern. Ich muss mich entschuldigen, dann kann ich nach Hause.« Sie bohrte ihm einen Finger in die Brust. »Ich hab versucht, Sie umzufahren. Das tut mir leid.«

»Entschuldigung angenommen.«

»Ich rühre keinen Tropfen mehr an.«

»Gut.«

»Sie glauben mir nicht, das sehe ich, aber es ist die reine Wahrheit.«

Sie drehte sich um und überquerte die Straße zum Pub. Heiterkeit stieg in ihm auf und brachte etwas von der alten Ist-doch-zu-komisch-Haltung zurück, die Hirsch schon für verloren geglaubt hatte. Er sah zu, wie sie durch die Tür in die Bar trat. Eine ganze Weile verging. Als sie nicht wieder auftauchte, schaute

Hirsch nach und fand sie im Gespräch mit Kevin Henry; sie hielt sich an einem klaren sprudelnden Getränk fest.

»Limonade«, sagte sie, als sie Hirsch entdeckte. Dann: »Ist schon in Ordnung, wir sind zusammen zur Schule gegangen.«

Hirsch nickte, kehrte zum Revier zurück, befestigte seine Handynummer an der Tür und fuhr den geliehenen HiLux nach Redruth.

Sergeant Brandl saß an ihrem Schreibtisch. Sie schaute ihn merkwürdig an. »Haben Sie heute nicht frei?«

»Ich will nur die Wagen tauschen, Sergeant.«

Sie brummte. »Wo Sie schon mal hier sind – Vita Roesch ist heute Morgen verhaftet worden.«

Hirsch spürte die Anspannung nachlassen, die er erst gar nicht bemerkt hatte. »Wo denn?«

»Lightning Ridge.«

Eine entlegene Opalsucherstadt, wo man sich gerne versteckte. Hirsch nickte. »Wir sehen uns Montag zur Besprechung, Sergeant.«

»Warten Sie: Wo stehen wir in der Sache mit Mrs Washburns Ponys?«

Hirsch wusste genau, wo er in dieser Sache stand, konnte aber noch nichts beweisen. »Ich schnüffle noch herum, Sergeant.«

Er näherte sich Tiverton, und »Light My Fire« von den Doors donnerte ihm aufs Trommelfell, als sein Handy in der Tasche vibrierte. Er hielt an und ging dran.

Joyce Gwynne, sie klang panisch. »Es geht um Martin und Mrs Flann.«

Mist, Mist, Mist. Brenda entschuldigt sich bei allen, die ihr einfallen, dachte Hirsch und fuhr weiter. »Bin in zwei Minuten da.«

Martin und Brenda rauften und zerrten sich gegenseitig auf dem Gehweg im Kreis. Joyce wollte dazwischengehen und zog wirkungslos an den Armen ihres Mannes, wann immer sie in Reichweite kamen.

Hirsch stieg aus und rief: *»Schluss damit!«* Er ging dazwischen und trennte sie mit Gewalt.

Brenda war verheult und zerzaust. »Ich wollte mich nur entschuldigen. Er muss mich ja nicht gleich schlagen.«

»Ich habe nichts dergleichen getan«, entgegnete Martin. Eines seiner Charakteristika war ein gepflegtes Aussehen. Dass er mit Brenda gerauft hatte, war nicht zu erkennen. Hemd in der Hose, Haare ordentlich, kaum erhitzt.

Hirsch ließ die Arme sinken, blieb aber genau zwischen den beiden stehen. »Benehmen Sie sich jetzt?«

»Benehmen? Ich benehme mich, was man von dieser blöden Kuh nicht behaupten kann«, sagte Gwynne.

»Martin.« Hirsch legte etwas mehr Schärfe in seine Stimme.

»Ich wollte mich nur entschuldigen«, sagte Brenda. »Ich weiß, ich bin manchmal grob gewesen, Martin. Das tut mir sehr leid.«

»Grob? Wohl eher besoffen und liederlich.«

Diesmal sagte Joyce mit derselben scharfen Stimme wie Hirsch: »Martin.«

Er drehte sich zu ihr um. »Halt dich da raus, Joyce.«

»Nicht, wenn du dich weiter so aufführst.«

»Ich bin hier, um … ich bin hier …«, und damit verstummte Brenda, so als würde sie die Worte im Geiste nicht richtig setzen können.

Eine kurze, beschützerische Zärtlichkeit überkam Hirsch, wie er sich ihr bisheriges und zukünftiges Leben vorstellte, er legte einen Arm um ihre Schulter und führte sie zum Toyota. »Setzen Sie sich für eine Weile. Ich regle das mit Mr Gwynne, in Ordnung?«

»Ich habe nie …«, setzte sie ein.

»Ich weiß.«

Hirsch ging zu Gwynne zurück und schaute ihn an. Gwynne wurde blass. »Was denn?«, sagte er, »sind Sie etwa auf ihrer Seite? Die Frau stellt eine Bedrohung dar.«

Hirsch fühlte sich in Seele und Knochen vergiftet. »Sie ist

hergekommen, um sich zu entschuldigen, mehr nicht. Sie meint es ernst, sehen Sie das denn nicht?«

Offenbar nicht. »Besoffene Kuh.«

»Das ist nicht fair, Martin«, sagte seine Frau. »Sie ist nicht betrunken. Sie ist aufgeregt, und du hättest sie nicht schlagen dürfen.«

Ein gewisser Blick flammte in Gwynnes Augen auf, aber er beherrschte sich. Mit grauenhafter Ruhe sagte er: »Lass mich allein mit Constable Hirschhausen reden, Joyce. Wenn es dir nichts ausmacht?«

»Ich bleibe genau hier.«

»Stimmt das, Martin?«, fragte Hirsch. »Sie haben Brenda geschlagen?«

»Sie wissen schon, wer das ist, oder? Die Mutter eines Mörders. *Zweier* Mörder, würde mich nicht wundern.«

Ein alles veränderndes Gefühl überkam Hirsch. All das Elend, das Martin in seinem ganzen Leben anderen bereitet hatte. Leise grollte Hirsch: »Ich weiß, wer Sie sind, Martin. Ich weiß alles.«

Gwynne bemühte sich, verwirrt zu wirken, doch blitzte eine flüchtige Andeutung auf. »Was wissen Sie?«

Deine eingebildeten, von Hass beförderten Kränkungen, dachte Hirsch. Deine scheußlichen kleinen Träume und Rachefeldzüge. Deine grässliche, kirchengängerische Boshaftigkeit.

Er streckte die Hand aus und tätschelte Martins Wange. »Ich weiß alles. Und ich kann warten.«

Brenda weinte. Sie hätte Angst, nach Hause zu fahren, sagte sie. Zu Hause waren all diese Erinnerungen. All diese Dinge, die falsch gelaufen waren und nicht wieder in Ordnung gebracht werden konnten.

Hirsch sagte sanft: »Aber Adam ist doch da?«

»Er schämt sich so«, sagte sie.

»Er braucht Sie jetzt«, sagte Hirsch, der wusste, dass das nur ein Klischee war; aber diesmal stimmte es.

Brenda schniefte. »Er ist wütend auf mich.«

»Das vergeht wieder«, meinte Hirsch. Er schwieg kurz. »Gemma ist seine Freundin, wussten Sie das?«

Brenda verstummte; Hirsch konnte sehen, wie ihr Hirn arbeitete. Wenn ihr Sohn eine Freundin hatte, dann eröffnete das eine ganz unerwartete Dimension.

Hirsch entschied nachzusetzen. »Laden Sie sie doch mal zum Essen ein.«

Ein paar Minuten später sah er, wie sie mit ihrem alten Schrotthaufen wendete und davonfuhr, und ging hinein, um seine Mails zu checken.

Eine davon war wichtig: Die Kriminaltechnik hatte zwei Sätze von Fingerabdrücken auf dem Bajonett aus dem Pub gefunden. Einer davon passte zu einem gewissen Clifford Edward Palmer aus Peterborough, zwei Verurteilungen wegen Körperverletzung. Der andere Satz war nicht in der Datenbank, passte aber zu den Abdrücken, die auf dem Absperrband an der Kupfermulde gefunden worden waren.

Hirsch schwankte vor Entgeisterung. Ivan Bagshaw hatte das Bajonett angefasst. Ivan und sein Bruder, liebenswerte Rabauken, deren Job sie in ihren Bezirksfahrzeugen in der ganzen Gegend herumbrachte. Sie sahen und wussten alles. Und niemand wunderte sich, dass sie überall in der ganzen Gegend auftauchten.

Mist, Mist, Mist.

Vielleicht hatte er laut aufgestöhnt; jemand sagte: »Entschuldigung?«

Joyce Gwynne stand im Flur, umgeben von einem Kranz aus Sonnenlicht. Sie kam herein, drückte eine große Einkaufstüte an sich, schloss die Tür und stand am Tresen. Es war nicht gerade ein stählernes Rückgrat, das sie da bewies, aber sie hielt sich mit einer gewissen Entschlossenheit gerade, ohne sich schüchtern wegzuducken.

»Ich möchte eine Aussage machen«, sagte sie.

Hirsch führte sie auf die andere Seite des Tresens und bot ihr einen Stuhl gegenüber vom Schreibtisch an. Dann legte er einen Digitalrekorder, Notizblock und Stift bereit.

»Dann mal los.«

Sie fing von Anfang an. Sie war Dozentin an der Pädagogischen Hochschule gewesen, und während sie ihre Geschichte vortrug, kehrte etwas von ihrer alten Leichtigkeit und Autorität zurück. Im fünften Jahr, mit achtundzwanzig, hatte sie Martin kennengelernt. Hirsch gegenüber benutzte sie seinen Namen nicht, sondern sagte: »Dieser kleine Mann.«

Die ersten Ehejahre waren okay gewesen. Sie arbeitete, der kleine Mann arbeitete, sie schafften sich ein gemeinsames Heim. Sie hatten eine Tochter, und Joyce hatte Spaß daran, zu Hause zu bleiben und das Kind großzuziehen. Doch als sie wieder bereit war, arbeiten zu gehen, hatte der kleine Mann das für unklug gehalten. Ihre Pflicht sei es, das Heim zu hüten, das sie gemeinsam geschaffen hatten. »Das reine Klischee«, sagte sie.

Im Laufe der vielen Jahre schlich sich eine chronische Depression ein, die sie handlungsunfähig machte. Sie kam sich nutzlos vor. Ihr Freundeskreis verflüchtigte sich, und Martin schien keine eigenen Freunde zu haben.

»Dieser kleine Mann und seine Enttäuschungen«, sagte sie.

Die verpassten Gelegenheiten, unter denen er zu leiden hatte, die Kräfte, die gegen ihn wüteten – alles, von der verpassten Aufstiegschance bis hin zum verpassten Parkplatz. Es war nie einfach nur Pech, und er war nie schuld daran.

Hirsch beäugte die Einkaufstüte. Sie war mit etwas Weichem gefüllt. Fluchtkleidung? Zumindest klammerte sie sich daran, als ginge es um ihr Leben.

»Und er hat Sie manchmal geschlagen?«

»Erst nicht. Jahrelang nicht. Doch in letzter Zeit schon. Wissen Sie, was der entscheidende Augenblick war? Oder was nach allem anderen für mich entscheidend war? Als er die arme Brenda geschlagen hat. Genau derselbe Gesichtsausdruck, dieser Hass.«

Zu ihrer Tochter und ihrer Familie in Tiverton zu ziehen,

hatte sich nicht als Heilmittel für ihr jämmerliches Leben erwiesen. Um Martin und seinen Obsessionen zu entgehen, war die Tochter zurück in die City gezogen. »Also hat er sich auf diesen gottverlassenen Ort gestürzt«, sagte Joyce. »Ohne Sie beleidigen zu wollen.«

»Das habe ich auch nicht so verstanden. Ich bin hierher versetzt worden. Ich gewöhne mich langsam dran, aber ich verstehe, was Sie meinen.«

»Und wenn ich gestürzt sage, dann meine ich auf einfach *alles*.«

»Ein paar Dinge habe ich schon mitbekommen«, sagte Hirsch. »Das falsch geschriebene Wort bei Pandowie Downs. Kip, der einen Preis gewinnt, von dem er dachte, er solle an den Hund Ihrer Tochter gehen.«

»Kip war einfach der bessere Hund«, sagte Joyce. Sie schüttelte den Kopf, so als könne sie einfach nicht fassen, wie ihr Mann tickte. »Das arme Ding. Er war eine Woche lang in der Waschküche eingesperrt. Ich habe ihn eines Tages laufen lassen, als der kleine Mann beim Tennisspielen war. Ihm habe ich gesagt, Kip wäre mir zwischen den Beinen hindurchgewischt, als ich die Tür aufgemacht habe, um ihn zu füttern. Für das bisschen Tollkühnheit bekam ich die Faust in den Magen.«

»Mich hat er im Polizeipräsidium in der City angeschwärzt, müssen Sie wissen. Ich musste antanzen und hab mir einen Satz heißer Ohren eingefangen.«

Joyce schloss kurz die Augen, so als sei sie seinetwegen betrübt. »Er war sauer auf Sie, weil Sie andauernd seine Essenseinladungen abgewimmelt haben.« Sie grinste Hirsch an. »Die Abende, an denen Sie gekommen sind, müssen ja das reinste Vergnügen gewesen sein.«

Hirsch zuckte mit den Schultern und lächelte. »Aber das Essen war gut.«

Sie nickte, als würde sie seine Freundlichkeit zu schätzen wissen. »Er hat gehofft, er würde wieder Santa spielen, auch wenn das bedeutet hätte, dass er nicht bei dem Wettbewerb um die schönste Weihnachtsbeleuchtung hätte mitmachen können. Dann hat der Gemeinderat Sie zum Santa bestimmt, also stürzte er sich auf die Weihnachtsbeleuchtung. Er hat natürlich damit gerechnet zu gewinnen.«

»Als ausgleichende Wiedergutmachung des Orts?«

»Sehr gut. So langsam verstehen Sie, wie er denkt.«

»Seine Beleuchtung war ziemlich gut. Nans war besser.«

»Viel besser. Aber wir sollten das Offenkundige nicht übersehen: Sie hat gewonnen, obwohl sie nicht hätte gewinnen dürfen, also musste er etwas dagegen unternehmen. Wie zum Beispiel die armen Tiere quälen.«

»Dazu brauche ich mehr als nur Ihre Aussage, Joyce.«

»Er hat mich vorhin geschlagen«, sagte sie.

»Sind Sie deswegen hier?«

»Verstehen Sie nicht? Mein Verstand … seit Jahren war das ein winziges, nach innen gerichtetes Ding«, erklärte Joyce. »Ich konnte nur sehen, was direkt vor meinen Augen stand: War der Kaminsims staubig? Hatte ich den Tisch richtig gedeckt? Hatte ich seine Taschentücher makellos gebügelt? *Ich konnte die Welt nicht sehen,* Paul. Ich konnte nicht erkennen, welche Auswirkungen all das hatte, was er tat und sagte und dachte.« Sie hielt den Kopf leicht schräg. »Wie dieser Film, den er ins Netz gestellt hat. Er wollte Sie niedermachen, Ihnen wehtun – und schauen Sie, was passiert ist, es hat böse Menschen hergelockt, teuflische Menschen.«

Hirsch fühlte sich unwohl. Er bemühte sich, sanft und gemächlich zu klingen: »Wo ist Martin gerade, Joyce?«

Er schaute sich ihre Kleidung an, ihre Arme und Hände. Sie war wie aus dem Ei gepellt. Falls sie den kleinen Mann erstochen oder erschlagen hatte, so war ihr davon nichts anzumerken.

»Ach, der spielt auf seinem iPad herum. Es gibt doch immer irgendeinen Chatroom, wo er seine Botschaft verkünden kann, irgendeine Website, die seinen Kummer und seine Verbitterung befeuert.«

»Mussten Sie ihm nicht sagen, wohin Sie gehen?«

»Ich habe ihm gesagt, ich trage ein paar alte Kleider zum Kleidercontainer vor der Kirche.«

Sie stellte die Einkaufstüte auf den Schreibtisch und stupste sie an. Dann noch einmal mit mehr Selbstvertrauen, so als würde sie damit den größten von all ihren großen Schritten tun. »Ich hoffe doch«, sagte sie, »dass man Pferde-DNA testen kann?« Noch ein Stupser. »Mit etwas Glück wird ihm jemand anderes die Wäsche machen, dort, wo er hinkommt.«

Hirsch zog die Tüte zu sich. Er zupfte an der Öffnung und stieß auf einen säuberlich zusammengelegten Overall mit dem Halsausschnitt nach oben und *M. Gwynne* auf dem Namensschild, das in den Kragen eingenäht war. Langsam zog er den steifen Stoff heraus und sah, wo Spritzer und Flecken zwei Wochen alten Bluts in den Falten geronnen waren, und er spürte den Drang, sich die Hände an der Brust abzuwischen, und zuckte zurück, als etwas dumpf Verrottendes an seiner Nase vorbeizog, sich ausbreitete und immer dicker wurde – dann lockte ihn Joyce in ihrer Weisheit hinaus auf die friedliche Straße und bewahrte ihn so vor dem Schlimmsten, wo es doch genau andersherum hätte sein sollen.

# *Danksagung*

*Hope Hill Drive* wurde im Rahmen eines Doktorats an der LaTrobe University geschrieben. Der Autor bedankt sich bei seiner Doktormutter, Professor Sue Martin, und bei der Lektorin Mandy Brett von Text Publishing, die geholfen haben, ein besseres Buch daraus zu machen.